施工项目会计核算

SHIGONG XIANGMU >>> >>
KUAIJI HESUAN

李志远⊙编著

中国市场出版社
China Market Press

图书在版编目（CIP）数据

施工项目会计核算/李志远编著. —北京：中国市场出版社，2013.1
ISBN 978－7－5092－0979－0

Ⅰ. ①施… Ⅱ. ①李… Ⅲ. ①施工企业–基本建设会计
Ⅳ. ①F407.967.2

中国版本图书馆 CIP 数据核字（2012）第 272673 号

书　　名：施工项目会计核算
作　　者：李志远　编著
责任编辑：胡超平
出版发行：中国市场出版社
地　　址：北京市西城区月坛北小街 2 号院 3 号楼（100837）
电　　话：编辑部（010）68037344　读者服务部（010）68022950
　　　　　发行部（010）68021338　68020340　68053489
　　　　　　　　　　68024335　68033577　68033539
经　　销：新华书店
印　　刷：河北省高碑店市鑫宏源印刷包装有限责任公司
规　　格：787×1 092 毫米　1/16　18 印张　320 千字
版　　本：2013 年 1 月第 1 版
印　　次：2013 年 1 月第 1 次印刷
书　　号：ISBN 978－7－5092－0979－0
定　　价：48.00 元

　　基本建设投资一直是拉动我国经济增长的重要引擎。进入 21 世纪以来，随着我国基本建设投资规模的不断加大，建筑施工企业经历了一系列的变革和发展。尤其是 2006 年以来，中国交通建设股份有限公司、中国铁建股份有限公司、中国中铁股份有限公司、中国冶金科工股份有限公司、中国建筑股份有限公司、中国水利水电建设股份有限公司等大型建筑施工企业纷纷股改上市，中国电力建设集团有限公司、中国能源建设集团有限公司等公司的组建成立，标志着我国建筑施工企业进入了一个快速发展的时期。与此同时，我国先后于 2006 年 2 月、2011 年 10 月颁布了《企业会计准则》和《小企业会计准则》，这标志着我国企业会计标准体系基本建成。建筑施工企业的生产经营是以施工项目为单元开展的，其会计核算的特色也主要体现在施工项目的会计核算与管理上。从 2012 年 1 月 1 日开始，我国陆续在上海、北京等九省市对交通运输业、部分现代服务业开始了"营业税改征增值税"的试点，建筑业"营改增"的改革也迫在眉睫，规范施工项目的会计核算，是顺利实现营业税改征增值税的重要基础。

　　在此背景下，我结合多年从事建筑施工企业会计教学的经验和建筑施工企业会计实践调研的结果，编写了这本《施工项目会计核算》，希望它能够成为广大建筑施工企业会计人员的工作指南，成为建筑施工企业加强基层财务会计核算工作的参考标准。与其他施工企业会计实务书籍相比，这本书具有以下特点：

一、突出了施工项目会计核算的核心内容

　　施工企业生产具有流动性大、施工生产分散、地点不固定等特点，需要采用分级核算、分级管理的办法。自从项目法施工在我国建筑业推广以来，

施工项目部（工区）会计核算已经成为建筑施工企业会计的重要内容。在实行分级核算的建筑施工企业中，有90％以上的财务人员集中在施工项目部（工区）从事会计核算工作。可以说，解决了施工项目的会计核算问题，也就解决了建筑施工企业会计核算的主要问题。然而，目前社会上的施工企业会计书籍多倾向于以公司总部为主体的会计核算，不能详细地体现建筑施工企业会计核算的本质特点。本书以施工项目为会计对象，只分析论述施工企业会计的特色内容，形成了施工项目会计核算的体系，使读者能够更快地学到施工企业会计的真谛。

二、借鉴了会计人员实务工作的宝贵经验

尽管我只是一名普通的教师，但我很庆幸在过往的教学、科研活动中结识了很多一线财务人员。这些年来，我通过博客、微博、电话等方式和他们进行了无数次的沟通和交流，我的QQ里至今还保留着近千位会计网友。与他们沟通、交流的经历，既加深了彼此的友谊，也让我有机会了解到更多的会计现实问题。与实务工作者探讨争论的很多结果，也成为本书的内容。希望这些实际工作中常见但在会计规范中又无法明言的经验能够对您的工作有所帮助。

三、体现了会计准则改革发展的最新成果

我汇总归纳了近些年我国会计准则的一些新变化，并将之融入到施工项目会计核算的论述中。2006年《企业会计准则》颁布以来，根据准则在企业的执行情况，财政部先后颁布了一系列配套文件，其中包括《企业会计准则解释》（第1号）（第2号）（第3号）（第4号）、《财政部关于做好执行会计准则企业2008年年报工作的通知》、《企业会计准则实施问题专家工作组意见》等。在《企业会计准则讲解（2008版）》、《企业会计准则讲解（2010版）》等书中，对有些会计业务也做了调整。2011年10月份颁布的《小企业会计准则》对小企业建筑劳务收入与费用的核算也做出了明确的规定。这些变化及其相关内容都将体现在本书相关章节。

本书全面、系统地阐述了施工项目会计核算实务，并列举了大量施工一线的实务案例，在一般会计核算业务的基础上，突出了建造合同会计核算与成本管理的内容，具有较强的实用性和可操作性。同时，针对施工项目会计核算过程中的一些常见特殊财税问题，结合我在各地公开课上对典型问题的

解答，在附录部分做了系统的归纳。

　　本书在撰写过程中，得到了许多会计从业朋友的大力支持，他们为本书提供或审阅了大量的案例，使相关内容更加贴近企业实际，在此谨致衷心谢意！

　　由于本人水平所限，书中纰漏和不足之处在所难免，恳请广大读者给予指正！我的 QQ 号码为 124823032，电子邮箱是：Liydge@gmail.com。

李志远

2012 年 9 月

目 录
CONTENTS

第六章　工程施工成本

第七章　收入与费用

第一章

总　论

施工企业概述

施工企业（也称"建筑业企业"、"建筑施工企业"）是指那些主要从事建筑、设备安装和其他专门工程的生产企业，包括各种土木建筑公司、设备安装公司、基础工程公司、冶金工程公司、电力建设公司、市政工程公司、装修和装饰工程公司等。施工企业是我国建筑业的重要组成部分，对改善和提高人民的物质文化生活水平，促进国民经济的发展，具有非常重要的作用。

一、施工企业的分类

施工企业属于基本建设的基层生产单位，它既担负着各物质生产部门所需房屋和构筑物的建造、改造和各种设备的安装工作，也承担着非物质生产部门所需房屋、公共设施和民用住宅等的施工任务。按照生产经营范围不同，施工企业可以分为工程总承包企业、建筑施工承包企业、专项分包企业三类。

工程总承包企业是指为建设单位提供工程勘察设计、工程施工管理、工程材料和设备采购、工程技术开发与应用、工程建设咨询和监理等全过程服务的施工企业。工程总承包企业可以对工程建设项目进行从设计到施工的一体化总承包或施工总承包，也可以将承包的部分工程分包给其他具备相应资质条件的企业。工程总承包企业一般是人员总量较少的智力密集型企业，不直接拥有施工队伍和大型施工装备等，但集中了大量工程建设全过程的专家。这类企业是现代社会化大生产和技术进步的产物，经营范围广，营业额大，数量不多但能量较大，是建筑业中的"龙头"企业。

建筑施工承包企业是指从事工程建设项目施工承包与施工管理的企业。施工承包企业可以通过投标直接从建设单位取得工程建设项目，也可以从工程总承包企业通过工程分包取得工程项目。建筑施工承包企业可以对所承包的工程项目自行组织施工生产，也可以将所承包施工项目中部分工程分包给其他具备相应资质条件的企业。这类企业数量大、门类多，一般属于劳动密集型企业，是建筑业中的主体骨干企业。

专项分包企业是指从事工程施工专项分包活动的劳务型企业。专项分包企业只能为工程总承包企业或建筑施工承包企业提供相关专业工种施工的劳务，一般不能单独承包工程。这类企业规模小、数量多，属于劳动密集型企业。

此外，按照经营组织形式不同划分，施工企业可以分为有限责任公司、股份有限公司、合伙企业、个人独资企业等；按照组织规模不同划分，施工企业可以分为大型施工企业、中型施工企业和小型施工企业；按照企业资质等级不同划分，施工企业可以分为一级资质企业、二级资质企业、三级资质企业、四级资质企业和非等级资质企业。根据《国家税务总局关于印发〈营业税税目注释（试行稿）〉的通知》（国税发〔1993〕149号）第二条规定"建筑业是指建筑安装工程作业。本税目的征收范围包括：建筑、安装、修缮、装饰、其他工程作业"，也有人将施工企业分为建筑企业、安装企业、修缮企业、装饰企业等。

在社会主义市场经济体制下，很多施工企业不再是过去那种所有制形式单一、单纯从事建筑安装工程施工的企业，已发展成为以建筑安装和其他专门工程作业为主，实行多种经营的经济组织。

二、施工企业的经营方式

施工企业的经营方式，是指施工企业向建设工程的投资者或施工服务的对象（即建设单位）提供建筑产品或服务的方式，也是施工企业获得工程任务并组织其建设所采取的经营管理方式。根据《中华人民共和国招标投标法》的规定，在我国境内建设的大型基础设施、公用事业等关系社会公共利益、公众安全的项目，全部或者部分使用国有资金投资或者国家融资的项目，使用国际组织或者外国政府贷款、援助资金的项目，都必须进行招标。招投标方式是一种竞争性的经营方式，它符合社会主义市场经济体制的要求，是施工企业承揽工程任务的一种主要方式。在这种方式下，施工企业的具体经营方式有多种，可以从不同的角度进行分类。

（一）按照合同取费方式分类

按照合同取费方式的不同，施工企业的具体经营方式可以分为总价承包、单价承包和成本加成承包三类。

总价承包是指施工企业按照与建设单位商定的总造价承包工程。它是以设计图纸和工程说明书为依据，根据工程数量计算出工程总造价后进行承包。即把全部工程费用计入合同总价，一次包死，多不退、少不补。在承包合同执行过程中，不论工程量、设备及材料价格、工资等是否发生了较大变动，除非建设单位要求变更原定的承包内容，否则承包企业一般不得对合同价格进行调整和改变。采用这种方式，对建设单位来说，有利于控制和节约投资，也比较简便。对施工企业来说，如果设计图纸和工程说明书相当详细，对施工现场情况的了解十分详尽，能据以精确地估算工程造价，签订合同时考虑得比较周全，一般不会有太大的风险，也是一种比较简便的承包方式；如果设计图纸和工程说明书不够详细，由于存在不可预见的工程和费用、价格、人工费升降等宏观经济政策的调整，以及不可抗拒的自然灾害等因素，施工企业就需要承担较大的风险。这种经营方式一般适用于结构不太复杂、技术要求和质量标准明确、工程变更较少、工程规模适中、有较大把握承建的中、小型工程项目。

单价承包是指施工企业与建设单位按照工程的一定计量单位议定固定单价，然后再根据实际完成的工程量汇总计算工程总造价，并据以结算工程价款。这种方式一般适用于工程总量事前难以准确计算或变动较大的工程，如土石方工程、管道工程等。这种方式对建设单位来说，可以简化招标工作，但不易控制投资总额；对施工企业来说，不需承担重大风险，只要能提高生产效率、降低单位成本，就能增加盈利。

成本加成承包是指施工企业按照工程实际成本加上一定数额的酬金作为工程总造价，与建设单位签订工程承包合同，并据以结算工程价款。其中的酬金一般由管理费、利润和奖金组成，它既可以按照工程实际成本的一定百分比计算，也可以按照商定的一笔固定数额计算。这种方式一般适用于施工条件不正常的情况，如扩建工程、修复工程、灾后清理及恢复工程或发生市场因素难以预测的情况等。这种方式对建设单位来说，不易控制投资总额；对施工企业来说，可以确保其利润。

（二）按照承包者所处的地位分类

按照承包者所处地位的不同，施工企业的具体经营方式可以分为独立承包、总分包和联合承包等三种方式。

独立承包是指某个施工企业完全利用自有的能力承包一项工程的全部施工生产任务。独立承包一般要求承包工程的施工企业规模较大，或者工程的规模较小以及技术要求比较简单的工程和修缮工程等。

总分包是指通过总承包和分包方式完成工程施工任务。总承包是指建设单位将全部建筑安装工程的施工生产任务委托给一个施工企业总承包，以明确责任和便于施工现场的统一领导。负责工程总承包的施工企业对承包的全部工程必须按照总承包合同的约定直接向建设单位负法律责任和经济责任，统一向建设单位办理工程价款结算。分包是指总承包单位根据施工需要，在征得建设单位同意的情况下，将一部分工程分给具有相应资质条件的施工企业承担。分包出去的工程，通常是某些分部、分项工程和专业工程，如土石方工程、打桩工程、基础工程、结构件吊装工程、设备安装工程、装饰工程等，但建筑工程主体结构的施工必须由总承包单位自行完成。分包单位按照分包合同的约定对总承包单位负责，一般不与建设单位发生直接的经济关系。根据《中华人民共和国建筑法》的规定，在工程的总包与分包过程中，禁止承包单位将其承包的全部建筑工程转包给他人；禁止承包单位将其承包的全部建筑工程肢解以后以分包的名义分别转包给他人；禁止总承包单位将工程分包给不具备相应资质条件的单位；禁止分包单位将其承包的工程再分包。

联合承包是指由两个或两个以上的施工企业联合起来承包一项工程，共同对建设单位负责的一种经营方式。在这种方式下，参加联合的各施工企业仍是各自独立经营、独立核算的企业，只是在共同承包的工程项目上，根据预先达成的协议，承担各自的义务，分享各自的收益，包括投入资金的数额、工人和管理人员的派遣、机械设备和临时设施的费用分摊、利润的分享以及风险的分担等。在一般情况下，联合承包各方应签订联合承包合同，明确各方在承包过程中的权利、义务以及相互协作、违约责任的承担等条款，并推选出承包代表人，同建设单位签订工程承包合同。对工程承包合同的履行，各承包方共同对建设单位承担连带责任。根据《中华人民共和国建筑法》的规定，大型建筑工程或者结构复杂的建筑工程，可以由两个以上的承包单位联合共同承包，一般的中、小型建筑工程或结构不复杂的工程无需采用联合承包的方式，这样可有效避免由于联合承包方式过多而造成管理上的混乱。

（三）按照材料供应方式不同分类

按照建筑材料提供方式的不同，施工企业的具体经营方式可以分为包工包料、包工不包料和包工部分包料等三种方式。

包工包料是指承包单位既负责承包工程的施工，又负责供应承包工程所需的全部建筑材料。包工包料实际上是全面地承包施工的全过程，这是一种较为普遍采用的施工承包方式。

包工不包料是指承包工程所需的建筑材料全部由发包单位（建设单位）负责供应，承包单位只负责工程的施工。包工不包料实际上是劳务承包，承包单位投入的主要是劳务以及必要的施工机械设备，只对劳务负责，风险较小，这种方式一般适用于综合管理力量相对较弱的施工企业。

包工部分包料是指承包单位只负责承包工程的施工和供应承包工程所需的一部分建筑材料，其余的建筑材料则由建设单位或总包单位负责供应。

此外，在施工承包中，还包括专业承包和专项承包。专业承包是指专业技术要求较高或有特殊技术要求工程的承包，如设备安装工程等；专项承包是指如土石方、打桩、基础等工程的承包。这些工程由于专业性较强，一般由有关的专业承包单位承包。

三、建筑产品与施工生产的特点

施工企业是为工农业生产和人民生活提供各种生产性和非生产性建筑产品的物质生产部门，房屋、建筑物的建设和设备的安装是施工企业的主要生产活动，其产品一般为不动产。施工企业是国民经济中一个特殊的行业，其产品本身具有不同于其他行业企业产品的特点，而这一特点也决定了施工生产的特殊性。

（一）建筑产品的特点

1. 固定性

所有的建筑产品，不论其规模大小、坐落何方，它的基础部分都是与大地相连的，始终是与大地不分的，位置一经确定，就只能始终在那里发挥作用，不能移动。如工厂建造在固定的厂址，铁道修筑在固定的路基，高楼大厦奠基于平地。有些建筑产品，如人防工程、涵洞、隧道、石油井、煤井、地下铁道、水库、窑洞住宅等，本身就是土地不可分割的一部分。这种固定性，正是建筑产品与其他生产部门的物质产品相区别的一个重要特点。

2. 多样性

建筑产品的功能是根据社会生产发展和人民生活水平提高的需要而决定的，它不仅要满足社会生产和使用功能的要求，还要满足人们对建筑产品美观上的要求，同时还要受建筑性质、地理条件、民族特征、风俗习惯、社会条件等影响。每项建筑产品事先都有明确的特定用途，按建设单位对建筑物和构筑物以及工艺流程的特定要求来兴建。建筑产品的功能不同，其建设规模、结构、内容、标准、式样等方面也各不相同。即使建筑产品的使用功能和建筑类型相同，但在不同的地点建造，也会因建造地点的自然条件、资源条件和社会条件的不同而表现出差异。

3．形体庞大

一个工程项目，往往是按照一个总体设计建造出来的，它是由许多单项工程组成的工程配套、项目衔接的固定资产体系。即使是单一项目的建设工程，由于功能复杂，建设起来也是工程量浩大，必须占用广阔的空间，消耗大量的物质资源和人力资源。建筑产品形体庞大的特点，是一般工业产品所无法与之比拟的。

4．使用寿命长

建筑产品一经建成，竣工投产或交付使用后，可以在很长的时间内发挥固定资产的作用。一个建筑物或构筑物，无论是钢结构、钢筋混凝土结构，还是砖木结构，少则可以使用十几年，多则几十年甚至上百年才丧失其使用价值。

（二）施工生产的特点

建筑产品的特点直接影响到施工生产的组织、工艺和经济等各个方面，决定着施工生产的特点。一般来讲，施工生产主要具有下列特点：

1．流动性

由于建筑产品的固定性，在施工生产过程中劳动者和施工机具经常处于流动状态。这种流动性主要表现在三个方面：

（1）不同工种的工人要在同一建筑物的不同部位上进行流动施工，从一个施工生产阶段转移到另一个施工生产阶段，即施工人员和机具要随着施工部位的不同而沿着施工对象上、下、左、右、前、后流动，不断地变换操作场所；

(2) 生产工人要在同一工地不同的单位工程之间进行流动施工；

(3) 企业的施工队伍要在不同工地、不同地区承包工程，进行区域性流动施工，即工程完工后，生产者和施工机具要随施工对象坐落位置的变化而迁徙流动，从一个工地转移到另一个工地或从一个地区转移到另一个地区。

另外，施工生产一般是顺序施工，基础、结构、屋面、装修等各阶段虽然也可以交叉作业，但制约性很大。随着构配件预制工厂化和现场施工装配化的发展，许多操作可以在空间上同时进行，平行作业或立体交叉作业，大大减轻了施工生产的流动程度，但是，这并不能从根本上消除施工生产的流动性。

2. 单件性

建筑产品的固定性和多样性，导致了施工生产的单件性。特别是施工企业是根据用户（建设单位）的需要，按订单组织生产的，建筑产品的功能和形式随建设单位的实际需要不同而各不相同。每项建筑产品都是在特定的地理环境中建造的，几乎每一项建筑产品都有其特定的建设目的和用途，都有其独特的形式和结构，因而就需要有一套单独的设计图纸，在建造时需要根据不同的设计，采用不同的施工方法和施工组织。即使是同一类型的工程或采用标准设计，也会由于建筑产品所在地点的地形、地质、水文、气候等自然条件的差异，能源、交通运输、材料和设备供应等资源条件以及人文、民族、风俗习惯等社会条件的不同，在建造时往往也需要对设计图纸以及施工方法和施工组织等作适当的改变。此外，建筑等级、建筑标准和施工技术水平的不同，也会导致工程建设的差异。因此，施工生产具有千差万别的单件性，很少有可能全部按照同一模式进行完全重复性质的生产。

3. 长期性

建筑产品的施工生产过程是一个规模大、消耗多、周期长的生产性消费过程。由于建筑产品构造复杂、形体庞大，在施工生产过程中要占用大量的人力、财力、物力，一个大中型建设项目往往要花费几千万、上亿甚至百亿元以上的投资，因此，客观上决定了施工生产的周期相对较长，一般都要跨年度施工，一个大中型建设项目往往需要几年、十几年甚至更长的时间才能建成。

另外，由于工程固定在一定的地点，使施工生产只能相对局限于一定的工作场所，按照一定的施工顺序、施工过程和施工工序组织立体交叉作业和平行流水作业，这就不能不影响到施工生产周期。不像工业产品，大多因体积较小、生产周期较短，一般是边投入边产出，建筑产品必须等到整个施工生产周期终结，才能生产出独立的最终建筑产品。

4. 受自然气候条件影响大

建筑产品由于位置固定、形体庞大，其生产一般是在露天进行，并且高空、地下、水下作业多，直接承受着自然气候条件变化的制约。如冬季、雨季、台风、高温等气候，会给组织施工带来许多问题，常常影响施工生产的顺利进行，使施工生产缺乏连续性、节奏性、均衡性，较难实现均衡生产。另外，每个建筑物和构筑物所在地点的工程地质和水文地质条件也对施工生产起着很大的制约作用。因此，施工企业必须正确制定施工方案，合理安排施工进度，搞好安全生产，努力创造条件，组织均衡施工，力争把自然气候条件对施工生产的影响或造成的损失减少到最低限度。

四、施工生产的组织管理

由于建筑产品的类型繁多，施工企业要根据建设单位的特定要求，按照专门用途的工程组织施工生产经营。同时，建筑产品地点的固定性和施工生产的流动性造成施工企业管理环境的变化大，可变因素和不可预见因素多。特别是施工企业承担国外施工任务，则环境更为复杂、更加特殊，管理工作的难度更大。管理环境的多变，导致施工生产经营的可预见性、可控性比较差。施工生产没有固定不变的施工方案，需因工程、地点、时间而异地编制施工组织设计来指导施工，并根据施工计划单个地供应材料。因此，施工生产需要个别地组织，单个地进行。在此背景下，项目法施工成为施工企业组织生产管理的一种主要方式。

所谓项目法施工，是指施工企业按工程项目设置施工组织机构，组建施工队伍，项目完成后，其组织机构随之撤销的施工管理方式。项目法施工要建立以项目经理部为主要组织管理形式的施工生产管理系统，实行项目经理负责制；项目法施工实行企业内部承包制，用以确立项目承包者与企业、职工之间的责、权、利关系。在合同管理方面，企业总经理一般要授予项目经理较大的权力，以便处理同合同各方的关系。

由此可见，项目法施工是以工程项目为对象，以项目经理负责制为中心，以经营承包责任制为基础，以经济合同为手段，按照工程项目的内在规律和施工需要合理配置生产要素，对工程项目的安全、质量、工期、成本等实行全过程的控制和管理，达到全面实现项目目标，提高工程投资效益和企业经济效益的一种科学管理模式。在项目法施工下，施工企业面对规模大小、复杂程度、工期长短各不相同的工程项目，只能根据项目的需要配置资源，并在施工过程中根据情况的变化予以调整，对施工过程中的生产要素投入在时间上进行动态管理。在这个管理过程中，工程项目成本作为施工企业成本费用的主要部分，一般要占企业成本的90％以上。

第二节

施工项目管理

项目是指在一定约束条件下，具有特定目标的一次性任务。项目通常有确定的目标和确定的约束条件（时间、费用和质量等），是一种非常规性、非重复性和一次性的任务。项目是指一个过程，而不是指过程终结后所形成的成果，如某个住宅小区的建设过程是一个项目，而建设完成后的住宅楼及其配套设施是这个项目完成后形成的产品。随着社会经济的发展，项目的概念已渗入社会的各个领域，在社会生活中，符合这一定义的事物是极为普遍的。一般来说，按最终成果或专业特征，项目通常可以分为工程项目、科学研究项目、开发项目、航天项目、产品研制项目、维修项目、咨询项目等。工程项目是项目中数量最大的一类，凡最终成果是"工程"的项目均可称为工程项目。它按不同管理者划分为建设项目、设计项目、工程咨询项目和施工项目等。北京城建集团在学习日本大成公司鲁布革工程管理经验的基础上，首创了项目法施工。项目法施工原理是现代建筑业企业施工项目管理理论的雏形。多年来的实践证明，现代施工企业实行项目管理，对促进企业生产要素的优化组合和提高劳动生产率、提高建设项目投资效益等，具有十分重要的意义。

一、施工项目管理的概念

施工项目是由施工企业自施工承包投标开始到保修期满为止的全过程中完成的项目。也就是说，施工项目是由施工企业完成的项目，它可能以建设项目为过程产出物，也可能是产出其中的一个单项工程或单位工程。过程的起点是投标，终点是保修期满。施工项目除了具有一般项目的独特性、具有特定目标和一定的约束条件、独特的生命周期、作为管理对象的整体性及不可逆性等特征外，还具有自己的特征：

（1）施工项目是建设项目或其中的单项工程、单位工程的施工活动过程。

（2）施工项目是以施工企业为管理主体的。

（3）施工项目的任务范围由施工单位与建设单位签署的合同界定。

（4）施工产品具有多样性、固定性、体积庞大、占用资金多的特点。

一般只有单位工程、单项工程和建设项目的施工活动过程才称得上施工项目，因为它们才是施工企业的最终产品。由于分部工程、分项工程不是施工企业的最终产品，故其活动过程不能称做施工项目，而是施工项目的组成部分。

项目管理是为使项目取得成功（实现的要求的质量、时限、所核定的费用等项目目标）而对其所进行的全过程、全方位的策划、规划、组织、控制、协调、监督等活动过程的总称。项目管理的对象是项目，项目管理的职能同所有管理的职能是一样的。由于项目的特殊性，带来了项目管理的复杂性和艰巨性，项目管理要按照科学的理论、方法和手段来进行，特别是要用系统工程的观念、理论和方法进行管理。

施工项目管理是施工企业运用系统的观点、理论和方法对施工项目进行的计划、组织、监督、控制、协调等全过程、全方位的管理，是工程建设实施阶段的项目管理。施工项目管理是项目管理的一个分支，其管理对象是施工项目，管理者是施工企业。

二、施工项目管理的主要内容

在施工项目管理的全过程中，为了实现各阶段目标和最终目标，在进行各项活动时，必须加强管理工作。在施工实践中，施工项目的具体管理内容一般由施工企业法人代表根据签订的施工合同和该企业的管理模式，向项目经理下达"项目管理目标责任书"来确定；在项目管理期间，由发包人或其委托的监理工程师或企业管理层按规定程序提出的、以施工指令形式下达的因工程变更而导致的额外施工任务或工作，均应列入项目管理范围。不同的企业与施工项目经理签订的责任书不同，其管理的权力和内容也稍有变化。在《建设工程项目管理规范》中，项目管理主要包括以下内容：

（一）建立施工项目管理组织

（1）由企业采用适当的方式选聘称职的施工项目经理。

（2）根据施工项目组织原则，选用适当的组织形式，组建施工项目管理机构，明确责任、权限和义务。

（3）在遵守企业规章制度的前提下，根据施工项目管理的需要，制定施工项目管理制度。

（二）进行施工项目管理规划

施工项目管理规划是对施工项目管理目标、组织、内容、方法、步骤、重点进行预测和决策，做出具体安排的纲领性文件。

（1）进行工程项目分解，形成施工对象分解体系，以便确定阶段控制目标，从局部到整体全面地进行施工活动和施工项目管理。

（2）建立施工项目管理工作体系，绘制施工项目管理工作体系图和施工项目管理工作信息流程图。

（3）编制施工管理规划，确定管理点，形成文件，以利执行。现阶段这个文件便以施工组织设计代替。

（三）进行施工项目的目标控制

施工项目的目标有阶段性目标和最终目标。实现各项目标是施工项目管理的目的所在。因此应当坚持以控制论原理为指导，进行全过程的科学控制。施工项目的控制目标分为：进度控制目标、质量控制目标、成本控制目标、安全控制目标和施工现场控制目标。

由于在施工项目目标的控制过程中，会不断受到各种客观因素的干扰，各种风险因素有随时发生的可能性，故应通过组织协调和风险管理，对施工项目目标进行动态控制。

（四）对施工项目的生产要素进行优化配置和动态管理

施工项目的生产要素是施工项目目标得以实现的保证，主要包括劳动力、材料、设备、资金和技术（即 5M）。生产要素管理的三项内容包括：分析各项生产要素的特点；按照一定的原则和方法对施工项目生产要素进行优化配置，并对配置状况进行评价；对施工项目的各项生产要素进行动态管理。

（五）施工项目的合同管理

由于施工项目管理是在市场条件下进行的对特殊交易活动的管理，这种交易活动从投标开始，并持续于项目管理的全过程，因此必须依法签订合同，进行履约经营。合同管理的好坏直接影响项目管理及工程施工的技术经济效果和目标实现。因此要从招投标开始，加强工程承包合同的签订、履行管理。合同管理是一项执法、守法活动。市场有国内市场和国际市场，因此合同管理相应涉及国内和国际有关法规和合同文本、合同条件，在合同管理中应予高度重视。为了取得经济效益，还必须重视索赔工作，讲究方法和技巧，提供充分的证据。

（六）施工项目的信息管理

施工项目管理是一项复杂的现代化的管理活动，要依靠并管理大量信息，而信息管理又要依靠计算机进行辅助，所以，进行施工项目管理和施工项目目标控制的动态管理，必须依靠信息管理，并应用计算机进行辅助。需要特别注意信息的收集与储存，使一个项目的经验和教训得到记录和保留，为以后的项目管理服务。因此，认真记录总结，建立档案及保管制度对于施工项目管理是非常重要的。

（七）施工项目的组织协调

组织协调是指以一定的组织形式、手段和方法，对项目管理中产生的关系不畅进行疏通，对产生的干扰和障碍予以排除的活动。在控制与管理的过程中，由于各种条件和环境的变化，必然形成不同程度的干扰，使原计划的实施产生困难，这就必须协调。协调要依托一定的组织、形式和手段，并针对干扰的不同种类和关系而分别对待。除努力寻求规律以外，协调还要依靠应变能力、处理偶然事件的机制和能力。协调是为顺利地"控制"服务的，协调与控制的目的都是为了保证目标的实现。

（八）施工项目的现场管理

建筑施工在现场进行，就必然有施工现场管理问题。施工现场是指进行工业和民用项目的房屋建筑、设备安装、管线辅设等施工活动，经批准所占用的施工场地。施工现场管理就是运用科学的管理思想、管理组织、管理方法和管理手段，对施工现场的各种生产要素，如人（操作者、管理者）、机（设备）、料（原材料）、法（工艺、检测）、环境、资金、能源、信息等，进行合理配置和优化组合，通过实施计划、组织、控制、协调、激励等管理职能，保证现场按预定的目标，实现优质、高效、低耗、按期、安全、文明的生产的过程。

（九）施工项目的竣工验收

施工项目竣工验收是指整个项目的完成验收。建筑施工项目竣工验收是建设项目竣工验收的一个组成部分，其含义是施工企业完成承建的单项工程后，接受建设单位及有关单位的检验，合格后向建设单位交工。它与建设项目竣工验收不同，建设项目竣工验收是动用验收。

（十）施工项目的考核评价

施工项目考核评价的目的是规范项目管理行为，鉴定项目管理水平，确认项目管理成果，对项目管理进行全面考核和评价。

（十一）施工项目的回访保修

工程项目的质量回访与保修是在工程项目竣工后的一定时间内（在质量保修期内），由施工单位派人到建设单位或用户处了解工程项目的运行情况和存在问题，并对因施工单位的施工责任而造成的工程质量问题实施保修，不留隐患。

三、施工项目管理的程序

建筑施工项目管理的程序一般为：编制项目管理规划大纲，编制投标书并进行投标，签订施工合同，选定项目经理，项目经理接受企业法定代表人的委托组建项目经理部，企业法定代表人与项目经理签订"项目管理目标责任书"，项目经理部编制"项目管理实施规划"，进行项目开工前的准备，施工期间按"项目管理实施规划"进行管理，在项目竣工验收阶段进行竣工结算、清理各种债权债务、移交资料和工程，进行经济分析，做出项目管理总结报告并送企业管理层有关职能部门，企业管理层组织考核委员会对项目管理工作进行考核评价并兑现"项目管理目标责任书"中的奖惩承诺，项目经理部解体，在保修期满前企业管理层根据"工程质量保修书"的约定进行项目回访保修。施工项目管理的程序可分为五个阶段，它们构成施工项目管理的全过程。

（一）投标与签订合同阶段

建设单位对建设项目进行设计和建设准备，具备了招标条件以后，便发出招标公告（或邀请函），施工单位见到招标公告或接到邀请函后，从作出投标决策至中标签约，实质上是在进行该施工项目的管理工作。本工作的最终目标就是签订工程承包合同，为此须进行以下工作：施工企业从经营战略的高度作出是否投标争取承包该项目的决策；决定投标以后，从多方面（企业自身、相关单位、市场、现场等）掌握大量信息；编制切合工程实际的施工项目管理规划大纲；编制既能使企业盈利，又有竞争力，可望中标的投标书；如果中标，则与招标方进行谈判，依法签订工程承包合同，使合同符合国家法律、法规和国家计划政策，符合平等互利的原则。

（二）施工准备阶段

施工单位与招标单位签订了工程承包合同、交易关系正式确立以后，便应组建项目经理部，然后在项目经理的领导下，与企业管理层、建设单位、监理单位密切配合，进行施工准备，使工程具备开工和连续施工的基本条件，以便开工。这一阶段主要进行以下工作：成立项目经理部，根据工程管理的需要建立机构，配备管理人员；制定施工项目管理实施规划，以指导施工项目管理活动；进行施工现场准备，使现场具备施工条件，利于进行文明施工；编写开工申请报告，待批开工。

（三）施工阶段

这是一个自开工至竣工的实施过程。在这一过程中，项目经理部既是决策机构，又是责任机构、管理实施机构。该阶段的最终目标是完成合同规定的全部施工任务，达到验收、交工的条件，为此主要进行以下工作：进行施工；在施工中努力做好动态控制工作，保证质量目标、进度目标、造价目标、安全目标、节约目标的实现；管理施工现场，实行文明施工；严格履行施工合同，处理好内外关系，做好合同变更及索赔工作；做好记录、协调、检查、分析工作。

（四）验收、交工与结算阶段

这一阶段可称作"结束阶段"，与建设项目的竣工验收阶段协调同步进行。其目标是对项目成果进行总结、评价，对外结清债权债务，结束交易关系。本阶段主要进行以下工作：工程收尾；进行生产试运转；接受正式验收；整理、移交竣工文件，进行工程款结算、总结工作，编制竣工总结报告；办理工程交付手续；项目经理部解体。

（五）用后服务阶段

这是施工项目管理的最后阶段，即在竣工验收后，按合同规定的责任期进行用后服务、回访与保修，其目的是保证使用单位正常使用，发挥效益。该阶段主要开展以下工作：为保证工程正常使用而进行必要的技术咨询和服务；进行工程回访，听取使用单位意见，总结经验教训，观察使用中的问题，进行必要的维护、修理和保修；进行沉陷、抗震等性能观察。

四、施工项目管理的组织机构

施工项目管理组织是指为进行施工项目管理、实现组织职能而进行组织系统的设计与建立、运行和调整。施工项目管理组织机构与企业管理组织机构是局部与整体的关系。组织机构设置的目的是充分发挥项目管理功能，提高项目整体管理效率，以实现施工项目管理的最终目标。因此，企业在推行项目管理时，合理设置项目管理组织机构是至关重要的。高效率的组织体系和组织机构的建立是施工项目管理成功的组织保证。

施工项目组织的形式与企业的组织形式是不可分割的。不同的企业，其施工项目管理组织机构的形式也略有不同。

（一）工作队式项目组织形式

1. 特征

（1）项目经理在企业内招聘或抽调职能人员组成管理机构（工作队），由项目经理指挥，独立性大。

（2）项目管理班子成员在工程建设期间与原所在部门断绝领导与被领导关系。原单位负责人员负责业务指导及考察，但不能随意干预其工作或调回人员。

（3）项目管理组织与项目同寿命。项目结束后机构撤销，所有人员仍回原所在部门和岗位。

2. 适用范围

这种项目组织形式适用于大型、工期紧迫、要求多部门多工种配合的项目。它要求项目经理素质高，指挥能力强，有快速组织队伍及善于指挥来自各方人员的能力。

3. 优缺点

工作队式项目组织形式的优点是：选调人员可以完全为项目服务；项目经理权力集中，干扰少，决策及时，指挥灵便；项目管理成员来自各职能部门，在项目管理中配合工作，有利于取长补短，培养一专多能人才；各专业人员集中在现场办公，减少扯皮和等待时间，提高办事效率。

其缺点是：各类人员来自不同部门、不同的专业，彼此不熟悉，难免配合不力；各类人员同一时段内的工作差异很大，容易出现忙闲不均，可能导致人才浪费；职能部门的优势无法发挥等。

（二）部门控制式项目组织形式

1. 特征

该组织形式的特征是：不打乱企业原有建制，把项目委托给企业某一专业部门或某一施工队组织管理，由被委托的部门领导在本部门选人组成项目管理班子，项目结束后，项目班子成员恢复原职。

2. 适用范围

这种形式的项目组织一般适用于小型的、专业性较强的、不需涉及众多部门的施工项目。

3. 优缺点

该组织形式的优点是：人员熟悉，人才的作用能充分发挥；从接受任务到组织运转启动时间短；职责明确，职能专一，关系简单，易于协调。

其缺点是：不利于精简机构；不利于对固定建制的组织机构进行调整；不能适应大型项目管理的需要。

（三）矩阵式项目组织形式

1. 特征

（1）项目组织机构的职能部门和企业的职能部门相对应，多个项目与企业职能部门结合成矩阵形状的组织机构。

（2）职能原则与对象原则相结合，既能发挥项目组织的横向优势，又能发挥职能部门的纵向优势。

（3）企业职能部门是永久性的，项目管理组织机构是临时的。职能部门负责人对参与项目管理班子的成员有调动、考察和业务指导的责任；项目经理则将参与项目组织的人员有效地组织起来，进行项目管理的各项工作。

（4）项目管理班子成员接受企业原职能部门负责人和项目经理的双重领导。职能部门侧重业务领导，项目经理侧重行政领导。项目经理对参与项目组织的成员有使用、奖惩、增补、调换或辞退的权力。

2. 适用范围

矩阵式项目组织形式适用于同时承担多个项目工程的企业。在这种情况下，各项目对专业技术人才和管理人员都有需求，加在一起数量较大，采用矩阵式组织形式可以充分利用有限的人力资源对多个项目进行管理，特别有利于发挥稀有人才的作用。该组织形式也适用于大型、复杂的施工项目。因其要求多部门、多技术、多工种配合实施，在不同阶段，对不同人员有数量不同和搭配各异的需求，显然部门控制式和工作队式组织均不能满足。

3. 优缺点

该组织形式兼有工作队式和部门控制式两种形式的优点，把职能原则与对象原则融为一体，解决了传统模式中企业组织与项目组织的相互矛盾；它既有利于人才的全面培养，又有利于人力资源的充分利用。

但它也存在缺点，主要表现在人员来自各职能部门，既受项目经理领导，又受原部门领导，这种双重领导在意见不一致时易产生矛盾，使当事人无所适从。矩阵式组织对企业管理水平、项目管理水平、领导者的素质、组织机构的办事效率、信息沟通渠道的畅通均有较高要求。在组织协调内部的关系时，必须要有强有力的组织措施和协调办法。

(四) 事业部式项目组织形式

1. 特征

(1) 事业部对企业来说是职能部门，对外有相对独立的经营权，可以是一个独立单位。事业部可以按地区设置，也可以按工程类型或经营内容设置。事业部能较迅速地适应环境变化，提高企业的应变能力，调动部门积极性。当企业向大型化、智能化发展时，事业部式是一种很受欢迎的选择，它既可以加强经营战略管理，又可以加强项目监理。

(2) 在事业部（一般为其中的工程部或开发部，对外工程公司是海外部）下边设置项目经理部，项目经理由事业部选派，一般对事业部负责，有的可以直接对业主负责，根据其授权程度而决定。

2. 适用范围

事业部式项目组织适用于大型经营性企业的工程承包，特别适用于远离公司本部的工程承包。但如果一个地区只有一个项目、没有后续工程时不宜设立地区事业部，即它适宜在一个地区有长期市场或一个企业有多种专业化施工力量时采用。

3. 优缺点

事业部式项目组织形式的优点是能较迅速地适应环境变化，提高企业的应变能力；既可以加强经营战略的管理，又可以加强项目的管理；有利于延伸企业的经营职能，扩大企业的经营业务，便于企业开拓新的业务领域。

缺点是企业对项目部的约束力减弱，有时会造成企业结构的松散。因此企业必须加强制度约束，强化企业的综合协调能力。

五、施工项目经理的财权与会计责任

施工项目经理是施工承包企业法定代表人在施工项目上的代表人。从企业内部看，项目经理是施工项目全过程所有工作的总负责人，是项目的总责任者，是项目动态管理的体现者，是项目生产要素合理投入和优化组合的组织者。从对外方面看，作为企业法人代表的企业负责人，不直接对每个建设单位负责，而是由项目经理在授权范围内对建设单位直接负责。项目经理在项目管理中处于中心地位，是项目管理成败的关键。

施工项目经理是施工项目责、权、利的主体。这是因为，项目经理是项目总体的组织管理者，即项目中人、财、物、技术、信息和管理等所有生产要素的组织管理人。首先，项目经理必须是项目的责任主体，是实现项目目标的最高责任者，而且目标的实现还应该不超出限定的资源条件。其次，项目经理必须是项目的权力主体。权力是确保项目经理能够承担起责任的条件与手段，所以，权力的范围必须视项目经理责任的要求而定。如果没有必要的权力，项目经理就无法对工作负责。再次，项目经理还必须是项目的利益主体。利益是项目经理工作的动力，是由于项目经理负有相应的责任而得到的报酬，所以，利益的形式及多少也应该视项目经理的责任而定。如果没有一定的利益，项目经理就不愿负有相应的责任，也不会认真行使相应的权力，更难以处理好企业和职工的利益关系。

施工项目经理的财权表现在：在企业财务制度允许的范围内，项目经理有权根据工程需要和计划的安排，作出投资决策，流动资金周转调配决策，固定资产购置、使用、大修和计提折旧的决策，对施工项目职工计酬方式、分配办法、分配方案等作出决策。

施工项目经理有责任、有义务保证会计人员依法行使职权，不能阻碍会计人员行使其职能，更不能违法干预。施工项目要建立或严格执行内部控制制度，明确相关人员的职责权限、工作规程和纪律要求，确保相关人员提供正确、真实、合法、完整的原始凭证（包括外来的和自制的），维护会计信息质量。项目经理应依法任用具有会计从业资格的会计人员，并依法保障本单位会计人员参加继续教育和培训的权利，以促进会计队伍业务素质的不断提高。项目经理要旗帜鲜明地支持会计人员工作，帮助会计人员解决履行《会计法》中遇到的困难和问题，营造重视会计管理、支持会计工作的良好氛围。

第三节

施工项目会计核算

一、施工项目会计的特征

不同于一般工业性企业，施工企业生产任务获得方式具有独特性，它必须先获得订单，得到工程预付货款，才能组织施工。施工生产采用项目管理模式及施工生产的经营特点，决定了施工项目会计具有其自身的特征。

（一）施工项目部是独立的会计主体

企业会计工作的组织形式，一般分为集中核算和非集中核算两种。集中核算就是把整个会计核算工作集中在公司总部财会部门，或者企业内部各部门、各生产单位对本部门、本单位所发生的经济业务不进行全面核算，只填制或取得原始凭证，并对原始凭证进行适当汇总，定期将原始凭证和汇总原始凭证送交企业财会部门加以审核，并据以登记有关账簿。非集中核算又称分散核算，就是对企业内部各部门、各生产单位所发生的经济业务，由各级部门设置并登记账簿，进行比较全面的核算。各部门可以单独计算盈亏，编制财务报表，定期报送给财会部门，以便汇总编制整个企业的财务报表。由于施工企业施工生产比较分散，一般采用非集中核算方式，以施工项目部为核算单位，对工程项目的成本及相关费用进行核算。

施工项目部是公司在施工项目所在地设立的代表公司从事生产经营活动的机构。施工项目部不具有企业法人资格，但它代表法人对具体的施工项目进行经营和管理，是公司的派出机构，在实行项目法管理的情况下，应该作为独立会计主体进行独立的会计核算。施工项目部可根据本公司内部会计制度的要求，设置会计科目，组织会计核算，全面连续地记录施工项目的资产、负债、收入和费用的变化，并定期计算施工项目的损益，编制财务报表。公司总部也可以对施工项目的部分资产、负债等业务进行统一核算，以加强公司总部对施工项目的控制作用。

（二）成本核算是施工项目会计的中心任务

尽管施工项目部一般都会涉及货币资金、存货、固定资产、负债等业务的核算，但是成本核算是施工项目会计的中心任务。由于施工生产的单件性，使其不能根据一定时期内所发生的全部施工生产费用和完成的工程数量来计算各项工程的单位成本，而必须按照订单分别归集施工生产费用，单独计算每项工程的成本。同时，由于不同建筑产品之间的差异大、可比性差，其实际成本不便进行比较，故施工项目工程成本的分析、控制和考核不是以可比产品成本为依据的，而是以工程预算成本为依据。即施工项目只能将工程的实际成本和预算成本进行比较，以考核工程成本的升降情况。

《企业会计准则——建造合同》规定，建造承包商一般应该以单项合同作为会计核算对象，符合合同合并或合同分立条件的，还要通过合同合并或分立来确定会计核算对象。

（三）施工项目需要分段进行工程价款结算、确认合同收入与费用

由于建筑产品的施工生产周期一般都比较长，要占用大量的资金，因此，施工项目部有必要将已完成预算定额所规定的全部工序或工程内容的分部工程或分项工程作为"已完工程"，及时与建设单位办理工程价款的中间结算，待工程全部竣工后再进行清算。这就要求施工项目部必须加强工程价款结算的会计核算工作，正确计算已完工程的预算价值，及时收回工程价款。同时，还应加强对预收工程款的核算和管理，并定期与建设单位（或发包单位）进行清算。另外，由于施工生产周期长，施工项目部还需要按照建造合同准则规定，根据工程的完工进度，采用完工百分比法分别计量和确认各年度的工程合同收入和合同费用，以确定各年度的经营成果。

（四）施工项目会计方法的选择需要考虑自然环境

施工项目部所使用的机械设备、临时设施等资产一般都露天存放，而建筑安装工程本身体积庞大，一般也都处于露天作业状态，受气候条件影响自然侵蚀特别大，尤其是在施工条件非常恶劣的情况下，资产耗损更为明显。施工项目会计要选择合理的固定资产折旧方法和周转材料、低值易耗品的摊销方法，使价值补偿能够符合其实际磨损情况。

（五）施工项目与公司总部内部往来事项频繁

公司总部与施工项目部之间业务往来频繁，包括资金、材料、设备的调拨，也包括成本费用的结转等，各方均需正确及时地记录反映往来事项。在公司总部与施工项目部会计核算中，一般都应设置"内部往来"或类似科目，用于记录反映内部往来业务引起的公司总部与施工项目部之间债权和债务的变化。

二、施工项目会计核算的对象

施工项目会计核算是指一个施工项目从投标到项目完工的全部生产经营过程，以及该工程竣工后至工程保修期结束，相关会计事项与交易的确认与计量。施工项目部应根据工程项目规模的大小、施工组织的特点、财务人员的能力以及工程项目的地理位置等诸多因素，成立相应的会计机构，配备会计人员，对施工项目进行会计核算。尽管不同企业施工项目部的组织形式不一样，但通常情况下，都要对施工项目进行独立核算。施工项目部是企业的一个派出单位，会计核算内容主要涉及工程施工的相关资产、负债、收入、费用、利润等项目。

为了完成各项施工生产任务，施工项目部必须拥有或控制一定数量的房屋、建筑物、施工机械、生产设备、材料、货币资金等财产物资。在会计上，这些财产物资叫资产。施工项目上的资产主要包括货币资金、应收款项、固定资产等。其中，货币资金是指以货币形态存在于企业，用于购买材料物资、支付工资，以及支付各种开支的款项，包括库存现金、银行存款、其他货币资金等；应收款项是指企业在日常生产经营过程中发生的各项债权，包括应收票据、应收账款、其他应收款和预付账款等；存货是指施工项目部在提供建筑劳务过程中将消耗的材料物资，已经形成施工成本但尚未结算的在建合同成本等，包括各类材料、在建的建造合同工程等，如果项目部存在辅助生产部门，辅助生产部门的在产品、半成品、完工产品也属于存货。建筑施工生产中用到的施工机械、运输设备等都属于固定资产。与原材料将自身物质直接投入生产过程形成工程成本不同，固定资产一般能够在较长时期保持自己的物质形态，而不是把本身物质直接加入到工程项目上，它的价值是随着使用逐渐转移到工程项目成本中去的。在施工工程中，为了保证施工生产的正常进行，还会建造各种临时建筑及设施，如临时办公用房、临时道路、临时给排水设施等，按照《企业会计准则》的规定，这些临时设施也要作为企业的固定资产。长期待摊费用是指企业已经支出，但摊销期限在1年以上（不含1年）的各项费用，包括固定资产大修理支出、租入固定资产的改良支出等。施工项目部的负债包括短期借款、应付及预收款项等短期负债以及长期借款、长期应付款等长期负债。施工项目部的所有者权益主要包括未分配利润。

在施工生产过程中，随着生产资金的不断循环和周转，资金占用形式也将发生变化，并同样呈现不断循环和周转的态势。在物资供应阶段，施工项目部需要用货币资金购买各种材料物资，购置和建造机械设备、办公用房等，从而使货币资金转化为储备资金；在施工生产阶段，施工项目一方面要消耗各种材料物资，占用或使用各种机械设备等固定资产，另一方面还需要支付工资薪金以及其他费用，这时，储备资金和货币资金就转化为生产资金，进而形成合同费用；随着施工项目生产完工，生产资金还会转化为结算资金，进而形成企业的合同收入，最后又转化为货币资金。这样，施工项目部的资金随着物资供应、施工生产、工程结算的不断进行，由货币资金依次转化为储备资金、生产资金、成品资金，最后又回到货币资金。上述各方面都会涉及资金的收支，这个过程既是施工生产经营活动中的资金运动，又反映了建造合同收入与合同费用的形成。

施工项目会计核算的对象就是施工项目部在生产经营中的各种资金运动，它们既决定了与项目部相关的资产、负债、所有者权益的变动结果，又通过建造合同收入、费用的确认与计量反映了相应资产、负债、所有者权益的变化过程。

三、施工项目会计核算的任务

会计核算的任务是根据客观的需要和要求确定的，它受会计对象的制约。施工项目会计核算的任务是对会计对象进行确认和计量所要达到的目的和要求。在市场经济条件下，施工项目会计的任务主要包括以下几方面：

（一）正确、及时、完整地记录和反映施工项目部的经济活动、财务状况和经营成果情况，为内部经营决策提供准确可靠的会计信息

市场经济条件下，每个施工企业都必须根据自身的施工生产能力和建筑市场的需求，向社会招揽施工任务，充分利用生产潜力，合理安排施工生产。为了不断改善施工项目部施工生产管理水平，提高企业在建筑市场的竞争能力，施工项目部一方面要接受公司总部职能部门的指导，使自己的施工生产活动符合企业经营管理的要求；另一方面要针对具体施工项目的情况，采取有效措施提高施工项目生产经营的管理水平，为企业提供扩大再生产所需的资金和利润。这就要求每个施工项目部都要根据施工生产任务和项目管理水平以及市场供求情况，及时制定年度施工生产计划和财务计划，作为项目部生产经营活动的依据。同时，在施工生产过程中，必须切实做好会计管理工作，加强经济核算，如实地反映项目部的经济活动情况，并经常进行检查和分析，揭示经济管理中存在的问题及其产生的原因，以便及时采取措施解决矛盾，保证施工生产计划和财务计划的顺利完成。为此，施工项目部会计必须正确、及时、完整地核算项目部相关资产、负债、收入、费用和利润，做到账实相符、账证相符、账账相符、账表相符；正确地计算材料物资的采购成本和建筑安装工程成本；正确地确定项目部的经营成果，并正确、及时地编制各种财务报表，从而为企业内部各管理部门采取措施、改进经营管理工作、提高经济效益提供准确可靠的会计数据和经济信息。

（二）反映和监督财产物资的保管、使用情况，做好施工成本核算，节约使用资金，提高经济效益

为了提高企业经济效益，施工项目部必须讲求效率，要多快好省地进行施工生产。一方面，要做好财产物资的保管工作，保证财产物资的安全完整；另一方面，要合理使用财产物资，不断减少资金耗用，节约使用资金，降低工程成本。而要保证财产物资的安全完整，就必须做好会计工作，全面反映和监督各项财产物资的存在和变动情况。对于一切货币资金的收支，财产物资的收入、发出和转移，要据实填制凭证，认真进行审核，及时登记账簿。要定期进行财产清查，查明账实不符的原因，明确管理人员的经济责任。要保证财产物

资的合理使用，就必须及时计算工程成本，反映工程在施工过程中的生产耗费，及时做好固定资产和材料的核算，反映固定资产和材料的利用情况。

工程成本是工程在施工过程中耗费的各项生产费用，它能反映材料的消耗情况、职工薪酬、施工机械使用费和各项费用的开支情况。如果提高了施工管理水平，节约了材料的消耗，提高了劳动生产率和机械利用率，减少了各项费用的开支，那么最终必然反映为工程成本的降低。因此，通过工程成本的计算和分析，可使项目部及时发现施工管理中存在的问题，采取降低工程成本的有效措施，提高施工项目的经济效益。

四、施工项目的会计组织与人员配备

会计机构是直接从事和组织领导会计工作的职能部门，建立和健全会计机构，是加强会计工作、保证工作顺利进行的重要条件。《中华人民共和国会计法》（以下简称《会计法》）第三十六条第一款规定：各单位应当根据会计业务的需要，设置会计机构，或者在有关机构中设置会计人员并指定会计主管人员；不具备设置条件的，应当委托经批准设立从事会计代理记账业务的中介机构代理记账。

由于不同的施工企业在单位性质、规模及经营管理上差别很大，因此，施工项目会计机构设置也不可能千篇一律。各施工项目是否设置会计机构，应当根据会计业务的需要来决定，即各企业可以根据施工项目会计业务繁简情况决定是否设置会计机构。从有效发挥会计职能作用的角度看，大、中型施工项目都应当设置会计机构；而对那些规模很小、投资和人员都不多的施工项目，可以不单独设置会计机构，而是设置会计人员并指定会计主管人员，或者进行代理记账。会计主管人员是指负责组织管理会计事务、行使会计机构负责人职权的负责人。

会计工作岗位一般包括：会计机构负责人或者会计主管、出纳、财产物资核算、工资核算、成本费用核算、财务成果核算、资金核算、往来结算、总账、报表、稽核等。施工项目部应按照不相容职务相分离的原则，根据需要设置会计工作岗位，明确职责权限，形成相互制衡机制。会计工作岗位可以一人一岗、一人多岗或者一岗多人。但一项业务必须由两个及以上人员处理，不能由一个人负责办理。尤其是出纳人员不得兼管稽核、会计档案保管和收入、费用、债权债务账目的登记入账工作。

我国对会计人员实行从业资格证制度。《会计法》第三十八条规定：从事会计工作的人员，必须取得会计从业资格证书。会计从业资格证是会计人员从事会计工作的"准入证"或"通行证"。各企业单位不得任用不具备会计从业资格的人员从事会计工作。同时，对会计人员的专业技术资格实行考试制度，并且实行全国统一考试后，除了高级资格（高级会计师资格）实行考试与评审结合的评价制度外，其他资格不再进行相应任职资格的评审工作。

会计档案是指会计凭证、会计账簿和财务会计报告以及其他会计资料等会计核算的专业资料，它是记录和反映经济业务的重要历史资料和证据，是企业的重要档案之一。施工项目每年的会计凭证、账簿、报表都应由财会部门按照归档的要求，负责整理立卷或装订成册，并保管一年后，由财会部门编造清册，移交本单位的档案部门保管。没有专门档案管理机构的单位，应由财会部门指定专门人员继续保管，但出纳人员不得监管会计档案。档案部门接受保管的会计档案，原则上应当保持原卷册的封存，个别需要拆封重新整理的，应当由财会部门和经办人共同拆封整理，以明确责任。会计档案原件原则上不得借出，如有特殊需要，须经本单位负责人批准，可以提供查阅或复制，并应履行借出手续和期限归还。未经本单位负责人批准，调阅人员不得擅自摘录有关数字。

根据《会计档案管理办法》的规定，会计档案保管期限分为永久和定期两类。永久保管的会计档案一般是记录内容相对稳定，具有长期使用价值，并对以后会计、审计工作具有重要影响和直接作用的档案，比如财务报告等。定期保管的会计档案一般是记录内容经常变化，只供当期使用或供以后参考的档案。定期保管期限分为 3 年、5 年、10 年、15 年、25 年五种，保管期限从会计年度终了后第一天算起。

会计档案保管期满后，需要销毁的，必须严格执行规定的程序予以销毁，任何人不得随意销毁。

五、施工项目会计工作的相关环节

（一）会计科目的设置与使用

会计为了记录经济业务，提供会计信息，需要按照一定标准将会计对象划分为若干个要素，这是对会计对象的第一次分类，也是最基本的分类。会计科目就是在对会计对象划分会计要素的基础上，按照会计要素的具体内容进一步分类，并以此为依据设置账户，分类、连续地记录经济业务增减变动情况，再通过整理和汇总等方法，反映会计要素的增减变动及其结果，从而提供各种有用的数据和信息。例如，为了反映和监督各项资产的增减变动，设置

"库存现金"、"原材料"、"固定资产"等科目；为了反映和监督负债和所有者权益的增减变动，设置"短期借款"、"应付账款"和"实收资本"、"资本公积"、"盈余公积"等科目；为了反映和监督收入、费用和利润的增减变动，设置"主营业务收入"、"主营业务成本"和"本年利润"、"利润分配"等科目。

在实际工作中，会计科目是通过企业内部会计核算制度预先制定的，它是设置账户、进行账务处理必须遵守的规则和依据，是正确组织会计核算的一个重要条件。我国财政部颁布的《〈企业会计准则〉应用指南》中，为企业提供了一套会计科目表。同时规定，企业在不违反会计准则中确认、计量和报告规定的前提下，可以根据本单位的实际情况自行增设、分拆、合并会计科目。企业不存在的交易或者事项，可不设置相关会计科目。对于明细科目，企业可以自行设置。《〈企业会计准则〉应用指南》中的会计科目编号供企业填制会计凭证、登记会计账簿、查阅会计账目、采用会计软件系统参考，企业可结合实际情况，自行确定会计科目编号。2011年10月颁布的《小企业会计准则》中，对于小企业会计科目的设置也提供了参考。

按照《企业财务会计报告条例》的规定，企业对外提供财务会计报告，实质上是以法人单位为基础的。因此，企业在设置会计科目时，一般是以法人单位作为基本单元的，即施工项目一般无权制定会计科目，而是直接按照公司总部的统一规定，组织施工项目的会计核算工作。

结合施工企业会计的特点，实行《企业会计准则》之后，施工企业主要应用的会计科目如表1-1所示。

表1-1　　　　　　　　施工企业会计科目表

顺序号	科目编号	一级科目	顺序号	科目编号	一级科目
（一）资产类科目			51	2101	交易性金融负债
1	1001	库存现金	52	2201	应付票据
2	1002	银行存款	53	2202	应付账款
3	1012	其他货币资金	54	2203	预收账款
4	1101	交易性金融资产	55	2211	应付职工薪酬
5	1121	应收票据	56	2221	应交税费
6	1122	应收账款	57	2231	应付利息
7	1123	预付账款	58	2232	应付股利
8	1131	应收股利	59	2241	其他应付款
9	1132	应收利息	60	2401	递延收益
10	1221	其他应收款	61	2501	长期借款
11	1225	内部往来	62	2502	应付债券
12	1226	备用金	63	2701	长期应付款
13	1231	坏账准备	64	2702	未确认融资费用
14	1401	材料采购	65	2711	专项应付款
15	1402	在途物资	66	2801	预计负债

续表

顺序号	科目编号	一级科目	顺序号	科目编号	一级科目
16	1403	原材料	67	2901	递延所得税负债
17	1404	材料成本差异			（三）共同类
18	1405	库存商品	68	3101	衍生工具
19	1408	委托加工物资	69	3201	套期工具
20	1411	周转材料	70	3202	被套期项目
21	1471	存货跌价准备			（四）所有者权益类科目
22	1501	持有至到期投资	71	4001	实收资本
23	1502	持有至到期投资减值准备	72	4002	资本公积
24	1503	可供出售金融资产	73	4003	上级企业拨入资金
25	1511	长期股权投资	74	4101	盈余公积
26	1512	长期股权投资减值准备	75	4103	本年利润
27	1521	投资性房地产	76	4104	利润分配
28	1522	投资性房地产累计折旧	77	4201	库存股
29	1523	投资性房地产累计摊销			（五）成本费用类科目
30	1524	投资性房地产减值准备	78	5201	劳务成本
31	1531	长期应收款	79	5301	研发支出
32	1541	未实现融资收益	80	5401	工程施工
33	1601	固定资产	81	5402	工程结算
34	1602	累计折旧	82	5403	机械作业
35	1603	固定资产减值准备	83	5404	辅助生产
36	1604	在建工程			（六）损益类科目
37	1605	工程物资	84	6001	主营业务收入
38	1606	固定资产清理	85	6051	其他业务收入
39	1607	在建工程减值准备	86	6101	公允价值变动损益
40	1608	工程物资减值准备	87	6111	投资收益
41	1701	无形资产	88	6301	营业外收入
42	1702	累计摊销	89	6401	主营业务成本
43	1703	无形资产减值准备	90	6402	其他业务成本
44	1711	商誉	91	6403	营业税金及附加
45	1712	商誉减值准备	92	6601	销售费用
46	1801	长期待摊费用	93	6602	管理费用
47	1811	递延所得税资产	94	6603	财务费用
48	1901	待处理财产损溢	95	6701	资产减值损失
49	1931	拨付分公司经营资金	96	6711	营业外支出
		（二）负债类科目	97	6801	所得税费用
50	2001	短期借款	98	6901	以前年度损益调整

在上述列表中，"内部往来"科目是根据施工企业的特点设置的一个科

目。该科目核算企业与所属内部独立核算单位（比如施工项目部）之间，或各内部独立核算单位之间，由于工程价款结算、材料销售、提供劳务等业务所发生的各种应收、应付、暂收、暂付往来款项。

"备用金"科目核算企业拨付给非独立核算的内部单位（如职能部门、施工单位、个人等）备作差旅费、零星采购或零星开支等使用的款项。企业也可以不设置该科目，而将相应内容放在"其他应收款"科目核算。

"拨付分公司经营资金"与"上级拨入资金"科目分别用于公司总部和分公司或其他内部独立核算单位，核算公司总部拨付给分公司和所属内部独立核算单位用于生产和经营的资金。这种资金属于内部独立核算单位的启动资金，类似于法人单位之间的股权投资和实收资本。但由于内部独立核算单位与公司总部属于同一法人，这类资金不能作为股权投资和实收资本核算。企业与所属内部独立核算单位、分公司之间发生的债权、债务和收付款项等，应在"内部往来"科目核算，不在"拨付分公司经营资金"和"上级企业拨入资金"科目核算。

"辅助生产"科目可以用于核算企业的辅助生产部门为工程施工、产品生产、机械作业、专项工程等生产材料和提供劳务（如设备维修、构件的现场制作、铁木件加工、固定资产清理、供应水、电、汽、施工机械的安装、拆卸的辅助设备的搭建工程等）所发生的各项费用。如果企业自行设置了"辅助生产"科目，在资产负债表中，应将其余额在"存货"项目上列示。

在传统会计实务中常用的"待摊费用"和"预提费用"两个科目，由于不符合资产负债观的要求，在财政部的《〈企业会计准则〉应用指南》中已经取消，在资产负债表中也不再包含此两项内容。如果企业出于合理分配年度内费用的需要保留此两个科目，在年末时其余额应调整为零。

在《〈企业会计准则〉应用指南》"固定资产"科目使用说明中规定，"固定资产"科目核算企业持有的固定资产原价，建造承包商的临时设施，以及企业购置计算机硬件所附带的、未单独计价的软件，也通过该科目核算。这意味着，会计准则鼓励企业将临时设施作为固定资产来管理和核算，如果企业自行设置了"临时设施"等相关科目，注意在资产负债表中应将其合并到"固定资产"项目上列示。

（二）施工项目的建账建制

建账就是根据《中华人民共和国会计法》和《企业会计准则》的规定，尤其是公司总部的具体要求，确定施工项目账簿种类、格式、内容及登记方法。

一般情况下，施工项目部至少应该设置四册账：一册现金日记账，一册银行存款日记账，一册总分类账，一册活页明细账。其中，活页明细账主要包括：应收账款明细账、原材料分类账（收、发、存数量金额式）、原材料多栏式分类账（收、发、存数量金额式）、周转材料明细分类账、材料采购明细账、委托加工存货明细账、机械作业明细账、固定资产明细分类账、工程施工明细账、职工薪酬明细账、应付账款明细账等。

新建项目部在项目成立时，会计人员均应根据核算工作的需要设置应用账簿，即平常所说的"建账"。手工记账建账的基本程序是：

（1）按照需用的各种账簿的格式要求，预备各种账页，并将活页的账页用账夹装订成册。

（2）在账簿的"启用表"上，写明单位名称、账簿名称、册数、编号、起止页数、启用日期以及记账人员和会计主管人员姓名，并加盖名章和单位公章。记账人员或会计主管人员在本年度调动工作时，应注明交接日期、接办人员和监交人员姓名，并由交接双方签名或盖章，以明确经济责任。

（3）按照施工项目会计核算的需要，根据公司会计科目表的顺序、名称，在总账账页上建立总账账户；并根据总账账户明细核算的要求，在各个所属明细账户上建立二、三级明细账户。

（4）启用订本式账簿，应从第一页起到最后一页止顺序编定号码，不得跳页、缺号；使用活页式账簿，应按账户顺序编本户页次号码。各账户编列号码后，应填"账户目录"，将账户名称页次登入目录内，并粘贴索引纸（账户标签），写明账户名称，以便检索。

随着企业管理技术手段的不断创新，越来越多的施工企业采用了财务集中管理信息系统。这种管理系统实现了会计集中核算、资金集中管理、全面预算管理和集中财务分析，有利于加强对施工项目的财务会计监控和资金管理，规避和防范财务风险。在实施中，公司总部及下属单位的财务数据可以集中存放在总部服务器上，由总部统一制定财务核算和管理制度，统一制定会计科目体系、编码原则、核算币种、会计期间等基础设置和报表格式，成员单位建账时，可以自动继承总部制定的基础设置信息，并可根据自身特点，个性化地使用会计科目。

各施工企业依据会计法律法规和企业会计准则，结合本单位实际情况，建立内部财务会计管理制度之后，施工项目部可沿用公司总部的有关财务会计管理制度，也可以根据施工项目的具体情况，制定施工项目的有关内部制度。一般情况下，施工项目部涉及的内部财务会计管理制度包括：会计人员岗位责任制度、账务处理程序制度、财务收支审批制度、内部牵制制度、稽核制度、原始记录管理制度、定额管理制度、计量验收制度、财产清查制度、成本核算制度等。

（三）施工项目会计工作的交接

由于施工项目的临时性以及会计人员管理的需要，会计工作交接是施工项目会计工作中的一项重要内容。

《会计法》第四十一条规定：会计人员调动工作或者离职，必须与接管人员办理交接手续。一般会计人员办理交接手续，由会计机构负责人（会计主管人员）监交；会计机构负责人（会计主管人员）办理交接手续，由单位负责人监交，必要时主管单位可以派人会同监交。这是对会计人员工作交接问题作出的法律规定，可以使会计工作前后衔接，保证施工项目会计工作连续进行；可以防止施工项目因会计人员的更换出现账目不清、财务混乱等现象，也是分清移交人员和接管人员责任的有效措施。

除《会计法》规定的会计人员在调动工作或离职时必须办理会计工作交接的情形之外，会计人员在临时离职或其他原因暂时不能工作时，也应办理会计工作交接，《会计基础工作规范》对此作了进一步的规定：

（1）临时离职或因病不能工作、需要接替或代理的，会计机构负责人（会计主管人员）或单位负责人必须指定专人接替或者代理，并办理会计工作交接手续。

（2）临时离职或因病不能工作的会计人员恢复工作时，应当与接替或代理人员办理交接手续。

（3）移交人员因病或其他特殊原因不能亲自办理移交手续的，经单位负责人批准，可由移交人委托他人代办交接，但委托人应当对所移交的会计凭证、会计账簿、财务会计报告和其他有关资料的真实性、完整性承担法律责任。

在施工企业，施工项目在撤销、合并、分立时，必须留有必要的会计人员办理清理工作，编制移交决算。未移交前，会计人员不得离职。

会计人员在办理会计工作交接前，必须做好以下准备工作：

（1）已经受理的经济业务，尚未填制会计凭证的，应当填制完毕。

（2）尚未登记的账目应当登记完毕，结出余额，并在最后一笔余额后加盖经办人印章。

（3）整理好应该移交的各项资料，对未了事项和遗留问题，要写出书面说明材料。

（4）编制移交清册，列明应该移交的会计凭证、会计账簿、财务会计报告、公章、现金、有价证券、支票簿、发票、文件、其他会计资料和物品等内容；实行会计电算化的单位，从事该项工作的移交人员应在移交清册上列明会计软件及密码、会计软件数据盘、磁带等内容。

（5）会计机构负责人（会计主管人员）移交时，应将财务会计工作、重大财务收支问题和会计人员的情况等向接替人员介绍清楚。

移交人员离职前，必须将本人经管的会计工作，在规定的期限内，全部向接管人员移交清楚。接管人员应认真按照移交清册逐项点收。具体要求是：

（1）现金要根据会计账簿记录余额进行当面点交，不得短缺，接替人员发现不一致或"白条抵库"现象时，移交人员在规定期限内负责查清处理。

（2）有价证券的数量要与会计账簿记录一致，有价证券面额与发行价不一致时，按照会计账簿余额交接。

（3）会计凭证、会计账簿、财务会计报告和其他会计资料必须完整无缺，不得遗漏。如有短缺，必须查清原因，并在移交清册中加以说明，由移交人负责。

（4）银行存款账户余额要与银行对账单核对相符，如有未达账项，应编制银行存款余额调节表调节相符；各种财产物资和债权债务的明细账户余额，要与总账有关账户的余额核对相符；对重要实物要实地盘点，对余额较大的往来账户要与往来单位、个人核对。

（5）公章、收据、空白支票、发票、科目印章以及其他物品等必须交接清楚。

（6）实行会计电算化的单位，交接双方应在电子计算机上对有关数据进行实际操作，确认有关数字正确无误后，方可交接。

为了明确责任，会计人员办理工作交接时，必须有专人负责监交。通过监交，保证双方都按照国家有关规定认真办理交接手续，防止流于形式，保证会计工作不因人员变动而受影响；保证交接双方处在平等的法律地位上享有权利和承担义务，不允许任何一方以大压小、以强凌弱，或采取非法手段进行威胁。移交清册应当经过监交人员审查和签名、盖章，作为交接双方明确责任的证件。移交清册一般应当填制一式三份，交接双方各执一份，存档一份。

会计工作交接完毕后，交接双方和监交人在移交清册上签名或盖章，并应在移交清册上注明单位名称、交接日期、交接双方和监交人的职务及姓名，移交清册页数以及需要说明的问题和意见等。接管人员应继续使用移交前的账簿，不得擅自另立账簿，以保证会计记录前后衔接、内容完整。

会计交接是一项严肃认真的工作，不仅涉及会计工作的连续性，而且关系到有关人员的法律责任。《会计基础工作规范》第三十五条规定：移交人员对移交的会计凭证、会计账簿、会计报表和其他会计资料的合法性、真实性承担法律责任。这就是说，如果移交人员所移交的会计资料是在其经办会计工作期间内发生的，那么他就应当对这些会计资料的合法性、真实性负责，即使接替人员在交接时因疏忽没有发现所接会计资料在合法性、真实性方面的问题，如事后发现，也应由原移交人员负责，原移交人员不应以会计资料已经交接而推卸责任；如果所发现的会计资料真实性、合法性方面的问题不在原移交人员的经办期间发生，而是在其后，则不应由原移交人员承担责任，而应由接管人员承担责任。

第二章

货币资金

货币资金是企业资产的重要组成部分，是企业资产中流动性较强的一种资产，其实质属于金融资产的范畴。货币资金按其存放地点和用途不同，分为库存现金、银行存款和其他货币资金。

货币资金由于流动性很强，出现错弊的可能性更大，保护资金安全的要求比会计核算的任务更迫切。施工项目部货币资金管理的主要目标是：第一，保持生产经营各环节资金供求的动态平衡，做到实物流和资金流的相互协调、资金收支在数量上及在时间上相互协调。第二，促进资金合理循环和周转，提高资金使用效率，避免出现资金闲置和沉淀等低效现象。第三，确保资金安全。施工项目部货币资金的主要风险控制点、控制目标及控制措施如表2-1：

表 2-1　　　　货币资金关键风险控制点、控制目标及控制措施

风险控制点	控制目标	控制措施
审批	合法性	未经授权不得经办资金收付业务；明确不同级别管理人员的权限
复核	真实性与合法性	会计对相关凭证进行横向复核和纵向复核
收支点	收入入账完整，支出手续完备	出纳根据审核后的相关收付款原始凭证收款和付款，并加盖戳记
记账	真实性	出纳人员根据资金收付凭证登记日记账，会计人员根据相关凭证登记有关明细分类账；主管会计登记总分类账
对账	真实性和财产安全	账证核对、账表核对与账实核对
保管	财产安全与完整	授权专人保管资金；定期、不定期盘点
银行账户管理	防范小金库；加强业务管控	开设、使用与撤消的授权；是否有账外账
票据与印章管理	财产安全	票据统一印制或购买；票据由专人保管；印章与空白票据分管；财务专用章与企业法人章分管

第一节

库存现金

库存现金是存放在财会部门，由出纳员保管的各种货币。它是流动性最强的一种货币性资产，可以随时用以购买所需的物资、支付有关费用、偿还债务，也可随时存入银行。

一、库存现金的管理

由于流动性强，库存现金是施工项目资产管理的一个重点。同时，为了加强对社会经济活动的监督，国家对企业现金管理与结算都有明确规定。施工项目收支的各种款项必须按照国务院颁发的《现金管理暂行条例》的规定办理，在规定范围内使用现金。根据这一条例，允许企业使用现金结算的范围如下：

(1) 职工工资、津贴；

(2) 个人劳务报酬；

(3) 根据国家规定颁发给个人的科学技术、文化艺术、体育等各种奖金；

(4) 各种劳保、福利费用以及国家规定的对个人的其他支出；

(5) 向个人收购农副产品和其他物资的价款；

(6) 出差人员必须随身携带的差旅费；

(7) 零星支出；

(8) 中国人民银行确定需要支付现金的其他支出。

按照上述规定，施工项目部属于上述现金结算范围的支出，可根据需要向银行提取现金支付；不属于上述现金结算范围的款项支付，一律通过银行进行转账结算。

为了加强现金管理，满足企业日常零星开支的需要，减少现金的使用，国家采取了核定库存现金限额的管理办法。库存现金限额一般应由企业提出计划，报开户银行审批。开户银行根据施工项目规模的大小、日常零星开支的多少、距离银行的远近和交通方便与否等实际情况，原则上按照不超过施工项目 3～5 天的日常零星开支的正常需要量，核定施工项目的库存现金限额。边远地区和交通不发达地区的施工项目，其库存现金限额可以适当放宽，即可以多于 5 天的日常零星开支需要量，但最多不得超过 15 天的日常零星开支需要量。施工项目每日的现金结存数不得超过核定的限额，超过部分应及时送存开户银行。当库存现金低于限额时，可以签发现金支票，从开户银行提取现金，补足库存现金限额。如果一个施工项目在几家银行开户，只能在一家银行开立现金结算户，支取现金，并由该家银行负责核定库存现金限额以及管理和监督企业的现金收支业务。

施工项目向开户银行提取现金时，应如实写明用途，由本单位财会部门负责人签字盖章，并经开户银行审查批准，方可提取现金。因采购地点不确定、交通不便、生产或市场急需、抢险救灾以及其他特殊情况，办理转账结算不够方便，必须使用现金的，企业应向开户银行提出书面申请，由本单位财会部门负责人签字盖章，经开户银行审查批准后，予以支付现金。同时，企业必须建立和健全现金账目，逐笔记载现金收付，账目要日清月结，做到账款相符。

施工项目在经营活动中发生的工程结算现金收入，应及时送存银行，不得直接用于支付自己的支出。如因特殊情况需要坐支现金的，应事先报经开户银行审查批准，由开户银行核定坐支范围和限额。项目部不得用不符合财务制度的凭证顶替库存现金，即不得"白条顶库"；不准谎报用途套取现金；不准用银行账户代其他单位和个人存入或支取现金；不准将单位收入的现金以个人名义存入储蓄，不准保留账外公款，即不得"公款私存"，不得设置"小金库"等。

在施工项目部的库存现金业务中，比较常见的违规行为有大量使用现金、库存现金支付凭证不合法、将单位现金存入个人账户、白条抵库等。

二、库存现金的核算

库存现金的总分类核算是通过设置"库存现金"账户进行的，该科目属于资产类账户，借方登记现金的收入数额，贷方登记现金的支出数额，期末借方余额反映企业实际持有的库存现金。有外币现金的企业应分别设置"人民币"、"外币"明细科目核算。企业内部周转使用的备用金，可以单独设置"备用金"科目或在"其他应收款"科目核算，而不在"库存现金"科目核算。

库存现金的明细分类核算是通过设置现金日记账进行的。现金日记账是记载现金收支业务的订本式序时账，有三栏式（收、付、存）和多栏式两种。现金日记账由出纳人员根据审核后的现金收、付款凭证，银行存款付款凭证，按照现金业务发生顺序，逐日逐笔序时登记。每日终了，应计算当日的现金收入、支出合计数及结余数，并将结余数同现金实际库存数核对，做到日清月结，保证账实相符。如果发现账实不符，应及时查明原因，进行处理。月份终了，现金日记账的余额应与"库存现金"总账的余额核对相符。有外币现金收支业务的企业，应当按照人民币现金、外币现金的币种设置现金日记账进行明细核算。

库存现金清查的基本方法是实地盘点法。现金清查既包括出纳人员每日终了进行的清点核对，还包括清查小组进行定期或不定期的盘点和核对。在清查中如果发现账实不符，除应及时查明原因外，还须进行相应的账务处理。每日终了，结算现金收支、财产清查等发现的有待查明原因的现金短缺或溢余，应通过"待处理财产损溢"科目核算：属于现金短缺的，应按实际短缺的金额，借记"待处理财产损溢"科目，贷记"库存现金"科目；属于现金溢余的，按实际溢余的金额，借记"库存现金"科目，贷记"待处理财产损溢"科目。待查明原因后作如下处理：

（1）如为现金短缺，属于应由责任人赔偿的部分，借记"其他应收款"或"库存现金"等科目，贷记"待处理财产损溢"科目；属于应由保险公司赔偿的部分，借记"其他应收款"科目，贷记"待处理财产损溢"科目；属于无法查明原因的现金短缺，根据管理权限，经批准后，借记"管理费用"科目，贷记"待处理财产损溢"科目。

（2）如为现金溢余，属于应支付给有关人员或单位的，应借记"待处理财产损溢"科目，贷记"其他应付款"科目；属于无法查明原因的现金溢余，经批准后，借记"待处理财产损溢"科目，贷记"营业外收入"科目。

【例2-1】　大运公路项目部在现金清查中，发现现金短缺1 800元，原因待查。账务处理如下：

借：待处理财产损溢　　　　　　　　　　　　　　　　1 800
　　贷：库存现金　　　　　　　　　　　　　　　　　　　　1 800

后经查明原因，其中500元是由于出纳员工作失职造成的，应由其赔偿；其余1 300元不能查清原因，经批准处理。账务处理如下：

借：其他应收款　　　　　　　　　　　　　　　　　　500
　　管理费用　　　　　　　　　　　　　　　　　　　1 300
　　贷：待处理财产损溢　　　　　　　　　　　　　　　　1 800

【例2-2】　广郓房产项目部在现金清查中，发现现金溢余900元，原因待查。账务处理如下：

借：库存现金　　　　　　　　　　　　　　　　　　　900
　　贷：待处理财产损溢　　　　　　　　　　　　　　　　　900

现金溢余原因无法查清，经批准处理。账务处理如下：

借：待处理财产损溢　　　　　　　　　　　　　　　　900
　　贷：营业外收入　　　　　　　　　　　　　　　　　　　900

在上述业务中，用到了"管理费用"科目。该科目主要核算企业为组织和管理企业生产经营所发生的管理费用，包括企业在筹建期间发生的开办费、董事会和行政管理部门在企业的经营管理中发生的或者应由企业统一负担的公司经费（包括行政管理部门职工工资及福利费、物料消耗、低值易耗品摊销、办公费和差旅费等）、工会经费、董事会费（包括董事会成员津贴、会议费和差旅费等）、聘请中介机构费、咨询费（含顾问费）、诉讼费、业务招待费、房产税、车船税、土地使用税、印花税、技术转让费、矿产资源补偿费、研究费用、排污费等。

按照 2007 年 11 月颁布《企业会计准则解释第 1 号》的规定，企业（建造承包商）为订立合同发生的差旅费、投标费等，能够单独区分和可靠计量且合同很可能订立的，应当予以归集，待取得合同时计入合同成本；未满足上述条件的，应当计入当期损益。企业为订立合同发生的差旅费、投标费等，也应在"管理费用"科目归集，符合条件的费用转入合同成本。

施工项目部设置"管理费用"科目，主要涉及业务招待费、房产税、车船税、土地使用税、印花税等内容的核算。部分企业不允许施工项目部使用"管理费用"科目，是不恰当的。

第二节

银行存款

一、银行存款账户的管理

银行存款是企业存放在银行或其他金融机构的货币资金。根据中国人民银行《人民币银行结算账户管理办法》规定，企业在银行开立账户可分为基本存款账户、一般存款账户、临时存款账户和专用存款账户四种。施工企业由于生产经营分散，一般根据施工项目情况在当地商业银行开立临时存款账户，用于办理施工项目部经营活动发生的资金收付。临时存款账户应根据有关开户证明文件确定的期限或施工项目的需要确定其有效期限。临时存款账户的有效期最长不得超过 2 年。存款人在账户的使用中需要延长期限的，应在有效期限内向开户银行提出申请，并由开户银行报中国人民银行当地分支行核准后办理展期。项目完工后，及时销户。

为了防范企业财务风险，开户业务一般控制在公司财务部或资金结算中心，由施工项目财务人员代理办理。项目财务人员要合法使用银行账户，不得转借其他单位或个人使用；不得用银行账户进行非法活动；不允许公款私存；不得签发、取得和转让没有真实交易和债权债务的票据，套取银行和他人资金。公司总部要进行定期财务检查，保证施工项目部账户正常使用，避免引发一些潜在的账户管理风险。

施工项目部在银行开设账户以后，除按核定的限额保留库存现金外，超过限额的现金必须存入银行；除了在规定的范围内可以用现金直接支付的款项外，在经营过程中所发生的一切货币收支业务，都必须通过银行存款账户办理转账结算。

二、银行支付结算方式

支付结算是指单位、个人在社会经济活动中使用票据、信用卡和汇兑、托收承付、委托收款等结算方式进行货币给付及资金清算的行为。银行支付结算方式主要有以下五种。

（一）商业汇票

商业汇票是出票人签发的，委托付款人在指定日期无条件支付确定的金额给收款人或持票人的票据。在银行开户的法人与其他组织之间须具有真实的交易关系或债权债务关系，才能使用商业汇票。商业汇票的付款期限由交易双方商定，但最长不得超过6个月。商业汇票可以背书转让。按承兑人不同，商业汇票分为商业承兑汇票和银行承兑汇票两种。符合条件的商业承兑汇票的持票人可持未到期的商业承兑汇票连同贴现凭证，向银行申请贴现。

商业承兑汇票由银行以外的付款人承兑。商业承兑汇票按交易双方约定，由销货企业或购货企业签发，但由购货企业承兑。承兑时，购货企业应在汇票下面记载"承兑"字样，承兑日期并签章。承兑不得附有条件，否则视为拒绝承兑。到期时，购货企业的开户银行凭票将票款划给销货企业或贴现银行。销货企业应在提示付款期限内，通过开户银行委托收款或直接向付款人提示付款。对异地委托收款的，销货企业可匡算邮程，提前通过开户银行委托收款。汇票到期时，如购货企业的存款不足支付票款，开户银行应将汇票退还销货企业，银行不负责付款，由购销双方自行处理。进行账务处理时，采用商业承兑汇票方式的，收款单位将要到期的商业承兑汇票连同填制的邮划或电划委托收款凭证，一并送交银行办理转账，根据银行的收账通知编制收款凭证；付款单位在收到银行的付款通知时，据以编制付款凭证。

银行承兑汇票由银行承兑，由在承兑银行开立存款账户的存款人签发，承兑银行按票面金额向出票人收取万分之五的手续费。购货企业应于汇票到期前将票款足额交存开户银行，以备承兑银行在汇票到期日或到期日后的见票当日支付票款。销货企业应在汇票到期时将汇票连同进账单送交开户银行以便转账收款。承兑银行凭汇票将承兑款项无条件转给销货企业，如购货企业于汇票到期日未能足额交存票款，承兑银行除凭票向持票人无条件付款外，对出票人尚未支付的汇票金额按每天万分之五计收罚息。采用银行承兑汇票方式的，收款单位与付款单位的账务处理同商业承兑汇票方式。

收款单位将未到期的商业汇票向银行申请贴现时，应按规定填制贴现凭证，连同汇票一并送交银行，根据银行的收账通知编制收款凭证。

（二）支票

支票是单位或个人签发的，委托办理支票存款业务的银行在见票时无条件支付确定的金额给收款人或持票人的票据。

收款单位对于收到的支票，应在收到支票的当日填制进账单并连同支票送交银行，根据银行盖章退回的进账单第一联和有关的原始凭证编制收款凭证，或根据银行转来的由签发人送交银行支票后，经银行审查盖章的进账单第一联和有关的原始凭证编制收款凭证，借记"银行存款"科目，贷记有关科目；付款单位对于付出的支票，应根据支票存根和有关原始凭证及时编制付款凭证，借记有关科目，贷记"银行存款"科目。

（三）汇兑

汇兑是汇款人委托银行将其款项支付给收款人的结算方式。单位和个人的各种款项的结算，均可使用汇兑结算方式。

进行账务处理时，收款单位对于汇入的款项，应在收到银行的收账通知时，据以编制收款凭证，借记"银行存款"科目，贷记"应收账款"等科目；付款单位对于汇出的款项，应在向银行办理汇款后，根据汇款回单编制付款凭证，借记"应付账款"等科目，贷记"银行存款"科目。

（四）委托收款

委托收款是收款人委托银行向付款人收取款项的结算方式。

进行账务处理时，收款单位对于托收款项，根据银行的收账通知编制收款凭证，借记"银行存款"科目，贷记"应收账款"等科目；付款单位在收到银行转来的委托收款凭证后，根据委托收款凭证的付款通知和有关的原始凭证，编制付款凭证，借记"应付账款"等科目，贷记"银行存款"科目。

如在付款期满前提前付款，应于通知银行付款之日编制付款凭证；拒绝付款的，不作账务处理。

(五) 托收承付

托收承付是根据购销合同由收款人发货后委托银行向异地付款人收取款项，由付款人向银行承认付款的结算方式。办理托收承付结算的款项，必须是商品交易，以及因商品交易而产生的劳务供应的款项。代销、寄销、赊销商品的款项，不得办理托收承付结算。

进行账务处理时，收款单位根据银行收账通知和有关的原始凭证，编制收款凭证，借记"银行存款"科目，贷记"应收账款"等科目；付款单位对于承付的款项，应于承付时根据托收承付结算凭证的承付支款通知和有关发票账单等原始凭证，编制付款凭证，借记"材料采购"等科目，贷记"银行存款"等科目。如拒绝付款，属于全部拒付的，不作账务处理；属于部分拒付的，付款部分按上述规定处理，拒付部分不作账务处理。

三、银行存款的核算

施工项目部通过设置"银行存款"账户对银行存款进行总分类核算，同时，按开户银行、存款种类及货币种类分设银行存款日记账。银行存款日记账由出纳人员根据银行存款收、付款凭证，现金付款凭证按照银行存款业务发生的先后顺序逐笔登记，每日营业终了应结出余额。银行存款日记账应定期与银行对账单核对，每月至少核对一次。月末，银行存款日记账的余额必须与银行存款总账的余额核对相符。

对于异地托收承付结算的款项和用信用证、汇票、汇兑、支票等各种方式结算的款项，在发生收付时，需根据有关原始凭证编制记账凭证入账。现金存入银行时，应根据银行盖章的回单编制现金付款凭证，据以登记现金日记账和银行存款日记账，不必再编制银行存款收款凭证。提取现金时，根据签发的支票存根编制银行存款付款凭证，并据以登记银行存款日记账和现金日记账，不必再编制现金收款凭证。

施工项目部将款项存入银行或其他金融机构时，借记"银行存款"科目，贷记"库存现金"等科目；提取或支出存款时，借记"库存现金"等有关科目，贷记"银行存款"科目。

【例 2-3】 京石项目部采用汇兑结算方式，委托银行将 50 000 元划转给某建材供应公司，以偿还前欠该公司购货款。根据汇款回单，账务处理如下：

借：应付账款——某建材供应公司　　　　　　　　　　50 000
　　贷：银行存款　　　　　　　　　　　　　　　　　　　50 000

【例 2-4】 京石项目部收到客运公司已结算的工程价款 1 800 000 元，存入银行。根据银行进账单第一联和有关原始凭证，账务处理如下：

借：银行存款　　　　　　　　　　　　　　　　　1 800 000
　　贷：应收账款——应收工程款　　　　　　　　　　1 800 000

四、银行存款的核对

为了准确掌握银行存款实际金额，防止银行存款账目发生差错，应按期对账。银行存款日记账的核对主要包括三个环节：一是银行存款日记账与银行存款收、付款凭证要互相核对，做到账证相符；二是银行存款日记账与银行存款总账要互相核对，做到账账相符；三是银行存款日记账与银行开出的银行存款对账单要互相核对，以便准确地掌握企业可运用的银行存款实有数。

为了及时了解银行存款的收支情况，避免银行存款账目发生差错，要经常与银行核对账目。即将银行存款日记账的记录同银行的对账单进行逐笔核对。核对时如发现差错，要及时查找原因，属于记账差错的，立即更正。除记账错误外，还可能是由于未达账项引起的。所谓未达账项，是指企业与银行之间，由于凭证传递上的时间差，一方已登记入账，而另一方尚未入账的账项。由于收付凭证的传递需要一定的时间，因而同一笔业务，企业和银行各自入账的时间不一定相同。未达账项具体有四种情况：

（1）银行已记作企业存款增加，而企业尚未接到收款通知，因而尚未记账的款项，如托收货款和银行支付给企业的存款利息等；

（2）银行已记作企业存款减少，而企业尚未收到付款通知，因而尚未记账的款项，如银行代企业支付公用事业费用和向企业收取的借款利息等；

（3）企业已记作银行存款增加，而银行尚未办妥入账手续，如企业存入其他单位的转账支票等；

（4）企业已记作银行存款减少，而银行尚未支付入账的款项，如企业已开出的转账支票、对方尚未到银行办理转账手续的款项等。

以上（1）和（4）未达账项，会使企业银行存款日记账所记余额小于银行对账单所列余额；（2）和（3）未达账项，则会使企业银行存款日记账所记余额大于银行对账单所列余额。

对于未达账项，通常通过编制银行存款余额调节表来进行调整，不需调整账面记录。

银行存款余额调节表的计算公式为：

$$\frac{企业银行存款}{日记账余额} + \frac{银行已收}{企业未收款} - \frac{银行已付}{企业未付款}$$

$$= \frac{企业对账}{单余额} + \frac{企业已收}{银行未收款} - \frac{企业已付}{银行未付款}$$

按照内部控制原理的要求，银行存款余额调节表应由出纳以外的会计人员来编制。但是，在实际工作中，很多单位的银行存款余额调节表一般由出纳编制，但必须经记账会计复核并签字认可。

【例 2-5】 京石项目部 2012 年 3 月末收到其开户行转来的对账单一份，对账单上的余额为 41 000 元，京石项目部银行存款日记账的账面余额为 40 000 元。经核对后，发现下列未达账项：

（1）企业已付银行未付的款项：企业已开出但银行尚未兑付的支票一张，金额 4 000 元。

（2）企业已收银行未收的款项：在途存款一笔，金额 2 000 元。

（3）银行已收企业未收的款项：银行收到托收款项一笔，金额 1 000 元。

（4）银行已付企业未付的款项：银行划付电话费 500 元，支付手续费 1 000 元，支付利息 500 元。

根据上述资料，编制银行存款余额调节表，如表 2-2 所示。

表 2-2　　　　　　　　　　　　银行存款余额调节表

企业银行存款日记账	金额	银行对账单	金额
账面余额	40 000	对账单余额	41 000
加：收到托收的款项	1 000	加：在途存款	2 000
减：划付电话费	500	减：未兑付支票	4 000
支付手续费	1 000		
支付利息	500		
调节后余额	39 000	调节后余额	39 000

调节后，如果双方账面的余额相等，一般说明双方记账没有错误。如果不相等，应进一步查明原因，进行更正。需要说明的是，银行存款余额调节表主要是用来核对企业与银行双方的记账有无差错，不能作为记账的依据。对于因未达账项而使双方账面余额出现的差异，无须作账面调整，待结算凭

证到达后再进行账务处理，登记入账。

如果有确凿证据表明存在银行或其他金融机构的款项已经部分或全部不能收回的，如吸收存款的单位已宣布破产，其破产财产不足以清偿或者全部不能清偿的，如果公司总部已经授予相应处置权限，施工项目部应该将其确认为当期损失，冲减银行存款，借记"营业外支出"科目，贷记"银行存款"科目。

第三节

其他货币资金

其他货币资金是除库存现金、银行存款以外的其他各种货币资金。由于存放地点和用途与企业的库存现金和银行存款不同，因此需单独核算。

其他货币资金的总分类核算是通过设置"其他货币资金"账户进行的。该科目为资产类账户，借方登记增加数，贷方登记减少数，期末借方余额反映企业实际持有的货币资金。该科目下设"外埠存款"、"银行汇票"、"银行本票"、"信用卡"、"信用证保证金"、"存出投资款"、"在途资金"等明细科目，并按外埠存款的开户银行，银行汇票或本票、信用证的收款单位等设置明细账。施工项目部常用的其他货币资金主要是银行汇票存款和银行本票存款。

一、银行汇票存款

银行汇票存款是指企业为取得银行汇票按规定存入银行的款项。银行汇票是由企业单位或个人将款项交存开户银行，由银行签发给其持往异地采购商品时办理结算或支取现金的票据。施工项目部向银行提交银行汇票委托书并将款项交存开户银行，取得汇票后，根据银行盖章的委托书存根联，编制付款凭证，借记"其他货币资金——银行汇票"科目，贷记"银行存款"科目。施工项目部使用银行汇票支付款项后，根据发票账单及开户行转来的银行汇票副联等凭证，借记"材料采购"或"原材料"等科目，贷记"其他货币资金——银行汇票"科目。银行汇票使用完毕，应转销"其他货币资金——银行汇票"账户。如实际采购支付后，银行汇票有多余款或因汇票超过付款期等原因而退回款项时，根据开户行转来的银行汇票第四联（多余款收账通知），借记"银行存款"科目，贷记"其他货币资金——银行汇票"

科目。

【例2-6】 2012年6月2日，京石项目部向银行提交银行汇票申请书并将款项250 000元交给银行，已取得银行汇票。6月20日，公司持银行汇票异地采购材料，取得供应单位发票账单等报销凭证金额185 500元。采购支付后，银行汇票多余款退回开户行。账务处理如下：

(1) 根据银行盖章的委托书存根联，取得汇票。

借：其他货币资金——银行汇票　　　　　　　　　　　250 000

　　贷：银行存款　　　　　　　　　　　　　　　　　　250 000

(2) 根据发票账单等有关凭证报销。

借：材料采购　　　　　　　　　　　　　　　　　　　185 500

　　贷：其他货币资金——银行汇票　　　　　　　　　　185 500

(3) 余额转回，根据开户行转来的银行汇票第四联（多余款收账通知）进行账务处理。

借：银行存款　　　　　　　　　　　　　　　　　　　　64 500

　　贷：其他货币资金——银行汇票　　　　　　　　　　　64 500

二、银行本票存款

银行本票存款是指企业为取得银行本票按规定存入银行的款项。银行本票是银行签发的、承诺自己在见票时无条件支付确定的金额给收款人或持票人的票据。企业向银行提交银行本票申请书并将款项交存银行，取得银行本票后，根据银行盖章退回的申请书存根联，编制付款凭证，借记"其他货币资金——银行本票"科目，贷记"银行存款"科目。施工项目部使用银行本票支付款项后，根据发票账单等有关凭证，借记"材料采购"（在途物资）、"原材料"等科目，贷记"其他货币资金——银行本票"科目。如因本票超过付款期限等原因未曾使用而要求银行退款时，应填制进账单一式二联，连同本票一并送交银行，根据银行收回本票时盖章退回的一联进账单，借记"银行存款"科目，贷记"其他货币资金——银行本票"科目。

【例2-7】 2012年6月10日，京石项目部向银行提交银行本票申请书并将款项234 000元交给银行，已取得银行本票。6月11日，持银行本票采购货物，取得供应单位发票账单等报销凭证金额234 000元。账务处理如下：

(1) 根据银行盖章退回的申请书存根联，取得本票。

借：其他货币资金——银行本票　　　　　　　　　　　234 000

　　贷：银行存款　　　　　　　　　　　　　　　　　　234 000

（2）根据发票账单等有关凭证报销。

借：材料采购   234 000

  贷：其他货币资金——银行汇票   234 000

  值得注意的是，由于各类收付款票据能够代表相关资金的收付关系，所以施工项目部也要加强对这些票据的管理，建立相关的票据管理制度。例如，领用收据、发票时，必须登记领用数量和起讫编号，由领用人员签字；收回收据和发票存根时，应由保管人员办理签收手续，清点后封存，并妥善保管；对于已领未用的空白收据和发票，应定期检查，以防止短缺；对于写错作废的收据和发票，应收回并粘贴在存根联上，以备检查。

第三章

薪酬劳务

人工费用就是施工企业在项目实施过程中以直接支付或间接支付方式用于劳动者的全部费用，主要包括职工工资总额、社会保险费用、职工福利费用、职工教育经费、劳动保护费等费用。作为劳动密集型的建筑施工企业，人工成本是建筑施工企业总成本的重要组成部分，大致占工程项目产值的20％左右。施工项目的人工费用不仅涉及职工薪酬，也会涉及外部劳务。

第一节

职工薪酬

一、职工薪酬的概念

职工薪酬是指企业为获得职工提供的服务而给予各种形式的报酬以及其他相关支出。职工薪酬反映了企业和职工之间的经济关系，即职工向企业提供劳动，企业对职工支付薪酬。根据《企业会计准则》的规定，这里所说的"薪酬"，包括企业支付给职工个人的各种形式的报酬，也包括企业为职工承担的各种支出。这里所称"职工"包括三类人员：一是与企业订立劳动合同的所有人员，含全职、兼职和临时职工；二是未与企业订立劳动合同、但由企业正式任命的企业治理层和管理层人员，如董事会成员、监事会成员等；三是在企业的计划和控制下虽未与企业订立劳动合同或未由其正式任命但为其提供与职工类似服务的人员。由此看来，与施工项目部签署劳动合同的人员都属于企业的职工。

按照《企业会计准则》规定，职工薪酬的主要内容包括：

（1）职工工资、奖金、津贴和补贴，是指按照国家统计局的规定构成工资总额的计时工资、计件工资、支付给职工的超额劳动报酬和增收节支的劳动报酬、为了补偿职工特殊或额外的劳动消耗和因其他特殊原因支付给职工的津贴，以及为了保证职工工资水平不受物价影响支付给职工的物价补贴等。根据《关于企业加强职工福利费财务管理的通知》（财企〔2009〕242号）规定，企业为职工提供的交通、住房、通讯待遇，已经实行货币化改革的，按月按标准发放或支付的住房补贴、交通补贴或者车改补贴、通讯补贴，应当纳入职工工资总额，不再纳入职工福利费管理；尚未实行货币化改革的，企业发生的相关支出作为职工福利费管理，但根据国家有关企业住房制度改革政策的统一规定，不得再为职工购建住房。企业给职工发放的节日补助、未统一供餐而按月发放的午餐费补贴，应当纳入工资总额管理。

（2）职工福利费，是指企业为职工提供的除职工工资、奖金、津贴、纳入工资总额管理的补贴、职工教育经费、社会保险费和补充养老保险费（年金）、补充医疗保险费及住房公积金以外的福利待遇支出。财政部在《关于企业加强职工福利费财务管理的通知》（财企〔2009〕242号）中明确，企业职工福利费包括发放给职工或为职工支付的以下各项现金补贴和非货币性集体福利：为职工卫生保健、生活等发放或支付的各项现金补贴和非货币性福利，包括职工因公外地就医费用、暂未实行医疗统筹企业职工医疗费用、职工供养直系亲属医疗补贴、职工疗养费用、自办职工食堂经费补贴或未办职工食堂统一供应午餐支出、符合国家有关财务规定的供暖费补贴、防暑降温费等；企业尚未分离的内设集体福利部门所发生的设备、设施和人员费用，包括职工食堂、职工浴室、理发室、医务所、托儿所、疗养院、集体宿舍等集体福利部门设备、设施的折旧、维修保养费用以及集体福利部门工作人员的工资薪金、社会保险费、住房公积金、劳务费等人工费用；职工困难补助，或者企业统筹建立和管理的专门用于帮助、救济困难职工的基金支出；离退休人员统筹外费用，包括离休人员的医疗费及离退休人员其他统筹外费用；按规定发生的其他职工福利费，包括丧葬补助费、抚恤费、职工异地安家费、独生子女费、探亲假路费，以及符合企业职工福利费定义但没有包括在该通知各条款项目中的其他支出。

（3）医疗保险费、养老保险费、失业保险费、工伤保险费和生育保险费等社会保险费，是指企业按照国务院、各地方政府或企业年金计划规定的基准和比例计算，向社会保险经办机构缴纳的医疗保险费、养老保险费（包括向社会保险经办机构缴纳的基本养老保险费和向企业年金基金相关管理人缴纳的补充养老保险费）、失业保险费、工伤保险费和生育保险费。企业以购买商业保险形式提供给职工的各种保险待遇属于企业提供的职工薪酬，应当按照职工薪酬的原则进行确认、计量和披露。

（4）住房公积金，是指企业按照国务院《住房公积金管理条例》规定的基准和比例，向住房公积金管理机构缴存的住房公积金。

（5）工会经费和职工教育经费，是指企业为了改善职工文化生活、为职工学习先进技术和提高文化水平和业务素质，用于开展工会活动和职工教育及职业技能培训等相关支出。

（6）非货币性福利，是指企业以自己的产品或外购商品发放给职工作为福利，企业提供给职工无偿使用自己拥有的资产或租赁资产供职工无偿使用，比如提供给企业高级管理人员使用的住房等，免费为职工提供诸如医疗保健的服务或向职工提供企业支付了一定补贴的商品或服务的，比如以低于成本的价格向职工出售住房等。

(7) 因解除与职工的劳动关系给予的补偿，是指由于分离办社会职能、实施主辅分离辅业改制分流安置富余人员、实施重组、改组计划、职工不能胜任等原因，企业在职工劳动合同尚未到期之前解除与职工的劳动关系。或者为鼓励职工自愿接受裁减而提出补偿建议的计划中给予职工的经济补偿，即国际财务报告准则中所指的辞退福利。

(8) 其他与获得职工提供的服务相关的支出，是指除上述七种薪酬以外的其他为获得职工提供的服务而给予的薪酬，比如企业提供给职工以权益形式结算的认股权、以现金形式结算但以权益工具公允价值为基础确定的现金股票增值权等。

总之，从薪酬的涵盖时间和支付形式来看，职工薪酬包括企业职工在职期间和离职后给予的所有货币性薪酬和非货币性福利；从薪酬的支付对象来看，职工薪酬包括提供给职工本人及其配偶、子女或其他被赡养人的福利，比如支付给因公伤亡职工的配偶：子女或其他被赡养人的抚恤金。值得注意的是，从企业所得税法角度来看，各地税务机关一般不认可临时人员工资为职工工资薪金范畴，要求将临时人员人工费做劳务报酬来处理。

施工项目部可以通过"应付职工薪酬"科目核算应付给职工的各种薪酬，并按照职工薪酬种类设置"工资"、"职工福利"、"社会保险费"、"住房公积金"、"工会经费"、"职工教育经费"等二级科目进行明细核算。应由建造合同负担的直接施工人员及现场管理人员的职工薪酬，借方记入"工程施工——合同成本"、"工程施工——间接费用"科目，贷方记入"应付职工薪酬"科目。从事机械作业人员的职工薪酬先记入"机械作业"科目，从事辅助生产人员的职工薪酬先记入"辅助生产"科目，然后再分配转入"工程施工——合同成本"科目。

二、工资的确认与计量

(一) 工资总额的组成

在我国，国家对工资总额的组成内容作了统一规定。在国家统计局发布的《关于工资总额组成的规定》文件中，明确划分了工资性质的支出和非工资性质的支出，企业必须严格按照国家规定进行工资核算。按照这一规定，企业工资总额包括的具体内容如下：

(1) 计时工资。指建筑施工企业根据规定的工资标准、工资等级和职工工作时间计算支付给职工的劳动报酬。包括：按实际工作时间和计时工资标准支付的工资，实行结构工资制单位支付的基础工资和岗位（职务）工资，以及新参加工作职工的见习工资。

（2）计件工资。指建筑施工企业根据规定的计件单价，按照已完成的合格产品、工程数量或作业数量计算支付给职工的劳动报酬。

（3）奖金。指建筑施工企业支付给职工的超额劳动报酬和增收节支的劳动报酬。包括生产奖、节约奖、劳动竞赛奖、质量奖、安全奖、提前竣工奖等。

（4）津贴和补贴。指建筑施工企业补偿职工特殊或额外的劳动消耗和因其他特殊原因支付给职工的津贴，以及为了保证职工工资水平不受影响而支付给职工的各种物价补贴。如高空津贴、井下津贴、野外工作津贴、夜班津贴、流动施工津贴、高温作业临时补贴、海岛津贴等。

（5）加班加点工资。指职工在法定工作时间以外加班加点而建筑施工企业按规定支付的工资。

（6）特殊情况下支付的工资。指根据国家法律、法规和政策规定，因病假、工伤、产假、计划生育假、婚丧假、事假、探亲假、定期休假、停工学习、执行国家或社会义务等原因，按计时工资标准或计时工资标准的一定比例支付的工资以及附加工资、保留工资等。

按照国家规定，凡支付给职工的非工资性质的支出，如创造发明奖、科技进步奖、合理化建议奖、技术改进奖，有关劳动保险和职工福利方面的各项费用，有关离休、退休、退职人员待遇的各项支出，劳动保护的各项支出等，都不得列入工资总额。

（二）工资的计算

工资的计算一般包括以下几方面工作：首先是在平时做好与工资相关的考勤等原始记录工作，它是计算和发放工资的依据；其次是根据企业制定的职工工资标准及职工考勤、完成工程任务情况计算职工工资；最后是根据用途，合理计算分配工资费用。

1. 工资的原始记录

为了正确计算应付给职工工资的形成和支付情况，建筑施工企业必须建立和健全各种工资核算的原始记录。常用的工资原始记录包括：考勤记录、工程任务单及各种扣款通知单等。

考勤记录是用来考核职工出勤和缺勤情况的原始记录，是计算计时工资、分析考核职工工作时间利用情况的原始记录。考勤记录一般由施工队、车间、部门或班组考勤员根据职工出勤、缺勤情况逐日登记，月末汇总交给工资核算员据以计算职工应得的工资。考勤记录通常采用考勤表的形式，考勤表的一般格式如表 3-1 所示。

表 3-1　　　　　　　　　　　　　　考勤表

单位名称：京东项目部　　　　　　　　2012 年 5 月

序号	姓名	职务	考勤记录								工时合计							
			1	2	3	4	5	6	…	30	31	作业工时	其中：加班加点	公假	病假	事假	工伤假	雨雪休	备注
1	张宁											154		8	40	8			
2	王沪											188			8	8			
3	李强											210							
…																			
合计																			

工程任务单是安排工人班组执行施工任务的通知单，是统计工作量和工时、计算计件工资和工程施工成本的依据，也是检查施工作业计划完成情况和考核劳动生产率的依据。工程任务单一般由施工员会同定额员根据月份施工作业计划和劳动定额，参照施工图纸，签发给各施工班组，作为下达具体施工任务的通知。该任务单的背面一般要填写各工程的用工情况。工程任务单的一般格式如表 3-2 所示。

表 3-2　　　　　　　　　　　　　　工程任务单

工人班组：王强瓦工班　　　　　　　开工日期：计划 6 月 1 日；实际 6 月 1 日
工程名称：102 号隧道　　　　　　　完工日期：计划 6 月 20 日；实际 6 月 18 日

施工项目内容	计量单位	计划完成			实际完成			人工节超	完成任务%	备注
		工程量	劳动定额	定额工日	工程量	换算定额	实用工日			
排水沟	m³	200	0.9	180	200	0.9	162	10%	100%	
交底及验收	技术操作质量及安全交底			（略）		质量评定		（略）		
	施工员		材料员		考勤员		定额员		班组长	
	（签字）		（签字）		（签字）		（签字）		（签字）	

根据考勤表和工程任务单的记录，施工项目部于每月月末汇总编制施工用工统计表，据以进行工资费用的计算。

2. 工资的计算方法

(1) 计时工资的计算。

实行计时工资制的单位，应付职工的计时工资是根据工资标准、考勤记录和有关制度计算的。计时工资的计算方法有月薪制和日薪制两种，具体计算过程因此有所不同。目前，我国多数企业采用月薪制。

月薪制是指职工只要在月份内出全勤，则不论大月小月，都应得到固定的月标准工资。如有缺勤，则应在月标准工资中减去缺勤天数的工资。采用月薪制计算工资时，计时工资的计算公式为：

$$应付计时工资＝月标准工资－日工资额×缺勤天数$$

其中，月标准工资可以根据企业制定的统一标准及职工工资卡片的记录取得，缺勤记录可以根据考勤记录取得，日工资率的计算方法如下：

根据《全国年节及纪念日放假办法》的规定，职工工作时间的计算和日工资的计算按全年 365 天扣除 104 个公休日，再用 12 个月平均，日工资率为全月标准工资除以 21.75 天，即：

$$日工资率＝月标准工资÷21.75$$

按这种方法计算应付计时工资，公休假日不付工资，而法定假日支付工资，因而缺勤期间的公休假日既不发工资也不扣工资，法定假日即使缺勤也不应扣工资。

【例 3-1】 京东经济适用房项目部职工李勇 11 月份基本工资为 6 525 元，津贴 600 元，月奖金 2 000 元，材料节约奖 500 元，夜班津贴 400 元，本月连续病假 3 天（因其工龄满 7 年，按企业规定病假扣发 10％工资），事假 1 天。

现计算李勇 11 月份工资如下：

$$日工资率＝6\ 525÷21.75＝300（元/天）$$
$$事假应扣工资＝1×300＝300（元）$$
$$病假应扣工资＝3×300×10％＝90（元）$$
$$当月应付李勇工资＝6\ 525＋600＋2\ 000＋500＋400－300－90$$
$$＝9\ 635（元）$$

日薪制是指根据职工的实际出勤天数和日工资计算应付职工的计时工资。其计算公式如下：

$$应付计时工资 ＝ 出勤天数 \times 日工资$$

实行日薪制，日工资是固定的，但由于月份大小的影响，职工即使各月都全部出勤，各月份应得工资也是不固定的。

另外，按照《中华人民共和国劳动法》第四十四条规定：有下列情形之一的，用人单位应当按照下列标准支付高于劳动者正常工作时间工资的工资报酬：（一）安排劳动者延长工作时间的，支付不低于工资的百分之一百五十的工资报酬；（二）休息日安排劳动者工作又不能安排补休的，支付不低于工资的百分之二百的工资报酬；（三）法定休假日安排劳动者工作的，支付不低于工资的百分之三百的工资报酬。比如按照《国务院办公厅关于2012年部分节假日安排的通知》的规定，2012年9月30日至10月7日放假调休，共8天。9月29日（星期六）上班。如果施工项目部在2012年9月30日（中秋节）、10月1日、10月2日、10月3日期间安排职工加班的，应按照不低于职工本人日工资或小时工资的300％另行支付加班工资；10月4～7日期间施工项目部安排职工加班的，可以选择给职工安排补休而不支付加班工资，如果不给补休，则应当按照不低于职工本人日工资或小时工资的200％支付加班工资。

（2）计件工资的计算。

计件工资是根据工程任务单中验收的合格工程量和规定的计件单价计算的工资。它的计算公式为：

$$应付计件工资 ＝ \sum(验收合格工程量 \times 计件单价)$$

计件工资有个人计件和集体计件两种形式。如果是小组集体计件，应该按照小组集体完成的合格工程量和规定的计件单价，先求得小组应得的计件工资总额，然后在小组成员之间按照一定标准进行分配。

【例3-2】 万达城项目部某泥工组由三个不同工资等级的工人组成，本月共完成100立方米的砌砖工程，每立方米砌砖工程的计件单价为48元，则应付该小组4 800元计件工资。如果项目部根据每个工人的日工资标准和实际作业工日计算的标准工资的比例进行班组内分配，个人计件工资计算如表3-3所示。

表 3-3   班组工资分配表   单位：元

姓名	工资等级	日工资	出勤工日	计时工资	分配系数	计件工资
李雨桐	6	34	20	680		2 040
王若涵	4	26	20	520	4 800÷1 600＝3	1 560
李世琪	3	20	20	400		1 200
合计			60	1 600		4 800

施工项目应付的各项工资性资金，应根据各施工生产单位和职能部门的评定和分配结果进行计算。凡有定额考核的一线生产工人，应以劳动定额、消耗定额为依据，按照完成施工生产任务的质量、效率、安全、节约和出勤情况，按月进行考核，实行量化按分计奖。对于无定额考核的二线人员和技术、管理、服务人员，应在建立部门、个人经济责任制的基础上，根据任务轻重、工作难度、责任大小等，实行量化计分的办法，按月或按季进行考核，按分计奖。各种工资性的津贴和补贴，不论是实行计时工资还是计件工资，均应按照国家和地区的有关规定计算。

国家为了适当解决职工伤、病假期间的待遇，减轻其生活中的困难，有利于伤、病职工早日恢复健康，并体现长期病休与短期病休待遇的区别，根据《劳动保险条例》规定，职工因工负伤，其医疗、休养期间的工资应按标准工资全额支付；职工因病或非因工负伤，其医疗时间在 6 个月以内者，根据工龄按标准工资的 60%～100% 支付；职工因病或非因工负伤连续医疗时间在 6 个月以上者，则作为长期病假处理，根据工龄按标准工资的 40%～60% 支付。其他如执行国家或社会义务时间工资，停工学习期间工资，以及职工定期休假、探亲假、计划生育假、女工产假期间工资，都应按计时工资标准或规定的计时工资标准的一定比例计算。

其他各种津贴、补贴等工资项目的支出，根据有关部门或单位的规定以实际发生金额计算。

（三）工资的核算

1. 工资结算的凭证

工资结算凭证一般采用工资结算单的形式。为了同职工办理工资结算，施工项目部的财务人员应根据考勤表等有关原始凭证，按各基层单位分别编制工资结算单（也称工资单、工资结算表、工资表等），计算施工项目上每一职工的应付工资、代扣款项和实发工资。工资结算单的一般格式如表 3-4

所示。

表 3-4　　　　　　　　　　　　　　　　工资结算单

施工班组：王兴施工队　　　　　　　　　　　　　　　　　　　　　　　2012 年 9 月

姓名	工资级别	应付工资												应付工资合计	代交款项				实发工资
		月标准工资	日标准工资	计件工资	奖金	津贴和补贴		扣缺勤工资							住房公积金	养老保险金	医疗保险金	合计	
						工龄津贴	夜班津贴	病假			事假								
								天数	%	金额	天数	金额							
王兴	6	652.5	30	—	200	25	20	1	20	6			891.5	50	40	20	110	1 001.5
李玉	5	522	24	—	180	20	32				1	5	749	40	30	15	85	834
单海	4	391.5	18	—	200	28	10						629.5	30	20	10	60	689.5
工资合计	—	2 460	—	—	580	73	62	—	—	6	—	5	3 164				255	2 909

工资结算单中的应付工资，一般根据工资标准和考勤表、工程任务单等记录计算填列，代交款项、代扣款项根据有关扣缴款通知单计算填列。工资结算单通常一式三份，一份作为劳资资料存查，一份作为支付工资的会计凭证，一份作为与职工进行工资结算的凭证交给职工。

为了便于进行工资结算的核算，财务人员应将各个班组的工资结算单进行汇总，编制工资结算汇总表，并据以签发现金支票，向银行提取现金，备发工资。工资以现金形式发放的，工资结算单上应该有每一位领取人的签名。由银行代发工资的，直接将款项打入职工工资卡中，由银行提供代发的票据作为工资发放的凭据。

2. 工资的账务处理

根据《企业会计准则——职工薪酬》的规定，企业在职工为其提供服务的会计期间，除解除劳动关系补偿（即辞退福利）全部计入当期费用（管理费用）以外，其他职工薪酬均应根据职工提供服务的受益对象，将应确认的职工薪酬计入相关资产成本或当期费用，同时确认为应付职工薪酬负债。应由生产产品、提供劳务负担的职工薪酬，计入产品成本或劳务成本；应由在建工程、无形资产负担的职工薪酬，计入建造固定资产或无形资产成本。除上述两点之外的其他职工薪酬，计入当期损益。据此，施工项目部发生的工资费用应计入建造合同成本。

【例3-3】 2012年6月，东坝家园项目部当月应发工资1 200万元，其中：施工项目部直接施工人员工资1 000万元，项目部管理人员工资200万元。代扣应由个人缴纳的社会保险及住房公积金18万元、伙食费2.5万元、个人所得税25万元。相关账务处理如下：

(1) 分配工资费用

借：工程施工——合同成本——人工费   10 000 000
         ——间接费用   2 000 000

贷：应付职工薪酬——工资   12 000 000

(2) 通过银行发放工资

借：应付职工薪酬——工资   12 000 000

贷：银行存款   11 545 000

其他应收款   25 000

应交税费——代扣代缴个人所得税   250 000

其他应付款——代扣代缴社会保险及住房公积金   180 000

由个人承担的社会保险和住房公积金18万元，也可以在上缴时，和企业负担的部分一并核算，借记"应付职工薪酬——工资"科目，而不通过"其他应付款"科目。

三、其他职工薪酬的确认与计量

除工资之外，建筑施工企业涉及的职工薪酬费用主要还有"五险一金"、工会经费、职工教育经费、职工福利费等。

"五险一金"，即医疗保险费、养老保险费、失业保险费、工伤保险费、生育保险费和住房公积金。按照规定，企业应按照国务院、所在地政府或企业年金计划规定的标准，计量应付职工薪酬义务和相应计入成本费用的薪酬金额。建筑施工企业要按照企业的统一规定，计提并确认应由企业负担的"五险一金"费用。

施工项目还应根据有关规定，按照职工工资总额2%的标准计提工会经费并相应计入合同成本的薪酬金额；按照职工工资总额1.5%的标准计提职工教育经费金额和应相应计入成本费用的薪酬金额。从业人员技术要求高、培训任务重、经济效益好的企业，可根据国家相关规定，按照职工工资总额2.5%的标准计提应计入成本费用的职工教育经费。值得注意的是，在2007年颁布的《企业所得税法》及其实施条例中规定，对企业当年提取并实际使用的职工教育经费，在不超过计税工资总额 2.5% 以内的部分，可在企业所得税前扣除。

职工福利费主要用于企业职工的医药费、医疗机构人员的工资、医务经费、职工因工负伤赴外地就医路费、职工生活困难补助等项目。根据修订后的《企业财务通则》（2006）的有关规定及要求，从 2007 年 1 月 1 日起，长期以来企业实行的按工资总额 14% 计提职工福利费的制度，在国有及国有控股企业被明确取消了。这意味着企业依法为职工支付的医疗保险费，明确可以计入企业成本费用中。在《企业会计准则——职工薪酬》中规定，职工福利费属于职工薪酬，企业应根据历史经验数据和自身实际情况，合理预计当期应付职工薪酬（职工福利费）和应计入成本费用的薪酬金额。因此，在会计处理上，施工项目部一般应根据企业的统一规定，或者将职工福利费直接计入当期合同成本，或者按比例预提职工福利费（提取比例由企业根据自身实际情况合理确定）。年末如果提取的福利费大于支用数的，应予冲回，反之，应当补提，同时修订次年度福利费的提取比例。

【例 3-4】 2012 年 8 月，东津丽湖项目部当月应发工资 1 200 万元，其中：工程项目部直接施工人员工资 1 000 万元，工程项目部管理人员工资 200 万元。根据公司要求，分别按照职工工资总额的 10%，12%，2% 和 10.5% 计提医疗保险费、养老保险费、失业保险费和住房公积金，缴纳给当地社会保险经办机构和住房公积金管理机构；分别按照职工工资总额的 2% 和 2.5% 计提工会经费和职工教育经费。相关账务处理如下：

$$\begin{aligned}\text{应计入工程施工直接成本的职工薪酬金额} &= 1\,000 + 1\,000 \times (10\% + 12\% + 2\% \\ &\quad + 10.5\% + 2\% + 2.5\%) = 1\,390 \text{（万元）}\end{aligned}$$

$$\begin{aligned}\text{应计入工程施工间接成本的职工薪酬金额} &= 200 + 200 \times (10\% + 12\% + 2\% + 10.5\% \\ &\quad + 2\% + 2.5\%) = 278 \text{（万元）}\end{aligned}$$

项目部在分配工资、各种社会保险费、住房公积金、工会经费和职工教育经费等职工薪酬时，应作如下账务处理：

借：工程施工——合同成本　　　　　　　　　　　　　　　13 900 000
　　　　　　——间接费用　　　　　　　　　　　　　　　　2 780 000
　　贷：应付职工薪酬——工资　　　　　　　　　　　　　12 000 000
　　　　　　　　　　——社会保险费　　　　　　　　　　　2 880 000
　　　　　　　　　　——住房公积金　　　　　　　　　　　1 260 000

　　　　　　——工会经费　　　　　　　　　　　　240 000

　　　　　　——职工教育经费　　　　　　　　　　 300 000

　　项目部以外购的商品作为非货币性福利提供给职工的，应该按照该商品的公允价值和相关税费，计入相关的成本费用，同时确认应付职工薪酬金额。

　　【例3-5】　　中南通道项目部有管理人员30名，施工一线生产人员600名。2012年1月，公司外购电暖器630台发放给全体职工，每台200元，开具的普通发票价款为126 000元。会计处理如下：

　　(1)项目部决定发放电暖器时：

　　借：工程施工——合同成本——人工费　　　　　　120 000

　　　　　　　　　——间接费用　　　　　　　　　　 6 000

　　　贷：应付职工薪酬——非货币性福利　　　　　　126 000

　　(2)购买发放电暖器时：

　　借：应付职工薪酬——非货币性福利　　　　　　　126 000

　　　贷：银行存款　　　　　　　　　　　　　　　　126 000

第二节

外部劳务

　　随着我国建筑市场日趋开放和施工工序的专业化，外部劳务施工量在企业施工产值中所占份额越来越大。科学管理施工生产中外部劳务，完善对外部劳务的会计核算和管理具有重要的现实意义。

一、建筑业劳务用工制度

　　改革开放以来，我国建筑业管理体制进行了一系列的改革，原有的固化劳动用工制度被打破，建筑劳务的就业方式发生了深刻变化，形成了机制灵活的多元化用工方式。

　　20世纪80年代初，随着我国经济的不断发展，建筑劳务用工也展现出了一些新的局面。1981年10月颁布的《关于广开门路、搞活经济、解决城镇就业问题的若干决定》指出"要实行合同工、临时工、固定工等多种形式的用工制度，逐步做到人员能进能出"。1984年10月，经国务院批准，当时的劳动人事部和城乡建设环境保护部联合颁布了《国营建筑企业招用农民合同制工人和使用农民建筑队的暂行办法》，固化的劳务用工制度被打破，形成了多元化用工方式。与此同时，国务院在 1984 年颁布的《关于改革建筑业和基本建设管理体制若干问题的暂行规定》中明确提出，国有企业除必需的技术骨干外，原则上不再招收固定职工。这一政策加快了用工制度改革。在工资分配上，1984 年国有建筑施工企业普遍推行百元产值工资含量包干的办法，调动了职工的积极性。

1986 年，中央提出关于改革企业招工、用工、辞退的政策，制定和颁布了以改革用工制度为中心的四项规定，指出企业在国家劳动和工资计划指标内招用常年性工作岗位上的工人，除国家另有特殊规定外，统一实行合同制。在具体用工形式上，可以招五年以内的长期工，一年至五年内的短期工和定期轮换工，不论采取任何形式，都必须签订劳动合同。企业招用一年以内的临时工、季节工，也应当签订劳动合同。在实行劳动合同制的同时，原先的子女顶替制度和内招制度也一律废止。这是新中国成立以来劳动制度的一次重大改革，是整个经济体制改革的一项重要内容，建筑用工制度从此走向法治化轨道。由此，大量的农村剩余劳动力以农民合同制工人及组建农民建筑队的形式及以包工头带队的形式进入建筑行业，解决了农村剩余劳动力的就业问题。

1989 年，国家批准了首批建筑劳务基地，在推广鲁布革工程管理经验施工管理体制综合改革试点工作中，实行"两层"分离，从而出现了独立于企业之外的作业队伍管理形式。管理层与劳务层的分离使得劳务层的发展更具有灵活性。劳动力大省利用自身人口优势，大力建设建筑劳务基地，一些具有技术优势和地方特色的建筑劳务基地输出大量的建筑农民工，农民工从事建筑业有了较为顺畅的进入通道。

1992 年 7 月，国务院颁布的《全民所有制工业企业转换经营机制条例》指出"企业可以实行合同化管理或者全员劳动合同制"。它赋予了企业自主用工的权利，企业招工与劳动者之间可以互相选择。建筑企业经营机制改革，其用工制度随即也发生了根本性转变，由计划经济下的以固定工为主体的用工形式逐步过渡到目前的以劳务工为主体的用工形式。

2001 年，建设部颁布《建筑业企业资质管理规定》及相关文件，设置了施工总承包、专业分包、劳务分包企业三个层次，提出了劳务分包企业的概念，各级建设行政主管部门高度重视培育、发展建筑劳务分包企业。在当前的施工实践中，施工劳务的组织出现了三种形式：施工企业（指总承包企业和专业承包企业）直接雇佣劳务、成建制的分包劳务和零散用工。

2005 年，建设部等六部委颁布《关于加快建筑业改革与发展的若干意见》，鼓励农民工组建劳务分包企业，鼓励地方设立劳务服务中心，有组织地输出农民工，规范建筑施工用工行为。要求施工企业要依法与农民工签订劳动合同，要足额发放农民工工资，严禁以任何理由拖欠农民工工资；施工企业要高度重视安全生产，要为形成劳动关系的农民工及时办理参加工伤保险手续，并按照有关规定为施工现场从事危险作业的农民工办理意外伤害保险，作为工伤保险的重要补充。

2008 年 3 月，铁道部下发了《关于积极倡导架子队管理模式的指导意见》（铁建设〔2008〕51 号），要求铁路建设工程施工实施架子队管理模式，以架子队为铁路工程建设项目施工现场的基层施工作业队伍。企业的管理、技术人员和生产骨干为施工作业管理与监控层，施工现场所有劳务作业人员应纳入架子队统一集中管理，构成主要是劳务企业的劳务人员和与施工企业签订劳动合同的其他社会劳动者。

二、建筑劳务企业的分类

按照《建筑业企业资质管理规定》，将建筑施工企业资质分为施工总承包、专业承包和劳务分包三个序列。取得施工总承包资质的企业，可以承接施工总承包工程。施工总承包企业可以对所承接的施工总承包工程内各专业工程全部自行施工，也可以将专业工程或劳务作业依法分包给具有相应资质的专业承包企业或劳务分包企业。取得专业承包资质的企业，可以承接施工总承包企业分包的专业工程和建设单位依法发包的专业工程。专业承包企业可以对所承接的专业工程全部自行施工，也可以将劳务作业依法分包给具有相应资质的劳务分包企业。取得劳务分包资质的企业，可以承接施工总承包企业或专业承包企业分包的劳务作业。由此可见，劳务分包资质属于建筑业中比较低阶的企业资质，纯粹的建筑劳务公司也只能从事劳务分包。

从企业的组织形式来看，能够为建筑施工企业提供劳务的劳务企业主要包括两种，一是具有一定的施工管理水平，有劳务分包资质，能对工程项目的部分劳务作业进行分包的建筑劳务公司，这类公司属于建筑施工企业；二是劳务派遣公司，这类企业不属于建筑业的范畴，既不是专业的建筑施工企业，也不从事建筑劳务分包，只是向建筑施工企业提供零散务工人员或作业班组。按照《建筑业企业资质管理规定》的要求，从事工程总承包和专业承包的企业可以将劳务作业依法分包给具有相应资质的劳务分包企业。同时，建筑施工企业也可以通过劳务派遣公司获得所需要的劳动力。

从劳动关系的角度来看，建筑施工企业的用工主要包括两种，一是与企业签署了劳动合同，具有雇佣关系的人员；二是没有与企业签署劳动合同，不具有雇佣关系的人员。具有雇佣关系的劳务用工属于企业的职工，企业应该按照社会保障制度的有关规定及时为这些职工缴纳各种社会保险，同时以工资表形式与其进行职工薪酬的结算。不具有雇佣关系的劳务用工属于企业的外部劳务，这些劳务人员不属于施工企业的职工，企业不能通过列工资表的形式与其进行劳务报酬的核算，一般应该采取建筑劳务分包的方式进行管理。

三、劳务分包的会计处理

根据《中华人民共和国营业税暂行条例》及《关于使用新版不动产销售统一发票和新版建筑业统一发票有关问题的通知》（国税发〔2006〕173号），建筑劳务公司在异地分包工程，应该向工程所在地税务机关申报纳税并申请开具建筑业统一发票（代开），其中工程项目名称、工程项目编号、是否为分包人等应该正确填写，并缴纳营业税及附加，凭发票（发票联）向总承包人收取分包工程价款，以此发票（记账联）和相关税票入账核算。

总承包人取得工程价款及价外费用，应该向建设方全额开具建筑业发票。根据《营业税暂行条例》第五条第三款的规定，总承包人"以其取得的全部价款和价外费用扣除其支付给其他单位的分包款后的余额为营业额"，即以其取得的工程价款及价外费用金额，扣除支付给分包人价款（分包人建筑业发票的发票联金额）的余额为营业额，申报缴纳营业税及附加。税务机关对总承包人提供的上述申报资料进行审核，对申报扣除金额的建筑业发票（分包发票联）加盖已扣除印戳后，按其余额征税。

现行《营业税暂行条例》取消了"建筑安装业务实行分包或者转包的，以总承包人为扣缴义务人"的规定，因此总承包人对分包人没有法定代扣代缴义务。

根据《营业税暂行条例》第六条的规定，"取得的凭证不符合法律、行政法规或者国务院税务主管部门有关规定的，该项目金额不得扣除"，其扣除金额必须以支付给分包人价款的建筑业发票（发票联）为依据。因此总承包人因种种原因不能取得分包人的建筑业发票（发票联）的，不得扣除分包工程价款，在申报纳税开发票时应全额缴纳营业税及附加。

值得注意的是，建筑劳务公司具备建筑业资质，由建设部门主管，因此不同于不需要取得建筑业资质的建筑劳务输出公司、其他劳务公司等，不是中介机构，其建筑劳务分包收入不能按其他服务业以5%税率征收营业税，只能适用建筑业税目3％的营业税税率。因此，建筑劳务公司属于建筑业总承包合同中的劳务分包部分，适用建筑业营业税税率，使用建筑业专用发票，按3％征收营业税。建筑劳务公司中的其他业务取得的营业收入，如收取的手续费、管理费等，按相应税目税率征税。同时，为了保证农民工工资及时付出，劳动和社会保障部、建设部出台了《建设领域农民工工资支付管理暂行办法》（劳社部发〔2004〕22号），规定农民工工资可以由具备建筑业资质的建筑劳务公司代为支付，即把总承包工程合同中的人工工资等内容分包给建筑劳务公司，建设方拨付工程款项时优先支付农民工工资，由取得此部分分包收入的建筑劳务公司入账后支付农民工工资、保险费等费用。

【例 3-6】 汾阳项目部承包建设某公路，由于路况较为复杂，机器平整难度较大，必须依靠人力，且工作量较大，项目部人员不足，需另外寻找劳力支持。目前有两个方案可供选择：

方案一：招聘临时雇工，需用工 3 000 人，工期 5 个月，人工工资需 3 000 万元，临时工的培训、管理、工资考核需支出 300 万元，且需与临时工逐人签订合同，支付工资需要每个临时工到地税部门开具劳务发票（这样才能在所得税税前列支），施工单位审核整理票据工作量较大。

方案二：纯劳务分包，将有关劳务作业分包给有资质的建筑劳务公司，支付费用也是 3 300 万元，由于本来就是其他施工单位的人员，已有了完善的管理制度，管理难度不大，不需考虑具体每个劳力的工资计算，工程完工只需开具一张建筑业发票即可。

两个方案比较而言，方案二：在减少管理难度的同时，还可为企业节省一笔营业税支出。《中华人民共和国营业税暂行条例》第五条规定："纳税人将建筑工程分包给其他单位的，以其取得的全部价款和价外费用扣除其支付给其他单位的分包款后的余额为营业额。"由于纯劳务分包已明确是工程分包，营业额可凭对方提供的建筑业发票在计算营业税时扣除，由此将节省营业税支出 3 300×3％＝99 万元。而方案一不属于"将建筑工程分包给其他单位的"情况，临时雇工的支出则不能从营业额中扣除。

从事工程总承包和专业承包的企业将劳务作业依法分包给具有相应资质的劳务分包企业后，按照合同约定的时间和方式进行结算。在日常会计核算中，会计部门应及时对预付工程款等往来资金进行核算，结算的劳务款以建筑业分包发票为凭据计入"工程施工——合同成本（人工费）"科目借方，同时贷记"应付账款"、"预付账款"等科目。有的企业设置了"工程施工——合同成本（分包成本）"科目，专门核算工程分包成本。

建筑劳务企业也属于施工企业，其会计核算应该按照《建造合同》准则的相关规定处理。

四、劳务派遣的会计处理

劳务派遣，又称劳动派遣、劳动力租赁，是指由派遣机构与派遣劳工订立劳动合同，由派遣劳工向要派企业给付劳务，劳动合同关系存在于派遣机构与派遣劳工之间，但劳动力给付的事实则发生于派遣劳工与要派企业之间。劳动派遣的最显著特征就是劳动力的雇用和使用分离。劳动派遣机构已经不同于职业介绍机构，它成为与劳动者签订劳动合同的一方当事人。

按照财税〔2003〕16号文件规定，劳务公司接受用工单位的委托，为其安排劳动力，凡用工单位将其应支付给劳动力的工资和为劳动力上交的社会保险（包括养老保险金、医疗保险、失业保险、工伤保险等，下同）以及住房公积金统一交给劳务公司代为发放或办理的，以劳务公司从用工单位收取的全部价款减去代收转付给劳动力的工资和为劳动力办理社会保险及住房公积金后的余额为营业额计算征收营业税。

也就是说，劳务公司与用人单位签订合同，按合同约定为用人单位派遣劳动力，用人单位支付给劳务公司费用，劳务公司在收到费用（收入）时应该按照劳务费用全额开具发票。但这部分收入并非计税收入，应按上述文件规定减去代收转付给劳动力的工资和为劳动力办理社会保险及住房公积金后的余额为"计税营业额"。

【例3-7】 南宁中铁项目部与某劳务派遣公司签订一份用工服务协议，该劳务派遣公司与南宁中铁项目部结算的劳务款为425 600元，根据用工单位提供的劳动力工资表及社保费明细知道，其中劳动力工资350 000元（含代扣个税1 000元），社保费30 000元，服务管理费根据劳动力工资总额的12%提取，即（350 000+30 000）×12%＝45 600元。

在本例中，南宁中铁项目部支付的劳务款中，工资和社保部分应该由劳务派遣公司提供劳务发票，如果是按人员清单支付的，应按劳务支出代扣代缴个人所得税；服务管理费部分按代理服务费支出需要开服务费发票。

劳务派遣公司的账务处理：

（1）收到结算款425 600元，并开具劳务和服务发票，账务处理如下：

```
借：银行存款                               425 600
    贷：其他应付款——代付工资                350 000
              ——代付社保费                  30 000
        主营业务收入                         45 600
```

（2）计算应缴纳的各项税金，账务处理如下：

借：营业税金及附加　　　　　　　　　　　　　　　2 508

　　贷：应交税费——应交营业税（45 600×5％）　　　　2 280

　　　　　　——应交城建税（45 600×5％×7％）　　159.6

　　　　　　——应交教育附加费（45 600×5％×3％）　68.4

（3）根据劳动力工资表签字支付工资，代扣个人所得税并缴纳社保费，账务处理如下：

借：其他应付款——代付工资　　　　　　　　　　　350 000

　　　　　　——代付社保费　　　　　　　　　　　30 000

　贷：银行存款　　　　　　　　　　　　　　　　　379 000

　　应交税费——代扣代缴个人所得税　　　　　　　1 000

（4）缴纳个人所得税，账务处理如下：

借：应交税费——代扣代缴个人所得税　　　　　　　1 000

　　贷：银行存款　　　　　　　　　　　　　　　　　1 000

劳务公司发生的各种成本费用可以通过"管理费用"、"劳务成本"等科目核算。

接受劳务派遣的施工项目部在日常会计核算中，会计部门应及时对预付劳务款等往来资金进行核算，结算的劳务款以劳务发票为凭据计入"工程施工——合同成本（人工费）"科目借方，同时贷记"应付职工薪酬"等科目。

【例 3-8】　例 3-7 中，南宁中铁项目部与劳务派遣公司结算劳务价款后，作如下账务处理：

借：工程施工——合同成本（人工费）　　　　　　　380 000

　　　　　　——间接费用　　　　　　　　　　　45 600

　贷：应付职工薪酬　　　　　　　　　　　　　　　425 600

支付劳务款项时：

借：应付职工薪酬　　　　　　　　　　　　　　　　425 600

　贷：银行存款　　　　　　　　　　　　　　　　　425 600

这个案例中，虽然建筑施工企业并不直接与合同下雇佣的人员订立单项劳动合同，也不任命这些人员，但通过劳务用工合同，这些人员在企业相关人员的领导下，按照项目部的工作计划和安排，为项目部提供和本企业职工类似的服务，因此，他们也属于职工薪酬准则所称的职工，工资薪酬也应该通过"应付职工薪酬"科目来核算。

值得注意的是，根据国家税务总局 2012 年第 15 号《关于企业所得税应纳税所得额若干税务处理问题的公告》的规定，支付给劳务派遣人员的工资、福利及保险费等属于建筑施工企业的工资薪金支出，因此可以作为工资薪金支出在企业所得税前扣除。同时，劳务公司计算缴纳的营业税是服务业营业税，不能抵扣建筑业营业税。在上述案例中，南宁中铁项目部应针对工程项目的全部营业额计算缴纳营业税。

第四章

材料物资

材料物资是施工企业施工生产过程中的劳动对象，是施工生产经营活动不可缺少的物质要素。加强材料物资的核算和管理，对于保证施工项目生产活动的顺利进行，保护材料物资的安全与完整，加速企业流动资金的周转，正确计算工程项目的施工成本和利润，真实、公允地反映企业的财务状况，都具有十分重要的意义。

第一节

材料物资概述

为了保证施工生产连续不断地进行，施工企业必须不断地购入、耗用各种材料物资。用于施工项目的材料物资种类繁多、流动性大，是企业的一项重要流动资产，其价值通常占到工程成本的 70%～80%，是决定施工成本高低的一个重要因素。不同的材料在施工生产过程中发挥着不同的作用。有的材料经过加工后，构成工程或产品的实体，如各种主要材料、结构件等；有的材料虽不构成工程或产品的实体，但有助于工程或产品实体的形成，如各种燃料、油料以及零星消耗用的材料等；有的材料在施工生产过程中被劳动资料、劳动工具所消耗，如机械配件、零件等。

一、材料物资核算的基本要求

施工项目材料物资核算的基本要求包括以下几方面：

（1）核算和监督材料物资采购费用的支出情况，正确计算材料物资采购成本，考核评价材料物资采购业务的成果，促使施工项目部不断改进材料物资采购工作，节约、合理地使用材料物资采购资金，降低材料物资采购成本。

（2）核算和监督材料物资储备情况，防止材料物资超储积压或储备不足，既要满足施工生产的需要，又要节约、合理地使用资金，加速资金周转。

（3）核算和监督材料物资的收发、领退、保管和结存情况，建立健全材料的验收、领退、保管和清查盘点制度，防止贪污盗窃和损坏变质，做到账、卡、物相符，保护材料物资的安全与完整。

（4）核算和监督材料物资的消耗情况，正确计算工程施工成本中的材料费用，促使施工中节约、合理地使用材料，不断降低工程施工成本。

二、材料物资的分类与管理

为了实现材料物资核算与管理的各项要求，正确组织材料物资的会计核算工作，施工项目部应该对材料进行必要的分类，制定施工项目材料物资目录，制定材料物资分类管理的办法；制定并严格履行材料收发、领退的凭证手续，正确组织材料的总分类核算和明细分类核算；科学组织仓储工作、计量工作和仓库业务核算工作，并进行系统的监督；定期进行材料物资的清查盘点，做到账实相符。同时，由于施工项目的材料物资采购、收发、保管和耗用等经济活动是分别由采购人员、保管人员、施工人员及其他有关人员进行的，因此，财务人员应注意与其他业务人员合作，共同做好材料的核算和管理工作。

（一）材料物资的分类

施工项目在施工生产过程中所耗用的材料物资品种、规格繁多，用量大，收发频繁，用途各异，各种材料物资的供应渠道和在施工生产中所起的作用也不尽相同。为了做好材料物资核算工作，加强材料物资管理，正确反映各种材料在工程施工成本中的比重，一般可以按照材料物资在施工生产过程中的用途对其作如下分类：

1. 主要材料

主要材料是指用于工程施工并构成工程实体的各种材料，包括黑色金属材料（如钢材等）、有色金属材料（如铜材、铝材等）、木材（如原条、原木、方材、板材等）、硅酸盐材料（如水泥、砖、瓦、石灰、砂、石等）、小五金材料（如合页、圆钉、螺丝钉、镀锌铅丝等）、陶瓷材料（如瓷砖、瓷洗手盆等）、电器材料（如电灯、电线、电缆等）、化工材料（如油漆材料）等。

2. 结构件

结构件是指经过吊装、拼砌和安装就能构成房屋、建筑物实体的各种金属的、钢筋混凝土的、混凝土的或木质的结构物、构件、砌块等，如钢窗、木门、铝合金门窗、塑钢门窗、钢木屋架、钢筋混凝土预制件（如预制板、预制梁）等。

3. 机械配件

机械配件是指施工机械、生产设备、运输设备等各种机械设备替换、维修用的各种零件和配件，以及为机械设备准备的备品、备件，如曲轴、活塞、轴承、齿轮、阀门等。

4. 周转材料

周转材料是指在施工生产过程中能够多次使用，可以基本保持其原有的实物形态、并逐渐转移其价值的工具性材料，如木模板、钢模板（包括配合模板使用的支撑材料、扣件等）、挡土板、脚手架（如搭脚手架用的竹竿、木杆、钢管、跳板等），以及塔吊使用的轻轨、枕木等。

5. 低值易耗品

低值易耗品是指使用期限较短、单位价值较低，不够固定资产标准的各种物品，如各种工具、管理用具、劳保用品、玻璃器皿等。

6. 其他材料

其他材料是指不构成工程实体，但有助于工程实体的形成或便于施工生产进行的各种材料，如燃料、油料、饲料、擦拭材料、氧气、速凝剂、催化剂、润滑油、冷冻剂、爆炸材料、防腐材料、绳索等。

在对材料物资的分类中，包括了周转材料和低值易耗品。不过，从其性质上来看，它们并不具备一般材料的特征，在施工生产过程中的作用与其他四类材料也不同。周转材料和低值易耗品一般能多次参加施工生产过程而不改变其实物形态，其价值也不是一次转入工程成本，而是分次、陆续转移到工程成本中。有的周转材料或低值易耗品在使用中还需要进行修理，报废时还存在残值。因此，周转材料和低值易耗品具有劳动资料的性质，这一点与固定资产类似，但由于它们的品种与规格复杂繁多、耗用量大、单位价值较低、使用期限较短且需要经常替换，如果都作为固定资产来管理和核算，会过于繁琐，而且会带来许多不便，因此不作为固定资产来核算。

另外，按照存放地点不同，材料物资可以分为在途材料、库存材料、委托加工材料三大类。

如果施工项目的材料物资类别、品种、规格繁多，还可以在上述分类的基础上，按其自然属性、物理性能、技术特征、规格型号、等级、成分等标准进一步分类并编制材料物资目录。例如，主要材料还可以分为黑色金属材料、有色金属材料、木料、硅酸盐材料、五金材料、电器材料、化工材料等类别。在材料物资目录中，一般应列明各种材料物资的类别、编号、名称、规格、计量单位和计划单价等内容。

（二）材料物资的管理

施工项目部应当建立材料物资采购、收发、保管、付款等业务的岗位责任制，明确相关岗位的职责、权限，确保办理采购、收发、保管、付款等业务不相容岗位相互分离、制约和监督。材料物资相关业务的不相容岗位至少包括：请购与审批；询价与确定供应商；采购合同的订立与审核；采购、验收与相关会计记录；保管与相关会计记录；发出材料的申请与审批，申请与会计记录；材料处置的申请与审批，申请与会计记录；付款的申请、审批与执行。

项目部应当按照请购、审批、采购、验收、付款等规定的程序办理材料物资采购与付款业务，并在采购与付款各环节设置相关的记录，填制相应的凭证，建立完整的采购登记制度，加强请购手续、采购订单（或采购合同）、验收证明、入库凭证、采购发票等文件和凭证的相互核对工作。财务人员在办理付款业务时，应当对采购合同约定的付款条件以及采购发票、结算凭证、检验报告、计量报告和验收证明等相关凭证的真实性、完整性、合法性及合规性进行严格审核。

项目部应当建立采购与验收环节的管理制度，对采购方式确定、供应商选择、验收程序及计量方法等作出明确规定，确保采购过程的透明化。条件允许的项目部还应当建立供应商评价制度，由采购、请购、施工、财会、仓储等相关部门共同对供应商进行评价，包括对所购商品的质量、价格、交货及时性、付款条件及供应商的资质、经营状况等进行综合评价，并根据评价结果对供应商进行调整。项目部应当根据材料物资的性质及其供应情况确定采购方式。一般材料物资的采购可以采用订单采购或合同订货等方式，小额零星物资的采购可以采用直接购买等方式。项目部应当对例外紧急需求、小额零星采购等特殊采购处理程序作出明确规定。大宗材料物资采购等必须采用招投标方式确定采购价格，并明确招投标的范围、标准、实施程序和评标规则。其他材料物资的采购，也应当根据市场行情制定最高采购限价，不得以高于采购限价的价格采购。以低于最高采购限价进行采购的，应以适当方式予以奖励。

外购材料物资入库前一般应经过以下验收程序：（1）检查订货合同、入库通知单、供货企业提供的材质证明、合格证、运单、提货通知单等原始单据与待检验货物之间是否相符；（2）对拟入库存货的交货期进行检验，确定外购货物的实际交货期与订购单中的交货期是否一致；（3）对待验货物进行数量复核和质量检验，必要时可聘请外部专家协助进行；（4）对验收后数量相符、质量合格的货物办理相关入库手续，对经验收不符合要求的货物，应及时办理退货或索赔；（5）对不经仓储直接投入生产或使用的存货，应当采取适当的方法进行检验。

项目部应当建立材料物资保管制度，加强材料物资的日常保管工作。因业务需要分设仓库时，应当对不同仓库之间的存货流动办理出入库手续；应当按仓储物资所要求的储存条件储存，并建立和健全防火、防潮、防鼠、防盗和防变质等措施；贵重物品、生产用关键备件、精密仪器和危险品的仓储，应当实行严格审批制度。

物资管理部门应当对入库的材料物资建立材料物资明细账，详细登记材料物资类别、编号、名称、规格型号、数量、计量单位等内容，并定期与财会部门就存货品种、数量、金额等进行核对。施工现场领用材料，应当持有生产管理部门及其他相关部门核准的领料单。超出存货领料限额的，应当经过特别授权。同时，应当明确发出材料物资的流程，落实责任人，及时核对有关票据凭证，确保其与材料物资品名、规格、型号、数量、价格一致。

三、材料物资的确认与初始计量

（一）材料物资的确认

作为存货的一种，材料物资在同时满足下列条件的情况下，才能予以确认：（1）与该材料物资有关的经济利益很可能流入企业；（2）该材料物资的成本能够可靠地计量。

在组织会计核算时，施工项目部一般设置"材料采购"、"在途物资"、"原材料"、"委托加工物资"、"周转材料"等科目来核算材料物资的采购、仓储、发出等业务。

（二）材料物资的初始计量

材料物资的核算除了通过记录实物数量反映其增减变化和结存情况以外，主要还是要通过货币形式对其进行价值核算，以综合反映和监督材料资金的增减变化动态。正确地对各种材料物资进行计量，是准确地计算工程或产品成本的基础，是准确地反映企业材料储备资金占用情况的前提。

《企业会计准则——存货》规定，企业取得存货应当按照成本进行计量。存货成本包括采购成本、加工成本和其他成本三部分。施工企业的材料物资成本应该以取得或生产该种材料物资实际发生的全部支出为基础来计量。施工项目的材料物资，按其来源渠道划分，一般有外购的材料物资、建设单位（或发包单位）拨入的材料物资、自制的材料物资、委托加工的材料物资、盘盈的材料物资等。由于材料物资的来源渠道不同，其成本的构成内容也不完全相同。

1. 外购材料物资的成本

外购材料物资的成本是指材料物资从采购到入库前所发生的全部支出，包括购买价款、相关税费、运输费、装卸费、保险费以及其他可归属于采购成本的费用。其中，买价是指供应单位所开发票填列的价款；相关税费是指采购过程中发生的手续费和有关税金（包括增值税）；包装费等费用是指材料从来源地运到工地仓库（或施工现场堆放材料的地点）以前所发生的包装费、运输费、装卸费、保险费以及合理的运输损耗等费用。在上述各构成项目中，买价应直接计入材料物资的采购成本；运杂费能分清负担对象的，应直接计入有关材料物资的采购成本，不能分清负担对象的，可按材料物资的重量或买价的比例等分摊标准，分摊计入各有关材料物资的采购成本。

值得一提的是，施工企业会计传统上对采购保管费进行单独核算。采购保管费是指企业的材料物资供应部门和仓库在组织材料物资的采购、供应和保管过程中所发生的各项费用，一般包括：采购、保管人员的薪酬费用，办公费，差旅交通费，固定资产使用费，工具用具使用费，劳动保护费，检验试验费（减去检验试验收入），材料整理及零星运费等。在施工项目部，如果设置了相应的部门，发生了采购保管费性质的费用，一般应在"材料采购"科目下设置"采购保管费"明细科目归集，月终分配计入各种材料物资的采购成本；也可以将各项费用直接计入材料物资的采购成本。

2. 发包单位拨入材料物资的成本

发包单位拨入材料物资是指由发包单位采购，然后交付给施工单位的材料物资。其成本应按合同约定的价值计算，即按双方办理材料交接时商定的结算价格计价。通常的做法是按材料预算价格计价，而材料预算价格中包括了采购保管费，如果这部分材料是由施工企业负责保管的，则在确定结算价格时，应从材料预算价格中扣除这部分保管费。

3. 自制材料物资的成本

自制材料物资的成本包括制造过程中耗用材料的成本、支付的人工费和其他费用，即按照制造过程中的各项实际支出计价。

4. 委托加工材料物资的成本

委托加工材料物资的成本是指施工项目委托其他单位加工物资材料过程中耗用的实际成本，包括材料费、加工费、运输费、装卸费和保险费等费用，以及按规定应计入成本的税金。

5. 盘盈材料物资的成本

盘盈的材料物资应以其重置成本作为入账价值，并通过"待处理财产损溢"科目进行会计处理，按管理权限报经批准后，冲减当期管理费用。

（三）材料物资日常核算计价的方法

材料物资的日常核算可以按实际成本计价，也可以按计划成本计价。一般来说，对于材料收发业务较多且计划成本资料较为健全、准确的单位，都采用计划成本进行材料物资收发核算。材料物资按计划成本核算的特点是：收发凭证按材料物资的计划成本计价，材料物资的总分类账和明细分类账均按计划成本登记。材料物资的实际成本与计划成本的差异，通过"材料成本差异"科目核算，月份终了，将发出的材料物资的计划成本按照材料成本差异调整为实际成本。材料物资的实际成本计价核算是指材料物资按照取得时发生的实际支出计价。采用这种方法，材料的总分类核算和明细分类核算都按照实际成本计价，材料物资的收发凭证也按照实际成本计价。

多年来，许多施工企业材料物资核算的计价方法一直沿用计划成本法，但在实际操作中，原材料采用计划成本法计价会使施工成本中的实际价格和计划价格严重脱节。由于材料物资品种的多样性，每一种材料的实际价格与计划价格差额是不均衡的，再加上市场变化快，计划价格在一段时期内基本稳定，计划成本制约着材料物资价值的真实性，因此，施工项目部的材料物资一般应采用实际成本法核算。

第二节

原材料

一、原材料收发的程序

（一）外购材料的程序

从外部采购材料，是施工项目部取得材料的主要来源。为了既保证施工生产任务的顺利完成，又能节约使用资金，施工项目部需要正确、及时地编制材料采购供应计划，加强材料采购的计划管理工作。材料采购供应计划，一般是由施工项目部材料供应部门根据施工生产计划、材料的消耗定额和储备定额，结合库存情况予以制定的，是施工项目部采购材料的依据。在材料采购供应计划中，一般应列有采购材料的名称、数量、单价、金额等内容。为了保证材料的及时供应，明确购销双方的经济责任，施工企业还应与供应单位签订材料采购供应合同。在合同中应详细记载材料的名称、品种、规格、质量、数量、单价、总价、结算方式、交货方式、交货期限，以及违反合同应承担的经济责任等项内容。财会部门应监督材料采购供应计划和供应合同的执行情况。

施工项目部购入材料，必须严格办理材料采购和收入的凭证手续，这是组织材料采购核算的重要前提。材料采购的过程实际上就是货款结算和材料收进的过程，因此，购入材料一般要取得货款结算和材料验收入库两方面的凭证，即要取得外来的银行结算凭证、供应单位的发票账单、运输单位的运单或供应单位的提货单，以及企业内部自制的收料单、材料短缺毁损赔偿请求单等。项目部会计人员应会同物资采购或管理人员合理地组织这些凭证的填制、传递和审核工作，把好货款结算关和材料入库关，严格结算纪律，按质按量验收材料，保证施工生产的需要。

企业购入材料可以采取不同的结算方式。在不同的结算方式下，其结算手续、所用的凭证以及传递程序也各有不同。但不论采取哪种结算方式，财会部门收到银行结算凭证和供应单位的发票账单后，都应及时送交材料供应部门。材料供应部门应认真审核发票账单，并与供应合同进行核对，检查材料的名称、品种、规格、质量和数量等是否与供应合同相符，然后确定是全部付款、部分付款还是拒绝付款。材料到达后，材料供应部门应组织仓库保管人员认真办理验收入库手续，并填制收料单一式三联，在材料验收完毕并经签证后分送有关部门。其中一联由材料供应部门存查；一联送财会部门，据以进行材料收入的核算；一联留存仓库，据以登记库存材料明细账（卡）。为了便于分类和汇总，收料单一般采取一料一单的形式，其一般格式如表4-1所示。

表 4-1   收料单

交货单位或个人：   年　月　日

材料名称	来源说明	仓号	数量	计量单位	单价	金额						
						万	千	百	十	元	角	分
合计（大写）金额						（小写）￥						

仓库保管人员在验收材料时，如果发现数量不足、质量不符合规定标准或毁损的材料，应填制数量质量不符通知单，通知材料供应部门查明原因、分清责任进行处理。对于应由供应单位或运输单位负责赔偿的，企业的材料供应部门应填制赔偿请求单，提出索赔要求，并通知财会部门向对方办理索赔手续。

（二）发出材料的程序

施工现场或内部其他单位领用材料时，必须严格办理领料手续，按规定填制领料凭证。施工项目部使用的领料凭证，一般有以下几种：

1. 领料单

领料单是一种一次性使用有效的领料凭证。它一般采用一料一单的形式，填制手续一次完成，每领一次材料，就需要填制一张凭证。领料单由施工项目部各领料单位根据用料计划填制，经领料单位负责人签章后，据以向仓库领料。领料单中应填明领取材料的类别、品种、名称、规格、数量和用途，由领料单位负责人或用料管理人员审核。审核时，应查明请领的材料品种、规格和数量是否符合计划，是否为施工生产经营所需。经过审核签证的领料单才能作为向仓库领取材料的依据。仓库发料时，保管员应审核领料单的签证手续是否完备，对于所发材料要认真计量，将实发数量填入单内，并由领发料双方签章，以便明确材料领发的经济责任。领料单一般适用于没有消耗定额的材料和临时需用或不经常领用的材料。领料单的一般格式如表 4-2 所示。

表 4-2　　　　　　　　　　　　　　　领料单

材料类别：　　　　　　　　　　　　　　　　　　　　　　领料单位：
材料科目：　　　　　　　　　　　　　　　　　　　　　　年　月　日

材料编号	材料名称	规格	施工通知单号	用途	数量		计量单位	单价	金额
					请领	实领			

主管：　　　　　记账：　　　　发料：　　　　领料部门：　　　　领料人：

　　领料单一般应填制一式三联，其中一联由领料单位留存备查；一联由发料仓库留存，作为登记材料明细账（卡）的依据；一联送交财会部门，作为登记材料总账和月末编制发料凭证汇总表的依据。

　　为了反映材料的实际消耗，正确计算工程成本，对于已领出库但尚未耗用或用后多余的材料，下月不再继续使用的，应填制"退料单"或用红字填制领料单，办理退料手续，将材料退回仓库；如下月仍需继续使用的，应分别核算对象进行盘点，材料不退回仓库，但应办理退料手续，同时填制本月的退料单和下月初的领料单，这种做法称为"假退库"。退料单由退料单位填制，一般应一式三联，其中一联由仓库收料后退回退料单位；一联留存仓库，据以登记材料明细账；一联送交财会部门，作为核算工程或产品成本的依据。

　　2. 定额领料单

　　定额领料单又称限额领料单，它是一种多次使用有效的累计领料凭证。它一般采取一单一料的形式，填制手续是多次完成的，在有效期内和定额范围内，可以连续向仓库领料。只要领料数量不超过规定的限额，在月份内可以连续使用，其有效期一般为一个月。它一般是在每月初签发施工任务单的同时，由施工生产部门根据施工任务单所列的计划工程量，按照材料消耗定额核定各种材料的定额耗用总量后签发。在定额领料单中应填明领料单位、材料用途、领料单编号、发料仓库、材料名称和规格，以及根据本月计划工程量（或产品计划产量）和消耗定额计算确定的全月领料限额等内容。定额领料单经生产计划和供应部门负责人签章后，才能据以办理领发料手续。定额领料单一般适用于有消耗定额的材料和经常领用的材料。定额领料单的一般格式如表 4-3 所示。

表 4-3　　　　　　　　　　　定额领料单

任务单号　　　　　　　　　　　　　　　　　　　　　领料单位：
工程量　　　　　　　　　　　　　年　月　日　　　　发料仓库：

| 材料编号 | 材料名称 | 规格 | 计量单位 | 单位消耗定额 | 定额用量 | 追加数量 | 领料记录 | | | 退料数量 | 实际用量 |
							日期	数量	领发料人签章		

主管：　　　　记账：　　　　发料：　　　　领料部门：　　　　领料人：

定额领料单一般应填制一式两联，其中一联由领料单位（即施工队或班组）作为领料的依据；一联交仓库作为发料的凭证。每次领料时，由仓库保管员在定额领料单上登记，并由领发料双方共同签章。月末或工程竣工时，仓库保管员将施工队或班组保存的定额领料单收回，并在两联定额领料单上计算累计领料数量和金额。其中一联留仓库据以登记材料明细账，原由施工队或班组保存的一联则送交财会部门作为核算发出材料的依据。

采用定额领料单，应严格按规定的定额领发材料。对于不按批准数量超额领料，或请领的材料品种、规格与单内所列项目不符的，仓库有权拒绝发料。如果由于施工或生产计划调整而增加工程量或产品产量，以及因工程返工等原因需要追加领料定额时，应经过施工或生产计划部门和供应部门审核批准，办理追加定额的手续。

采用定额领料单，减少了凭证数量，简化了领料手续，可以随时反映和监督发料过程中材料消耗定额的执行情况，有利于企业加强定额管理，按照定额对材料的领发进行日常控制，便于施工队或班组了解和控制工程或产品的用料情况，分析材料耗用的节约或超支情况，从而促使各领料单位按照消耗定额节约、合理地使用材料，降低材料消耗，以达到降低工程或产品成本中的材料费用的目的。

3. 大堆材料耗用计算单

大堆材料耗用计算单是一种特殊形式的耗料凭证，如表 4-4 所示。

表 4-4 　　　　　　　　　　　　**大堆材料耗用计算单**

年 月

材料名称规格	黄沙	碎石	白灰	砖
单价	30 元/立方米			
期初余额	40			
加：本期收入	210			
减：本期结存	50			
本期耗用	200			

它主要适用于用料时既不易点清数量又难以分清受益对象的大堆材料，如施工现场露天堆放的砖、瓦、灰、砂、石等。由于露天堆放的大堆材料耗用量大、领用频繁，在领用时又难以点清数量和过磅，同时在同一工地，几个单位工程共同耗用的材料，且难以严格划分，可采用大堆材料耗用计算单，以"算两头、轧中间"的办法定期计算施工过程中各成本核算对象所耗用的大堆材料数量。即对于大堆材料，施工企业一般采用实地盘存法，于月末盘点结存数，以月初结存数加本月进料数减月末结存数，倒轧出本月耗用数，并根据各项工程的材料定额用量占完成工程量的比例分配实际用量，填制大堆材料耗用计算单，办理领料手续。大堆材料进场时，可先由材料员或施工班组验收保管，日常领用时不必逐笔办理领料手续，月末实地盘点实存数，计算出本月实际耗用量，并按各成本核算对象的定额用量计算其实际耗用数。其计算公式如下：

本月实际耗用量＝月初结存数量＋本月进料数量－月末结存数量

大堆材料耗用计算单一般应填制一式两联，一联交仓库，据以办理材料出库手续；一联交财会部门，作为核算工程成本的依据。

4. 集中配料耗用计算单

集中配料耗用计算单是一种一单多料、一次使用的领发料凭证，如表4-5 所示。

表 4-5 集中配料耗用计算单

年 月

成本核算对象	片石			碎石			白灰		
	定额用量	实耗数量	金额	定额用量	实耗数量	金额	定额用量	实耗数量	金额
甲工程									
乙工程									
合计									

它主要适用于虽能点清数量但系集中配料或统一下料的材料，如玻璃、油漆、木材等。凡是集中配料的用料，一般应在领料单上加盖"工程集中配料"戳记，领发材料时，应根据工程量和所用各种材料的配方比例，计算各种材料的配方用量，月末由材料管理人员或领料班组根据用料情况，按照配制后综合材料的耗用数或消耗定额，编制集中配料耗用计算单，交财会部门据以分配计入各成本核算对象。集中配料的计算方法与大堆材料基本相同，集中配料耗用计算单的一般格式与大堆材料耗用计算单的格式也基本相同。

5. 领料登记簿

领料登记簿是一种一单一料、多次使用有效的累计领发料凭证。它主要适用于领发次数很多、数量零星、价值较低的消耗性材料，如铁钉、螺丝、螺帽、垫圈等。对于这类材料，为了简化领发料手续，可以在仓库设置领料登记簿，据以办理领发料手续。即平时领用材料的，可以不填制领料单，而由领料人员在领料登记簿内登记领用数量、用途并签章证明，仓库据以办理发料手续。月终，由仓库保管员根据领料登记簿，按领料单位和用途汇总填制领料单一式三联，其中一联交领料单位；一联留存仓库作为登记材料明细账的依据；一联交财会部门作为成本核算的依据。领料登记簿的一般格式，如表 4-6 所示。

表 4-6 领料登记簿

领料单位： 发料仓库：
材料类别： 计量单位：
材料名称： 年 月 日

日期	领用数量	用途	领料人签章	备注

二、购入原材料的核算

施工项目部材料日常收发按实际成本计价时，在总分类核算上可以不必使用"材料采购"和"材料成本差异"科目，取得材料的实际成本直接用"原材料"进行核算。对于价款已经支付或承付，但材料尚未运到的在途材料，应通过"在途物资"核算。

材料日常收发按实际成本计价时，材料的明细分类核算要按材料品种、规格同时设置材料卡片（见表4-7）和材料明细分类账（见表4-8）。材料卡片由仓库保管员登记，只进行数量核算。材料明细分类账由会计人员登记，同时进行数量和金额的核算。为避免重复记账，也可以采用"账卡合一"的做法，即取消材料卡片，只设置一本既有数量又有金额的材料明细分类账放在仓库，由仓库保管员登记，会计人员定期稽核；或由仓库保管员登记数量，会计人员登记金额。

表 4-7 　　　　　　　　　　　　　原材料卡

材料类别：　　　　　　　　　　名称规格：　　　　　　　　　　计量单位：

年		凭证号数	摘要	收入数量	发出数量	结存		稽核	
月	日					数量	金额	日期	签章

表 4-8 　　　　　　　　　　　　　原材料明细账

材料类别：　　　　　　　　　　　　　　　　存放地点：

材料名称及规格：　　　　　　　　　　　　　计量单位：

年		凭证号数	摘要	收入			发出			结存		
月	日			数量	单价	金额	数量	单价	金额	数量	单价	金额

外购材料时，由于结算方式和采购地点的不同，材料入库和货款的支付在时间上不一定完全同步，其账务处理也有所不同。

（一）发票账单与材料同时到达

施工项目部在支付货款或开出、承兑商业汇票，材料验收入库后，根据发票账单等结算凭证确定的材料成本，借记"原材料"科目，贷记"银行存款"等科目。

【例4-1】　2012年2月，合肥市政项目部购入施工用原材料（钢材）一批，货款351 000元（含税价格），发票账单已收到，并已验收入库，全部款项以银行存款支付。账务处理如下：

借：原材料　　　　　　　　　　　　　　　　　　351 000
　　贷：银行存款　　　　　　　　　　　　　　　　　　351 000

（二）已开出、承兑商业汇票，但材料尚未到达或尚未验收入库

施工项目部在支付、办理结算时，根据账单等结算凭证，借记"在途物资"科目，贷记"银行存款"等科目；待材料到达、验收入库后，再根据收料单，借记"原材料"科目，贷记"在途物资"科目。

【例4-2】　2012年3月，合肥市政项目部采用汇兑结算方式购入施工用原材料（水泥）一批，货款23 400元（含税价格），发票账单已收到，材料尚未入库。账务处理如下：

借：在途物资　　　　　　　　　　　　　　　　　　23 400
　　贷：银行存款　　　　　　　　　　　　　　　　　　23 400

上述材料到达、验收入库时，再根据收料单，账务处理如下：

借：原材料　　　　　　　　　　　　　　　　　　23 400
　　贷：在途物资　　　　　　　　　　　　　　　　　　23 400

（三）材料已到达并已验收入库，但发票账单等结算凭证未到，货款尚未支付

如果到月末，发票账单等结算凭证没有到达，为了正确反映施工项目部库存材料情况，当月月末，施工项目按材料的暂估价值，借记"原材料"科目，贷记"应付账款——暂估应付账款"科目；下月月初，用红字做同样的记账凭证予以冲回，以便下月付款或开出、承兑商业汇票后，按正常程序，借记"原材料"，贷记"银行存款"、"应付票据"等科目。

【例 4-3】 合肥市政项目部采用托收承付结算方式购入施工用原材料（混凝土）一批，材料已验收并用于工程施工，发票账单未到，月末按暂估价 60 000 元估计入账。当月月末，账务处理如下：

借：原材料　　　　　　　　　　　　　　　　　　　60 000
　贷：应付账款　　　　　　　　　　　　　　　　　　60 000

下月月初，用红字做同样的记账凭证予以冲回，账务处理如下：

借：原材料　　　　　　　　　　　　　　　　　　　−60 000
　贷：应付账款　　　　　　　　　　　　　　　　　　−60 000

收到有关结算凭证 58 500 元（含税价格），并支付货款，账务处理如下：

借：原材料　　　　　　　　　　　　　　　　　　　58 500
　贷：银行存款　　　　　　　　　　　　　　　　　　58 500

值得注意的是，施工项目采购的材料直接用于工程施工时，也要办理相关验收、发料的手续，通过"原材料"账户核算。

（四）采用预付货款方式采购材料

施工项目部在预付材料价款时，按实际预付金额，借记"预付账款"科目，贷记"银行存款"科目；已经预付货款的材料验收入库，根据账单等所列的价款、税额等，借记"原材料"科目，贷记"预付账款"科目；预付账款不足，补付上项货款，按补付金额，借记"预付账款"科目，贷记"银行存款"科目；退回多付的款项时，借记"银行存款"科目，贷记"预付账款"科目。

【例 4-4】 合肥市政项目部向某供货商采购钢材 200 吨，单价 3 000 元，需支付款项总额 600 000 元。按照合同规定向该供货商预付货款的 20%，验收货物后补付其余款项。

（1）预付 20% 的货款时，账务处理如下：

借：预付账款　　　　　　　　　　　　　　　　　　120 000
　贷：银行存款　　　　　　　　　　　　　　　　　　120 000

（2）收到该供货商发来的钢材 200 吨，经验收无误，有关发票记载的货款为 600 000 元。账务处理如下：

借：原材料　　　　　　　　　　　　　　　　　　　600 000
　贷：预付账款　　　　　　　　　　　　　　　　　　600 000

（3）以银行存款补付不足款项 480 000 元，补付货款。账务处理如下：

借：预付账款　　　　　　　　　　　　　　　　　　480 000
　贷：银行存款　　　　　　　　　　　　　　　　　　480 000

（五）购入材料短缺和损耗的处理

施工项目购入的材料验收入库时，如果发现短缺和损耗，必须查明原因，分清经济责任，区别不同情况进行处理。属于运输途中的合理损耗（定额内损耗），应计入材料的采购成本，相应提高入库材料的实际单价，不另进行账务处理。属于供应单位造成的短缺，货款尚未支付的，应按短缺数量和发票单价计算拒付金额，向开户银行办理部分拒付手续；货款已经支付的，则应填制赔偿请求单，向供应单位索取赔款。施工项目部应向供应单位或责任人收回的材料短缺款项，应根据有关索赔凭证，借记"应付账款"或"其他应收款"科目，贷记"在途物资"科目。按规定应由运输单位等负责赔偿的材料短缺款项，应根据有关索赔凭证，借记"其他应收款"科目，贷记"在途物资"科目。

尚待查明原因和需要报经批准才能转销的途中损耗，应先从"在途物资"科目转入"待处理财产损溢"科目，查明原因后，再根据不同情况分别进行处理。属于应由供应单位、运输机构、保险公司或其他过失人负责赔偿的损失，借记"应付账款"、"其他应收款"等科目，贷记"待处理财产损溢"科目；属于自然灾害等非正常原因造成的损失，应将扣除残料价值、过失人和保险公司赔款后的净损失，借记"营业外支出——非常损失"科目，贷记"待处理财产损溢"科目；属于无法收回的超定额损耗，报经批准后，仍应由材料采购成本负担，借记"在途物资"科目，贷记"待处理财产损溢"科目。

【例 4-5】 2012 年 5 月 20 日，京南丰城项目部向兴达砖瓦厂购买青砖一批，买价 20 000 元，运杂费 100 元，以银行存款支付。当月 25 日，青砖运到，验收入库时，发现短缺 300 块，买价为 200 元，经查询，属于兴达砖瓦厂发货差错所致。其账务处理如下：

（1）支付货款时，根据发票账单和银行结算凭证，作账务处理如下：

借：在途物资——硅酸盐材料（青砖） 20 100

　　贷：银行存款 20 100

（2）验收入库时，根据收料单，作账务处理如下：

借：原材料——硅酸盐材料（青砖） 19 900

　　贷：在途物资——硅酸盐材料（青砖） 19 900

（3）根据有关索赔凭证，按短缺青砖的买价 200 元，作账务处理如下：

借：其他应收款——兴达砖瓦厂 200

　　贷：在途物资——硅酸盐材料（青砖） 200

上例中，若青砖短缺原因不明，尚待查处，材料已验收入库。根据验收不符清单，按短缺青砖的买价，作账务处理如下：

　　借：待处理财产损溢——待处理流动资产损溢　　　　　　　200

　　　贷：在途物资——硅酸盐材料（青砖）　　　　　　　　　200

　　月末，经查明，短缺的青砖有 50 元属于超定额损耗，报经批准后计入材料采购成本；其余属于兴达砖瓦厂所致，已填制赔偿请求单向其索赔。根据转销超定额损耗的批准文件和有关索赔凭证，作账务处理如下：

　　借：原材料——硅酸盐材料（青砖）　　　　　　　　　　　50

　　　其他应收款——兴达砖瓦厂　　　　　　　　　　　　　150

　　　贷：待处理财产损溢——待处理流动资产损溢　　　　　　200

三、发出材料的核算

（一）发出材料成本的计价方法

　　按照《企业会计准则》的规定，施工项目部在确定发出存货的成本时，可以采用先进先出法、移动加权平均法、月末一次加权平均法和个别计价法四种方法进行核算。

1. 先进先出法

　　先进先出法是以先购入的存货应先发出（销售或耗用）这样一种实物流转假设为前提，对发出存货进行计价的方法。采用这种方法，先购入的存货成本在后购入的存货成本之前转出，据此确定发出存货和期末存货的成本。采用先进先出法对发出材料进行计价，可以均衡日常核算工作，期末材料物资成本也比较接近市场价值；但在收发材料业务频繁的情况下，计算工作量繁重。这种方法适用于收发材料业务不太频繁的企业。

　　【例 4-6】　2012 年 5 月，中原水电项目部 A 材料的入库、发出和结存的有关资料见表 4-9。

表 4-9　　　　　　　　　　　　材料收发记录表

| 2012年 | | 摘要 | 入库 | | 发出数量 | 结存数量 |
月	日		数量	单价		
5	1	期初结存				2 000（单价2元）
	7	购入	5 000	2.2		
	12	发出			4 000	
	15	购入	3 000	2.4		
	20	发出			2 000	
	26	发出			3 000	

采用先进先出法计算发出材料成本，结果如表 4-10 所示。

表 4-10　　　　　　　　　　　　　**原材料明细账**

材料科目：A 材料　　　　　　　　　　　　　　　　存放地点：
材料名称及规格：　　　　　　　　　　　　　　　　计量单位：

2012年		凭证号数	摘要	收入			发出			结存		
月	日			数量	单价	金额	数量	单价	金额	数量	单价	金额
5	1		期初结存							2 000	2	4 000
	7		购入	5 000	2.2	11 000				2 000	2	15 000
										5 000	2.2	
	12		发出				2 000	2	8 400	3 000	2.2	6 600
							2 000	2.2				
	15		购入	3 000	2.4	7 200				3 000	2.2	13 800
										3 000	2.4	
	20		发出				2 000	2.2	4 400	1 000	2.2	94 000
										3 000	2.4	
	26		发出				1 000	2.2	7 000	1 000	2.4	2 400
							2 000	2.4				
	31		本月合计	8 000		18 200	9 000		19 800	1 000	2.4	2 400

2. 移动加权平均法

移动加权平均法是指每次收货后，立即根据库存数量和成本，计算出新的移动平均单价的一种方法。采用移动加权平均法计算发出材料物资成本，可以均衡日常核算工作，及时反映原材料实际成本，但在收发材料业务频繁情况下，计算工作量繁重。该方法适用于收发材料业务不太频繁的企业。移动加权平均单价计算公式如下：

$$\text{移动加权平均单价} = \frac{\text{以前结存存货实际成本} + \text{本次收入存货实际成本}}{\text{以前结存存货数量} + \text{本次收入存货数量}}$$

【例 4-7】　根据例 4-6 资料：

5 月 7 日购入材料时：

移动加权平均成本＝（4 000＋11 000）÷（2 000＋5 000）＝2.14（元）

5 月 12 日发出材料时：

发出材料的实际成本＝4 000×2.14＝8 560（元）

结存材料成本＝15 000－8 560＝6 440（元）

3. 月末一次加权平均法

月末一次加权平均法是根据期初结存存货和本期收入存货的数量和实际成本，期末一次计算存货的本月加权平均单价，作为计算本期发出成本和期末结存存货成本的单价，以求得本期发出存货成本和期末结存成本的一种方法。采用这种方法计算发出材料物资的成本，平时核算工作比较简单，在材料市场价格涨跌波动的情况下，可以均衡材料成本；但月末材料成本计算工作量繁重，影响成本核算的及时性。该方法适用于收发材料业务比较频繁的企业。加权平均单价计算公式如下：

$$加权平均单价＝\frac{期初结存存货实际成本＋本期收入存货实际成本}{期初结存存货数量＋本期收入存货数量}$$

考虑到计算出的加权平均单价不一定是整数，往往要小数点后四舍五入以保持账面数字之间的平衡关系，实际工作中也可以用倒挤成本法计算发出存货的成本。即：

$$本期发出存货成本＝期初结存存货成本＋本期收入存货成本$$
$$－期末结存存货成本$$

【例 4-8】 根据例 4-6 资料：

加权平均单位成本＝（4 000＋18 200）÷（2 000＋8 000）＝2.22（元）

本期发出材料的实际成本＝9 000×2.22＝19 980（元）

期末原材料成本＝1 000×2.22＝2 220（元）

4. 个别计价法

个别计价法是以每次收入存货的实际成本作为计算各该次发出存货成本的依据。采用这种方法计算发出材料物资的成本，反映的材料成本最为准确，也可以均衡日常核算工作，及时反映原材料实际成本；但在收发材料业务频繁的情况下，核算工作量繁重。该方法适用于规模不大或材料收发业务不多的企业。相关计算公式如下：

$$每次存货发出成本＝该次存货发出数量×该次存货的单位成本$$

施工项目部应当按照企业的统一要求选择发出存货的计算方法。一般来说，施工企业应该根据各类存货的实物流转方式、企业管理的要求、存货的性质等实际情况，合理地选择发出存货成本的计算方法，以合理确定当期发出存货的实际成本。

对于性质和用途相似的存货，应当采用相同的成本计算方法，确定发出存货的成本。

（二）发出材料按实际成本法核算

由于施工项目材料的日常领发业务频繁，为了简化日常核算工作，平时一般只登记材料明细分类账，反映各种材料的收发和结存金额，月末根据按实际成本计价的发料凭证，按领用部门和用途，汇总编制发料凭证汇总表，据以登记总分类账，进行材料发出的总分类核算。

根据发料凭证汇总表，借记"工程施工"、"辅助生产"等科目，贷记"原材料"科目。

【例 4-9】 某公司锦渔项目部 7 月份发料凭证汇总表（见表 4-11）列明，该工程项目共领用水泥等各种原材料 264 500 元。

表 4-11

发料凭证汇总表

2012 年 7 月 31 日 单位：元

材料名称	主要材料				结构件	机械配件	其他材料	合计
用途	钢材	水泥	其他	小计				
工程施工	100 000	70 000	30 000	200 000	60 000			260 000
其中：甲工程	70 000	50 000	20 000	140 000	40 000			180 000
乙工程	30 000	20 000	10 000	60 000	20 000			80 000
机械作业						2 000	300	2 300
辅助生产		1 000	200	1 200				1 200
项目管理部门			600	600			400	1 000
合计	100 000	71 000	30 800	201 800	60 000	2 000	700	264 500

根据上述汇总表，作账务处理如下：

借：工程施工——合同成本（甲工程）　　　　　　　180 000

　　　　　　——合同成本（乙工程）　　　　　　　 80 000

　　机械作业　　　　　　　　　　　　　　　　　　 2 300

　　辅助生产　　　　　　　　　　　　　　　　　　 1 200

　　工程施工——间接费用　　　　　　　　　　　　 1 000

　　贷：原材料——主要材料　　　　　　　　　　　201 800

　　　　　　——结构件　　　　　　　　　　　　　 60 000

　　　　　　——机械配件　　　　　　　　　　　　 2 000

　　　　　　——其他材料　　　　　　　　　　　　　 700

其他材料物资

一、自制材料的核算

自制材料是指企业所属内部辅助生产部门，为工程施工加工制作的金属材料、木质材料、预制材料等。即辅助生产部门自行组织生产，将某种材料加工制作成为另一种材料。在自制材料过程中，领用的原材料和制作完成验收入库的材料，均应比照原材料管理程序填制领料凭证和收料凭证，分别办理材料的领用手续和验收入库手续。

自制材料的核算包括两部分内容：（1）辅助生产部门在加工制作材料过程中所发生的各项费用的核算。（2）制作完成验收入库材料价值的核算。辅助生产部门自制完成验收入库材料的实际成本，一般由制造过程中耗用的材料费、人工费和其他费用组成。

为了总括地核算和监督自制材料过程中所发生的各项费用，正确计算自制材料的实际成本，施工企业可以设置"辅助生产"科目，它属于成本类科目。其借方登记辅助生产自制材料过程中所发生的各项费用；贷方登记辅助生产部门已制作完成并验收入库材料的实际成本；期末借方余额反映辅助生产部门尚未制作完成材料的实际成本。本科目应按加工单位或部门和成本核算对象设置明细账，并按规定的成本项目分设专栏，进行明细分类核算。施工项目部所属辅助生产部门生产成本也可以在此科目核算。

现举例说明自制材料的核算方法。

【例 4-10】 环城项目部设辅助生产车间一个，2012 年 8 月领用钢材一批，用于加工制作预制构件，其实际成本为 1 000 000 元。根据发料凭证汇总表，作账务处理如下：

借：辅助生产——预制构件 A   1 000 000

    贷：原材料——主要材料   1 000 000

月末，分配本月制作预制构件工人的职工薪酬费用 20 000 元。根据职工薪酬费用分配汇总表，作账务处理如下：

借：辅助生产——预制构件 A   20 000

    贷：应付职工薪酬   20 000

制作预制构件过程中发生其他费用 36 000 元，其中：计提固定资产折旧

5 000 元，计提生产用工具器具的摊销额 1 000 元，以银行存款支付的费用 30 000 元。根据有关原始凭证，作账务处理如下：

借：辅助生产——预制构件 A   36 000

贷：累计折旧   5 000

低值易耗品   1 000

银行存款   30 000

预制构件已制作完成并验收入库，其计划成本为 1 056 000 元。根据收料单，作账务处理如下：

借：原材料——结构件 A   1 056 000

贷：辅助生产——预制构件 A   1 056 000

二、委托加工物资的核算

施工项目部购入的材料物资，有时需要经过加工后才能使用。施工项目部委托其他单位进行加工的物资，称为委托加工物资。委托加工物资经过加工，其实物形态、性能发生变化，使用价值也随之发生变化，且在其加工过程中要消耗原材料，还要发生各种费用支出等，从而使价值相应增加。委托加工物资的所有权仍在委托企业，因而应作为施工项目部的存货进行核算。施工项目部委托外单位加工的物资，其实际成本包括：加工中实际耗用的成本；支付的加工费用及应负担的运杂费等；支付的税金，包括委托加工物资所应负担的增值税等。

施工项目部委托外单位加工材料，一般应由材料供应部门与受托加工单位签订加工合同，并将合同副本送交财会部门，据以考核合同的执行情况。合同中一般应订明发出材料的品种、规格、质量和数量，加工方式、加工时间、加工费用和结算方式，以及加工完成材料的规格、质量、数量等。委托加工材料经过往返转手、存放地点转移、实物形态改变、价值变化，管理上比较困难。施工项目部发出委托加工材料时，材料供应部门应根据加工合同填制委托加工材料出库单（也可以用领料单代替），送交仓库据以发料。委托加工材料出库单一般应一式多联，其中：一联由材料供应部门存查，一联交发料仓库，一联随同委托加工材料交加工单位，一联交财会部门。受托单位加工完成后，应签发加工费结算凭证，连同加工制成材料送交委托加工企业的材料供应部门。企业供应部门应填制委托加工材料入库单，通知仓库验收材料，并根据加工合同和仓库签收的委托加工材料入库单，对加工费结算凭证签署付款或承兑意见，将加工费结算凭证送交财会部门。财会部门审核以后，据以付款或承兑。

对于委托外单位加工的材料物资，虽仍属企业所有，但不存于本企业仓库，所以不能在各材料科目进行核算。为了反映和监督委托加工物资增减变动及其结存情况，企业应设置"委托加工物资"科目，借方登记委托加工物资的实际成本，贷方登记加工完成验收入库的物资的实际成本和剩余物资的实际成本，期末余额在借方，反映企业尚未完工的委托加工物资的实际成本和发出加工物资的运杂费等。委托加工物资按加工合同设置明细账，以便核算各批加工材料的实际成本，并及时进行清理结算。

在会计处理上，委托加工业务主要包括拨付加工物资、支付加工费用和税金、收回加工物资和剩余物资等几个环节。

（1）施工项目部在将材料物资发给外单位加工时，根据加工合同填制委托加工材料出库单，通知仓库发料。发给外单位加工的物资，应将物资的实际成本由"原材料"等科目转入"委托加工物资"科目，借记"委托加工物资"科目，贷记"原材料"、"库存商品"等科目。

（2）支付的加工费、应负担的运杂费、增值税等，借记"委托加工物资"科目，贷记"银行存款"等科目。

（3）加工完成验收入库的物资和剩余物资，按加工收回物资的实际成本和剩余物资的实际成本，借记"原材料"、"库存商品"科目，贷记"委托加工物资"科目。

【例4-11】　某建筑公司中阳项目部委托A公司加工材料。原材料成本100 000元，支付的加工费80 000元（不含增值税），材料加工完成验收入库，加工费用等已支付。A公司适用的增值税税率17%。

（1）发出委托加工材料，账务处理如下：

借：委托加工物资　　　　　　　　　　　　　　　　　　　　100 000
　贷：原材料　　　　　　　　　　　　　　　　　　　　　　　　100 000

（2）支付加工费用：

　　　应纳增值税＝80 000×17%＝13 600（元）

借：委托加工物资　　　　　　　　　　　　　　　　　　　　　93 600
　贷：银行存款　　　　　　　　　　　　　　　　　　　　　　　93 600

（3）加工完成收回委托加工材料：

借：原材料　　　　　　　　　　　　　　　　　　　　　　　193 600
　贷：委托加工物资　　　　　　　　　　　　　　　　　　　　193 600

三、周转材料的核算

(一) 周转材料的分类与计价

周转材料是指企业能够多次使用、逐渐转移其价值、仍可保持原有形态且不确认为固定资产的材料，施工项目部涉及的周转材料主要包括钢模板、木模板、脚手架和其他周转材料。这些材料一般可分为以下四类：

(1) 模板，指浇灌混凝土用的木模、组合钢模等，包括配合模板使用的支撑材料、滑模材料和扣件等。按固定资产管理的固定钢模和现场固定大模板则不包括在内。

(2) 挡板，指土方工程用的挡土板及支撑材料。

(3) 架料，指脚手架用的竹、木杆和跳板以及钢管脚手。

(4) 其他，指除以上各类之外，作为流动资产管理的其他周转材料，如塔吊使用的轻轨、枕木（不包括附属于搭吊的钢轨）以及施工过程中使用的安全网等。

此外，按照存放地点和使用情况不同，周转材料可以分为在库周转材料和在用周转材料；按照摊销方法不同，周转材料可以分为一次摊销的周转材料和分次摊销的周转材料。

施工项目上的周转材料大多是用主要材料加工制成或者直接从外单位购入的。周转材料保持着材料的形态，但在施工生产过程中却发挥着劳动资料的作用。它能多次参加施工生产过程，基本上不改变其原有的实物形态，其价值是随着损耗程度逐渐转移到工程成本中的。但由于周转材料的种类繁多、用量较大、价值较低、使用期短、收发频繁、易于损耗、经常需要补充和更换，因此，将其作为流动资产进行管理，在核算和管理上同低值易耗品一样，应采用固定资产和材料相结合的方法进行。

购入、自制、委托外单位加工完成并已验收入库的周转材料等，以及周转材料的清查盘点，比照"原材料"科目的相关规定进行处理。由于周转材料与一次性消耗材料不同，施工企业应专门设置"周转材料"科目对其进行核算。

(二) 周转材料领用及摊销的核算

1. 周转材料领用、摊销和退回的处理

(1) 采用一次转销法的，领用时，将其全部价值计入有关的成本、费用，借记"工程施工——合同成本"等科目，贷记"周转材料"科目。

（2）采用其他摊销法的，应设置"在库周转材料"、"在用周转材料"和"周转材料摊销"三个明细科目，并按周转材料的种类设置明细账，进行明细核算。领用时，按其全部价值，借记"周转材料（在用周转材料）"科目，贷记"周转材料（在库周转材料）"科目；摊销时，按摊销额，借记"工程施工——合同成本"等科目，贷记"周转材料（周转材料摊销）"科目；退库时，按其全部价值，借记"周转材料（在库周转材料）"科目，贷记"周转材料（在用周转材料）"科目。

2. 周转材料报废的处理

（1）采用一次转销法的，将报废周转材料的残料价值作为当月周转材料转销额的减少，冲减有关成本、费用，借记"原材料"等科目，贷记"工程施工——合同成本"等科目。

（2）采用分次摊销法的，将补提摊销额，借记"工程施工——合同成本"等科目，贷记"周转材料（周转材料摊销）"科目；将报废周转材料的残料价值作为当月周转材料摊销额的减少，冲减有关成本、费用，借记"原材料"等科目，贷记"工程施工——合同成本"等有关科目，同时，将已提摊销额，借记"周转材料（周转材料摊销）"科目，贷记"周转材料（在用周转材料）"科目。

分次摊销法是指根据周转材料的预计使用次数，计算每次的摊销额并计入工程成本或有关费用的一种方法。这种方法一般适用于使用次数较少或不经常使用的周转材料，如预制钢筋混凝土构件所使用的定型模板和土方工程中使用的挡板等。其计算公式如下：

$$\frac{周转材料每使用}{一次的摊销额} = \frac{周转材料成本 \times （1-残值占成本百分比）}{预计使用次数}$$

$$\frac{本期周转材}{料的摊销额} = 本期使用次数 \times 周转材料每使用一次的摊销额$$

【**例 4-12**】　某建筑公司沈达项目部本月领用全新定型模板一批，其实际成本为 50 000 元，采用分次摊销法摊销，预计残值为 5 000 元，预计使用次数为 10 次，本月实际使用 2 次。其财务处理如下：

（1）领用时，根据周转材料领用单，作账务处理如下：

借：周转材料——在用周转材料　　　　　　　　　　　　　　50 000

　　贷：周转材料——在库周转材料　　　　　　　　　　　　　　　50 000

（2）领用当月应计提摊销额 9 000 元，作账务处理如下：

借：工程施工——合同成本   9 000

    贷：周转材料——周转材料摊销   9 000

施工项目部应该根据企业的统一规定或项目的实际经营情况选择周转材料的摊销方法，对周转材料成本进行摊销。

四、低值易耗品的核算

低值易耗品是指不能作为固定资产核算的各种用具物品，如生产用具、管理用具、劳保用品，以及在经营过程中周转使用的包装容器等。低值易耗品就其在施工生产过程中的作用而言，属于劳动资料，但其价值较低、使用期短、易于损耗、需要经常补充和更换，不具备固定资产的条件，因此，一般列作企业的流动资产，归入存货类进行管理与核算。但低值易耗品又具有与固定资产相似的特点，即它可以在施工生产过程中多次使用而不改变其原有的实物形态，有的在使用中经常需要修理，报废时还有残值，其价值是在整个使用过程中随着磨损程度逐渐地转移到工程或产品成本及有关费用中去的。基于上述特点，低值易耗品的管理与核算应按材料和固定资产的方法结合使用。即对于低值易耗品的计价、采购、收发、结存和实物的清查盘点，应按照材料的管理与核算方法进行；对于使用中低值易耗品的价值转移、计提摊销、修理和报废清理等，则应比照固定资产的管理与核算方法进行处理。

（一）低值易耗品的分类与计价

施工企业的低值易耗品种类繁多、型号、规格复杂，为了便于管理与核算，必须对其进行合理的分类。按照低值易耗品在施工生产过程中的用途不同，施工企业的低值易耗品一般可以分为下列几类：

（1）生产工具。是指企业在施工生产过程中使用的各种生产工具和器具，如铁锹、铁镐、钻头、钳子、扳手、灰桶、手推车等。

（2）管理用具。是指企业在管理和服务工作中使用的各种价值较低而又易于损耗的家具、办公用具的消防器具等，如桌、椅、柜、打字机、复印机、灭火器等。

（3）劳动用品。是指企业发给职工在施工生产过程中使用的各种劳动保护用品，如工作服、工作鞋、安全帽、安全带、手套、面罩和其他防护用品等。

（4）玻璃器皿。是指企业在试验、化验工作中使用的各种玻璃容器和用具，如量杯、烧瓶等。

（5）其他。是指不属于上述各类的低值易耗品。

此外，按照存放地点和使用情况不同，施工企业的低值易耗品还可以分为在库低值易耗品和在用低值易耗品；按照摊销方法不同，施工企业的低值易耗品还可以分为一次摊销的低值易耗品和分次摊销的低值易耗品。

在实际工作中，为了正确组织低值易耗品的管理与核算，加强对低值易耗品的实物控制，每个施工企业都应根据低值易耗品和固定资产的划分标准，结合本企业的具体情况，编制低值易耗品目录，详细列明各种低值易耗品的类别、名称、规格、编号、计量单位和金额等内容，以此作为低值易耗品管理与核算的依据。

（二）低值易耗品的摊销方法

低值易耗品在施工生产过程中可以多次周转使用而不改变其原有的实物形态，其价值是逐渐地损耗或丧失的。为了反映低值易耗品的这种消耗过程，应将其成本陆续转为费用。但它是作为流动资产进行核算和管理的，不能像固定资产那样，采用折旧的方法将其价值损耗计入企业的成本、费用，而只能采用摊销的方法将其损耗的价值分摊计入工程或产品成本及有关费用。低值易耗品的摊销方法，应根据不同低值易耗品价值的大小、使用期限的长短以及每月领用数额的均衡性等情况，按照既有利于加强实物管理、又能适当均衡成本负担和合理简化核算手续的原则，分别加以确定。按照《企业会计准则》目前的规定，施工企业低值易耗品的摊销方法一般也采用一次转销法和分次摊销法。

按照《企业会计准则》的规定，低值易耗品既可以在"周转材料"科目中核算，也可以单独设置"低值易耗品"科目核算。

施工企业可以根据具体情况，对不同的低值易耗品采用不同的摊销方法，但摊销方法一经确定，不得随意变更，如有变更，应在年度财务会计报告中予以说明。

（三）低值易耗品的核算

为了加强对在用低值易耗品的实物管理，施工项目部应根据低值易耗品使用时间长短和流动性大小等特点，建立健全低值易耗品的领用、保管、报废、以旧换新和损失赔偿制度，并按制度规定办理必要的凭证手续。对于领用一次摊销的低值易耗品，领用之后无须交回或办理报废手续，可填制一次报耗的低值易耗品领用单；对于领用五五摊销的低值易耗品，在领用之后和报废之前需要负责归还，经批准报废之后，还应交旧换新，因此，应填制五五摊销的低值易耗品领用单，设置低值易耗品领用手册，不论是施工班组还是职工个人领用、交回、报废的低值易耗品，均应在领用手册上签证登记。对于临时使用的工具等低值易耗品，也可以由工具库预先配发工具牌，凭牌借用，归还时，再退回工具牌；或者采用借用登记簿，借用时登记，交回或报废时注销。

一次转销法是在领用低值易耗品时，根据低值易耗品领用单将其全部价值一次转入有关成本费用科目。机械施工单位领用一次报耗的工具用具等，应记入"机械作业"科目；施工单位领用一次报耗的工具用具，应记入"工程施工"科目；辅助生产部门领用一次报耗的低值易耗品，应记入"辅助生产"科目。

报废时，将报废低值易耗品的残料价值冲减有关成本费用，按残料价值借记"原材料"等科目，贷记"工程施工"等科目。

如果对相关低值易耗品计提了存货跌价准备，还应结转已计提的存货跌价准备，冲减相关资产的成本或当期损益。

施工项目部应该按照企业的统一规定，对低值易耗品进行摊销。施工企业可以根据实际经营情况，选择低值易耗品的摊销方法。

【例 4-13】 某建筑公司湖南项目部本月领用一次摊销的工作服、手套等劳保用品一批，其实际成本为 30 000 元，其中：施工生产部门领用 20 000 元，机械队领用 3 000 元，辅助生产部门领用 4 000 元，施工项目管理部门领用 3 000 元。其账务处理如下：

借：工程施工——合同成本   20 000

——间接费用   3 000

机械作业   3 000

辅助生产   4 000

贷：低值易耗品   30 000

对于在用的低值易耗品，企业应加强实物管理，防止丢失。为了考核使用中低值易耗品的节约情况，对各个部门、班组或个人，可以分别设置低值易耗品领用表，以记录低值易耗品的领用和报废情况。如果低值易耗品已经发生毁损、遗失等，不能再继续使用的，应将其账面价值全部转入当期成本、费用。

分次摊销法是在低值易耗品使用期间，按照其预计使用寿命分次摊销其全部价值（扣除回收的残料价值）并注销其总成本的方法。对于采用分次摊销法的低值易耗品，应该设置"在库低值易耗品"、"在用低值易耗品"和"低值易耗品摊销"三个明细科目。其中，"在库低值易耗品"明细科目用来核算企业库存低值易耗品的实际成本，其明细核算与库存材料相同；"在用低值易耗品"明细科目用来核算企业领用低值易耗品的实际成本，应按各使用部门设置明细账，进行明细分类核算；"低值易耗品摊销"明细科目用来核算企业在用低值易耗品计提摊销额的增减变动情况。分次摊销的低值易耗品，在领用时，应将其实际成本从"在库低值易耗品"明细科目的贷方转入"在用低值易耗品"明细科目的借方；在每次计提摊销额时，按摊销额记入"低值易耗品摊销"明细科目的贷方；在报废时，将报废低值易耗品的实际成本记入"在用低值易耗品"明细科目的贷方，并将其实际成本记入"低值易耗品摊销"明细科目的借方。

低值易耗品报废时，应由使用部门及时填制低值易耗品报废单。财会部门应根据报废单进行检查核对，并计算报废低值易耗品的已提摊销额和应补提的摊销额。补提摊销额时，应借记"工程施工"、"机械作业"等科目，贷记"低值易耗品——低值易耗品摊销"科目；然后，按照报废低值易耗品的已提摊销额（包括补提的摊销额），借记"低值易耗品——低值易耗品摊销"科目，按报废低值易耗品的实际成本，贷记"低值易耗品——在用低值易耗品"科目。按验收入库的残料价值，借记"原材料"科目，贷记"工程施工"、"机械作业"等科目。

购入、自制、委托外单位加工完成并已验收入库的低值易耗品以及低值易耗品的清查盘点等的核算方法，与原材料的核算方法相同，此处不再赘述。

对于在用的低值易耗品，企业内部各使用部门应按不同类别分别设置在用低值易耗品明细账，对其所记录的数量和金额，应定期与本部门低值易耗品的实有数核对相符，并与财会部门的账面金额核对相符。

《存货》准则应用指南中曾经规定，建造承包商应采用一次摊销法、分次摊销法或五五摊销法对周转材料进行摊销；企业应采用一次摊销法、五五摊销法对低值易耗品进行摊销。五五摊销法是指在领用时先摊销周转材料实际成本的 50%，报废时再摊销其余值的 50%。

【例 4-14】　2012 年 5 月，某建筑公司所属上海项目部领用木模板 100立方米，每立方米模板实际成本为 308 元。6 月末工程竣工，盘点现场时，该批模板报废转作一般材料，估计价值 2 000 元。按五五摊销法进行核算，相关会计处理如下：

5 月份领用模板的实际成本＝308×100＝30 800（元）
5 月份模板摊销额＝30 800×50％＝15 400（元）
6 月份报废模板摊销额＝30 800×50％＝15 400（元）

（1）5 月份领用模板时，作账务处理如下：

借：周转材料——在用周转材料 30 800
　贷：周转材料——在库周转材料 30 800

（2）5 月份模板摊销额计入工程成本时，作账务处理如下：

借：工程施工——合同成本 15 400
　贷：周转材料——周转材料摊销 15 400

（3）6 月份报废模板摊销额计入工程成本时，作账务处理如下：

借：工程施工——合同成本 15 400
　贷：周转材料——周转材料摊销 15 400

将报废周转材料的残料价值作为原材料入库时，作账务处理如下：

借：原材料 2 000
　贷：工程施工——合同成本 2 000

（4）6 月末将报废模板摊销额注销时，作账务处理如下：

借：周转材料——周转材料摊销 30 800
　贷：周转材料——在用周转材料 30 800

在后续修订中，财政部取消了五五摊销法，规定对于符合存货定义和确认条件且金额较小的周转材料（含低值易耗品、包装物），可以在领用时一次计入成本费用；对于符合存货定义和确认条件且金额较大的周转材料（含低值易耗品、包装物），按照使用次数分次计入成本费用。同时，要求使用期间在 1 年以上，符合固定资产定义的周转材料（包括低值易耗品、包装物），应当作为固定资产进行核算和管理；不符合固定资产定义的周转材料（包括低值易耗品、包装物），应当作为存货进行核算和管理。

五、材料物资的其他收发业务

（一）发包单位转账拨入材料物资的核算

施工企业承包工程所需的主要建筑材料，如钢材、木材、水泥等，有一部分是由发包单位（包括建设单位和总包单位）提供的。发包单位将自行采购的材料物资以转账方式拨给施工企业用于工程建设，主要是抵作预付给施工企业的备料款或工程价款。施工企业对于发包单位转账拨入抵作备料款或工程价款的材料物资，一般应按合同约定的价款来结算。

施工项目部收到发包单位转账拨入的材料物资时，应填制发包单位供料收料单，据以办理结算手续。该收料单一般应一式多联：一联由收料单位验收签章后，交发包单位经办人到企业财会部门或供应部门划价，然后带回，作为材料已送交的证明和结算凭证；一联送交项目部财会人员，作为与发包单位办理结算的依据；一联由收料单位留存，作为收料和登记材料保管明细账的依据。

施工项目部收到发包单位转账拨入的材料物资时，应按结算价格借记"在途物资"科目，贷记"预收账款"科目；材料物资验收入库后，应按其成本借记"原材料"科目，贷记"在途物资"科目。

【例 4-15】　某公司佳美项目部收到建设单位转账拨入的圆钢 100 吨，抵作预付备料款，其结算价格为 40 万元。作账务处理如下：

借：在途物资——黑色金属　　　　　　　　　　　　　　　　400 000
　贷：预收账款——预收工程款（佳美项目部）　　　　　　　400 000

上项圆钢已验收入库，作账务处理如下：

借：原材料——主要材料（圆钢）　　　　　　　　　　　　400 000
　贷：在途物资——黑色金属　　　　　　　　　　　　　　400 000

（二）对外销售材料物资的核算

施工项目部应将多余或不需用的材料物资及时对外销售，以避免积压资金，加速资金周转。施工项目对外销售材料物资时，应按已收或应收的价款，借记"银行存款"、"应收账款"等科目，按实现的营业收入，贷记"其他业务收入"科目；月末结转对外销售材料物资的实际成本时，应借记"其他业务成本"科目，贷记"原材料"等科目。

【例 4-16】　企业将积压的一批原木对外销售，售价为 10 000 元，成本为 8 000 元，价款已收到并存入银行。根据开户银行的收款通知，作账务处理如下：

借：银行存款　　　　　　　　　　　　　　　　　　　　　10 300
　贷：其他业务收入　　　　　　　　　　　　　　　　　　　10 000
　　应交税费——应交增值税　　　　　　　　　　　　　　　　300

月末，结转对外销售原木的实际成本 8 000 元。根据领料单，作账务处理如下：

借：其他业务成本   8 000

    贷：原材料——主要材料（原木）   8 000

第四节

材料物资的清查盘点与期末计量

一、材料物资的清查盘点

（一）常用的盘存方法

施工项目材料物资计价是否正确，取决于其数量的确定是否准确及其计价方法的选择是否得当。材料物资的数量要靠盘存来确定，常用的盘存方法有定期盘存法和永续盘存法。

1. 定期盘存法

定期盘存法（或定期盘存制）也称为实地盘存法（或实地盘存制），是指会计期末通过对全部材料物资进行实地盘点确定期末材料物资的数量，再乘以各项材料物资的单价，计算出期末材料物资的成本，并据以计算出已耗用材料物资成本的一种存货盘存方法。

采用这一盘存方法时，平时只记录材料物资购进的数量和金额，不记发出的数量，利用盘点确定材料物资的实际结存数量，并据以计算出期末材料物资的成本和当期耗用或已销材料物资的成本。这一方法通常也称为"以存计耗"。定期盘存法所依据的基本等式如下：

$$\text{本期耗用材料物资成本} = \text{期初材料物资成本} + \text{本期增加材料物资成本} - \text{期末材料物资成本}$$

上式中，期初材料物资成本和本期增加材料物资成本可从账簿记录中取得，期末材料物资成本可通过实地盘存确定，由此便可计算出本期耗用材料物资成本。

2. 永续盘存法

永续盘存法（或永续盘存制）也称为账面盘存法（或账面盘存制），是指通过设置详细的材料物资明细账，逐笔或逐日地记录材料物资收入、发出的数量和金额，以随时结出结余材料物资的数量和金额的一种材料物资盘存方法。

采用这一材料物资盘存方法时，要求对施工项目部的材料物资分别品名、规格等设置明细账，逐日逐笔地登记收入、发出材料物资的数量和金额，并结出期末材料物资的数量和金额。采用这一方法时，为了核对材料物资账面记录，加强对材料物资的管理，施工项目部应视具体情况对其材料物资进行不定期的盘存，但每年至少应对材料物资进行一次全面盘点。

企业可根据材料物资类别和具体的管理要求，对不同材料物资采取不同的盘存方法，不论采用何种方法，应注意保持前后期一致。

（二）清查盘点的会计处理

材料物资清查通常采用实地盘点的方法，即通过盘点确定各种材料物资的实际库存数，并与账面结存数相核对。盘点结果如出现账实不符，应于期末前查明原因，并根据企业的管理权限，经股东大会、董事会，或经理（厂长）会议等类似机构批准后，在期末结账前处理完毕。

在盘点材料物资时，材料物资的保管人员必须在场。由清查人员协同材料物资保管人员在现场对材料物资采用相应的清查方法进行盘点，确定其实有数量，并同时检查其质量情况。盘点时，盘点人员要做好盘点记录；盘点结束，盘点人员应根据材料物资的盘点记录，编制盘存表，并由盘点人员、财产物资的保管人员及有关责任人签名盖章，以明确经济责任。同时，应根据有关账簿资料和盘存表资料填制实存账存对比表，它是一个重要的原始凭证，据以检查账实是否相符，并根据对比结果调整账簿记录，分析差异原因，做出相应的处理。财产物资盘存表和实存账存对比表的一般格式见表4-12 和表 4-13。

表 4-12   盘存表

单位名称：甲项目部   盘点时间：2012 年 12 月 31 日
财产类别：钢材   存放地点：A 库   编号：0719   金额单位：元

编号	名称	规格和型号	计量单位	数量	单价	金额	备注
005	圆钢	φ10	吨	6	3 600	21 600	

盘点人：（签章）   保管人：（签章）

表 4-13　　　　　　　　　　　　实存账存对比表

单位名称：乙项目部　　　　　　　　2012 年 12 月 31 日　　　　　　　金额单位：元

编号	名称及类别	计量单位	单价	实存		账存		对比结果				备注
								盘盈		盘亏		
				数量	金额	数量	金额	数量	金额	数量	金额	
240	角钢	吨	120	10	1 200	8	960			2	240	

盘点人签章：　　　　　　　　　　　　　　　会计签章：

1. 材料物资盘盈

发生盘盈的材料物资，经查明是由于收发计量或核算上的误差等原因造成的，应及时办理材料物资入账的手续，调整材料物资账的实存数，按盘盈材料物资同类或类似存货的市场价格，作为实际成本记入"待处理财产损溢——待处理流动资产损溢"科目，期末再冲减管理费用。

【例 4-17】　哈尔滨某建筑公司绥东项目部在期末进行材料物资清查时，发现原材料盘盈 1 400 元。经查，盘盈材料是由于收发时的计量误差所致，经有关部门批准后冲销管理费用。

（1）批准前，账务处理如下：

借：原材料　　　　　　　　　　　　　　　　　　　　　　　1 400

　　贷：待处理财产损溢——待处理流动资产损溢　　　　　　　　　1 400

（2）批准后，账务处理如下：

借：待处理财产损溢——待处理流动资产损溢　　　　　　　　　1 400

　　贷：管理费用　　　　　　　　　　　　　　　　　　　　　　1 400

2. 材料物资盘亏和毁损

发生盘亏和毁损的材料物资，应按其成本转入"待处理财产损溢——待处理流动资产损溢"科目。期末，再根据造成盘亏和毁损的原因，分别以下情况进行处理：

（1）属于自然损耗产生的定额内损耗，计入管理费用；

（2）属于计量收发差错和管理不善等原因造成的材料物资短缺或毁损，应先扣除残料价值、可以收回的过失人或保险公司的赔款后，将净损失计入管理费用；

（3）属于自然灾害或意外事故等非常原因造成的材料物资短缺或毁损，应先扣除残料价值、可以收回的过失人或保险公司的赔款后，将净损失计入营业外支出。

【例4-18】 长沙某建筑公司东莞项目部根据发生的有关材料物资盘亏和毁损的经济业务，作账务处理如下：

（1）盘亏A材料，实际成本为400元，原因待查。

借：待处理财产损溢——待处理流动资产损溢 400
　　贷：原材料 400

（2）查明原因，盘亏A材料是定额内合理损耗，批准作为管理费用列支。

借：管理费用 400
　　贷：待处理财产损溢——待处理流动资产损溢 400

（3）因发生水灾，对财产进行清查盘点。其中，材料毁损额按实际成本计算为5 000元。

借：待处理财产损溢——待处理流动资产损溢 5 000
　　贷：原材料 5 000

（4）水灾造成的损失已经作出处理决定，由保险公司赔偿4 300元，其余由企业负担。

借：其他应收款 4 300
　　营业外支出 700
　　贷：待处理财产损溢——待处理流动资产损溢 5 000

盘盈或盘亏的材料物资，如在期末结账前尚未处理的，应在对外提供财务会计报告时先按上述规定进行处理，并在会计报表附注中作出说明。如果其后批准处理的金额与已处理的金额不一致，应按其差额调整会计报表相关项目的年初数。

二、材料物资的期末计量

资产负债表日，材料物资作为存货，应当按照成本与可变现净值孰低原则计量。

当存货成本低于可变现净值时，存货按成本计量；当存货成本高于可变现净值时，存货按可变现净值计量，同时按照成本高于可变现净值的差额计提存货跌价准备，计入当期损益。

成本与可变现净值孰低计量的理论基础主要是使存货符合资产的定义。

当存货的可变现净值下跌至成本以下时，表明该存货会给企业带来的未来经济利益低于其账面成本，因而应将这部分损失从资产价值中扣除，计入当期损益。否则，存货的可变现净值低于成本时，如果仍然以其成本计量，就会出现虚计资产的现象。

施工企业在执行建造合同准则时，如果预计合同总成本超过预计合同总收入，企业应当计提合同预计损失准备，并将预计损失立即确认为当期费用。合同预计损失准备属于存货跌价准备，也在"存货跌价准备"科目中核算。

第五章

固定资产

固定资产概述

一、固定资产的确认

（一）固定资产的概念

根据《企业会计准则》的定义，固定资产是企业为生产商品、提供劳务、出租或经营管理而持有的使用寿命超过一个会计年度的有形资产。从固定资产的定义看，固定资产具有以下三个特征：（1）为生产商品、提供劳务、出租或经营管理而持有。企业持有固定资产的目的是为了生产商品、提供劳务、出租或经营管理，即企业持有的固定资产是企业的劳动工具或手段而不是用于出售的产品。其中，"出租"的固定资产，是指企业以经营租赁方式出租的机器设备类固定资产，不包括以经营租赁方式出租的建筑物，后者属于企业的投资性房地产，不属于固定资产。（2）使用寿命超过一个会计年度。固定资产的使用寿命，是指企业使用固定资产的预计期间，或者该固定资产所能生产产品或提供劳务的数量。通常情况下，固定资产的使用寿命是指使用固定资产的预计期间，如自用房屋建筑物的使用寿命表现为企业对该建筑物的预计使用年限。对于某些机器设备或运输设备等固定资产，其使用寿命表现为该固定资产所能生产产品或提供劳务的数量，如汽车或飞机等，按其预计行驶或飞行里程估计使用寿命。固定资产使用寿命超过一个会计年度，意味着固定资产属于非流动资产，随着使用和磨损，通过计提折旧的方式逐渐减少账面价值。（3）固定资产是有形资产。固定资产具有实物特征，这一特征将固定资产与无形资产区别开来。有些无形资产可能同时符合固定资产的其他特征，如无形资产是为生产商品、提供劳务而持有，使用寿命超过一个会计年度，但是，由于其没有实物形态，所以不属于固定资产。

固定资产是施工企业在施工生产过程中用来改变或影响劳动对象的主要劳动资料，其数量和质量在一定程度上反映了企业施工生产经营规模的大小和技术装备水平的高低，对企业施工生产经营活动的发展具有十分重要的作用。在施工企业中，由于各种固定资产在性能上存在差异，因而在施工生产过程中的作用也有所不同。有些固定资产直接参与企业的施工生产过程，起着把劳动者的劳动传导到劳动对象上的作用，如施工机械、运输设备和生产工具等；有些固定资产在企业的施工生产过程中起着辅助的作用，如施工企业的附属企业和辅助生产部门所使用的机器设备、工具、器具等；有些固定资产则作为企业从事施工生产经营活动的必要物质条件而存在，如房屋、建筑物等。一般情况下，在施工企业的全部劳动资料中起决定性作用的固定资产是施工机械、运输设备和生产工具。

（二）固定资产的确认

在实际工作中，由于经济生活的复杂性，不同企业对固定资产标准的规定有时差异很大，即使在同一企业，那些被称作固定资产的物品也未必都符合固定资产的一般标准。有些劳动资料，单位价值虽然低于规定标准，但属于企业的主要劳动资料，也应列作固定资产；有些劳动资料，单位价值虽然超过规定标准，但更换频繁、容易破损，也可以不列作固定资产。《企业会计准则》没有规定固定资产具体的价值判断标准，是因为不同行业的企业及同行业的不同企业，其经营方式、经营内容、资产规模及管理方式往往存在较大差别，强制所有企业执行同样的固定资产价值判断标准，既不符合实际情况，也不利于真实地反映企业固定资产的信息。企业可根据会计准则的要求，结合自己的具体情况，制定适合的固定资产目录、分类方法、每类或每项固定资产的预计使用寿命、预计净残值、折旧方法等，作为固定资产核算的依据。

资产在符合固定资产定义的前提下，应当同时满足以下两个条件，才能确认为企业的固定资产。

（1）与该固定资产有关的经济利益很可能流入企业。资产最重要的特征是预期会给企业带来经济利益。企业在确认固定资产时，需要判断与该项固定资产有关的经济利益是否很可能流入企业。如果与该项固定资产有关的经济利益很可能流入企业，并同时满足固定资产确认的其他条件，那么，企业应将其确认为固定资产；否则，不应将其确认为固定资产。

（2）该固定资产的成本能够可靠地计量。成本能够可靠地计量是资产确认的一项基本条件。企业在确定固定资产成本时必须取得确凿证据，但是，有时需要根据所获得的最新资料，对固定资产的成本进行合理的估计。例如，企业对于已达到预定可使用状态但尚未办理竣工决算的固定资产，需要根据工程预算、工程造价或者工程实际发生的成本等资料，按估计价值确定其成本，办理竣工决算后，再按照实际成本调整原来的暂估价值。

固定资产的各组成部分，如果各自具有不同使用寿命或者以不同方式为企业提供经济利益，从而适用不同折旧率或折旧方法的，该各组成部分实际上是以独立的方式为企业提供经济利益，企业应当分别将各组成部分确认为单项固定资产。施工企业所持有的模板、挡板、架料等周转材料，尽管具有固定资产的某些特征，如使用期限超过一年、能够带来经济利益，但由于数量多、单价低，考虑成本效益原则，在实务中，通常确认为存货。企业应当根据实际情况，分别对其进行管理和核算。

二、固定资产的分类与管理

（一）固定资产的分类

施工项目常用的固定资产种类繁多、规格不一，为加强管理，便于组织会计核算，企业有必要对其进行合理的分类。根据不同的管理需要和核算要求以及不同的分类标准，可以对施工项目的固定资产进行不同分类，如按固定资产的来源及去向分类，可分为外购固定资产、上级调入固定资产、经营租出固定资产、融资租入固定资产等。施工企业可以根据《企业会计准则》的规定，结合自己的具体情况，对施工项目常用固定资产作如下分类，并按照此分类方法进行明细核算。

1. 施工机械

施工机械包括起重机械，挖掘机械，土方铲运机械，凿岩机械，基础及凿井机械，筑路机械，架梁机械，铺轨、铺砟、整道机械，钢筋混凝土机械，盾构等用于施工的各种机械。

2. 运输设备

运输设备包括载货汽车、自卸汽车、牵引汽车、轨道车、拖车、客车、轿车、吉普车等各种用于运输的设备和工具。

3. 生产设备

生产设备包括木工加工设备、金属切削设备、段压设备、焊接及切割设备、铸造及热处理设备、动力设备、传导设备等用于加工、维修等各种生产设备。

4. 测量及试验设备

测量及试验设备包括试验机、测量仪器、计量仪器、测绘仪器等用于测量及试验的设备。

5. 临时设施

办公用房、厂房、库房、构筑物、停车场、道路、水塔、储油罐及围墙等，与房屋不可分割的各种附属设备，如水、暖、电、通风、电梯等设备。

6. 其他固定资产

其他固定资产是指不属于以上各类的固定资产，包括各类计算机、电子设备、复印机、打印机、打字机、扫描仪、办公家具、消防用具、炊事用具、医疗器具等。

（二）固定资产的使用与维护控制

施工企业应根据国家及建筑业有关要求和自身经营管理的需要，确定固定资产分类标准和管理要求，并制定和实施固定资产目录制度。结合企业实际，确定计提折旧的固定资产范围、折旧方法、折旧年限、净残值率等折旧政策，并制定和实施固定资产目录制度。施工项目部应加强机械设备及其他固定资产的日常管理工作，授权具体部门或人员负责固定资产的日常使用与维修管理，保证固定资产的安全与完整。项目部还应当按照企业的统一要求建立固定资产的维修、保养制度，保证固定资产的正常运行，提高固定资产的使用效率。

企业或施工项目部应以每一单项固定资产（如每件管理用具、每辆消防车等）作为一个独立登记对象，建立固定资产卡片。固定资产卡片应按固定资产的类别和保管、使用单位顺序排列，妥善保管。在每一张卡片中，应记载该项固定资产的编号、名称、规格、技术特征、技术资料编号、附属物、使用单位、所在地点、购建年份、开始使用日期、中间停用日期、原价、预计使用年限、购建的资金来源、折旧率、大修理次数和日期、转移调拨情况、报废清理情况等详细资料。按工作时间计提折旧的大型设备、按行驶里程计提折旧的车辆，还应定期登记其实际工作时间、实际行驶里程。固定资产卡片一般应一式三份，由固定资产管理部门、使用单位和财会部门各保管一份。

企业或施工项目部应当定期对所使用的固定资产进行盘点。盘点前，应当保证固定资产管理部门、使用部门和财会部门进行固定资产账簿记录的核对，保证账账相符。企业或项目部应组成固定资产盘点小组对项目部所使用的固定资产进行盘点，根据盘点结果填写固定资产盘点表，并与账簿记录核对，固定资产盘盈、盘亏的，应编制固定资产盘盈、盘亏表。固定资产发生盘亏，应由固定资产使用部门和管理部门逐笔查明原因，共同编制盘盈、盘亏处理意见，经企业授权部门或人员批准后由财会部门及时调整有关账簿记录，使其反映固定资产的实际情况。通常，施工企业对固定资产进行分级管理，例如，大型、关键的固定资产由公司总部核算与管理；项目部管理小金额的、对经营不会产生太大影响的辅助设备，但此类设备的核算与管理必须遵循公司规定的固定资产核算原则，由公司总部对其进行监督。

第二节
固定资产的取得

按照《企业会计准则》的规定，企业取得的固定资产应当按照成本进行初始计量。成本包括企业为购建某项固定资产达到预定可使用状态前所发生的一切合理的、必要的支出。施工项目涉及的作为固定资产核算的机械设备，按其来源不同分为：外购的机械设备、自行建造的机械设备、调拨转入的机械设备、融资租入的机械设备、盘盈的机械设备等；施工项目涉及的作为固定资产核算的临时设施主要是房屋建筑物及其附属设备。施工项目部应分别不同来源进行会计处理。

一、外购机械设备的核算

施工项目部购入不需要安装的机械设备，交付使用时，应由固定资产管理部门根据发票账单等原始凭证，及时填制固定资产验收交接单，并经固定资产管理部门、财会部门和使用单位共同验收实物后签证，办理验收交接手续。在固定资产验收交接单上，应详细填列购入固定资产的名称、规格、型号、数量、原价、已提折旧、预计使用年限等资料。固定资产验收交接单应填制一式多联，其中一联由固定资产管理部门留存；一联交使用单位备查；一联交财会部门作为记账的依据。财会部门应按购入时实际支付的买价、包装费、运输费、保险费、专业人员服务费及缴纳的有关税金等，借记"固定资产"科目，贷记"银行存款"、"其他应付款"等科目。

【例 5-1】　某建筑公司龙城项目部购入一台不需要安装的设备，取得的增值税专用发票上注明的设备价款为 100 000 元，增值税进项税额为 17 000 元，发生运输费 2 000 元，款项全部付清。假定不考虑其他相关税费。账务处理如下：

$$龙城项目部购置设备的成本 = 100\,000 + 17\,000 + 2\,000$$
$$= 119\,000（元）$$

借：固定资产　　　　　　　　　　　　　　　　　　　119 000
　　贷：银行存款　　　　　　　　　　　　　　　　　　119 000

施工项目部购入需要安装的机械设备，购入机械设备支付的买价、包装费、运输费以及发生的安装调试费等均应通过"在建工程"科目核算。待安装完毕达到预定可使用状态时，再由"在建工程"科目转入"固定资产"科目。

（1）购入机械设备时，按实际支付的价款（包括买价、包装费、运输费、保险费、缴纳的有关税金等），借记"在建工程"科目，贷记"银行存款"科目。

（2）发生安装调试等费用时，借记"在建工程"科目，贷记"银行存款"科目。

（3）安装完成达到预定可使用状态时，按其实际成本（包括买价、税金、包装费、运输费、保险费和安装调试费等）作为固定资产的原价转账，借记"固定资产"科目，贷记"在建工程"科目。

【例 5-2】　某建筑公司龙城项目部购入一台需安装的设备，取得的增值税专用发票上注明的设备买价为 60 000 元，增值税额为 10 200 元，支付运输费 2 000 元。安装设备时，领用材料 2 000 元，购进该批原材料时支付的增值税进项税额为 340 元，支付安装工人工资 3 000 元。

（1）支付设备价款、税金、运输费合计 72 200 元，作账务处理如下：
借：在建工程　　　　　　　　　　　　　　　　　　　72 200
　　贷：银行存款　　　　　　　　　　　　　　　　　　72 200

（2）领用安装材料、支付工资等，作账务处理如下：

借：在建工程 5 340

贷：原材料 2 340

应付职工薪酬 3 000

（3）设备安装完毕达到预定可使用状态，确定固定资产的成本，作账务处理如下：

龙城项目部购置该设备的成本＝72 200＋5 340＝77 540（元）

借：固定资产 77 540

贷：在建工程 77 540

二、自行建造机械设备的核算

施工项目部可根据生产经营的特殊需要，利用自有的人力、物力条件自行生产安装机械设备，包括各种设施以及大型机器设备的安装工程等，也包括机械设备的改造、大修理工程等。自行建造机械设备可以通过自营工程或发包工程的方式进行。

（一）自行建造机械设备入账价值的确定

企业自行建造的机械设备，应按建造过程中发生的全部支出（包括所消耗的材料、人工、其他费用和缴纳的有关税金等）确定其价值。

（1）购入为工程准备的各种物资，应按实际支付的买价、增值税额、运输费、保险费等相关费用，作为实际成本，并按各种物资的种类在"工程物资"科目进行明细核算。工程完工后剩余的物资，如转作本企业原材料的，按其实际成本，转作企业的原材料。盘盈、盘亏、报废、毁损的工程物资，减去保险公司、过失人赔偿部分后的差额，工程项目尚未完工的，计入或冲减所建工程项目的成本；工程已经完工的，计入当期营业外收支。

（2）设备安装成本，按所安装设备的价值、工程安装费用、工程试运转等所发生的支出计价。

工程达到预定可使用状态前，因进行试运转所发生的净支出，计入工程成本；在建工程项目在达到预定可使用状态前，所取得的试运转过程中形成的、能够对外销售的产品，其发生的成本，计入在建工程成本，销售或转为库存商品时，按实际销售收入或按预计售价冲减工程成本。

在建工程发生单项或单位工程报废或毁损，减去残料价值和过失人或保险公司赔款后的净损失，报经批准后计入继续施工的工程成本；如为非常原因造成的报废或毁损，或在建工程项目全部报废或毁损，应将其净损失直接计入当期营业外支出。

所建造的机械设备已达到固定资产预定可使用状态，但尚未办理决算的，应自达到预定可使用状态之日起，根据工程预算、造价或工程实际成本等，按估计的价值转入固定资产，并按有关规定，计提固定资产的折旧。待办理竣工决算手续后，再按照实际成本调整原来的暂估价值，但不再调整原已计提的折旧额。

（二）自行建造机械设备的核算

1. 通过自营工程方式建造的机械设备的核算

施工项目部使用"工程物资"科目核算企业为改造或安装工程准备的各种物资的实际成本，包括为工程准备的材料、尚未交付安装设备的实际成本，以及为生产准备的工具及器具等的实际成本。

企业购入为工程准备的物资，按实际成本和专用发票上注明的增值税税额，借记"工程物资——专用材料"等科目，贷记"银行存款"、"应付账款"、"应付票据"等科目。

自营工程领用工程用材料物资时，按实际成本，借记"在建工程"等科目，贷记"工程物资"等科目；自营工程领用本企业的产品（如自制结构件）时，按产品的实际成本入账，借记"在建工程"等科目，贷记"库存商品"等科目；自营工程应负担的职工薪酬，借记"在建工程"等科目，贷记"应付职工薪酬"科目；辅助生产部门为工程提供的水、电、设备安装、修理、运输等劳务，按月根据实际成本，借记"在建工程"等科目，贷记"辅助生产"科目。

工程物资在建设期间发生的盘亏、报废及毁损，其处置损失报经批准后，借记"在建工程"科目，贷记"工程物资"科目；盘盈的工程物资或处置收益，借记"工程物资"科目，贷记"在建工程"科目。

在建工程达到预定可使用状态前进行负荷联合试车发生的费用，借记"在建工程"科目，贷记"银行存款"、"库存商品"等科目；获得的试车收入或按预计售价将能对外出售的产品转为库存商品的，借记"银行存款"、"库存商品"等科目，贷记"在建工程"科目。

建造工程完工后应进行清理，已领出的剩余材料应办理退库手续，借记

"工程物资"科目，贷记"在建工程"科目。

建造工程完工交付使用时，应计算各项交付使用固定资产的成本，并编制交付使用固定资产明细表，借记"固定资产"科目，贷记"在建工程"等科目。

2. 通过出包工程方式建造的机械设备的核算

采用出包方式进行的自建活动，其工程的具体支出在承包单位核算。在这种方式下，"在建工程"科目实际成为企业与承包单位的结算科目，将与承包单位结算的工程价款作为工程成本，在"在建工程"科目核算。将需要安装的设备交付承包单位时，按设备的成本，借记"在建工程"科目，贷记"工程物资"科目。

工程完工收到承包单位账单，与承包单位办理工程价款结算时，借记"在建工程"等科目，贷记"银行存款"、"应付账款"等科目。

工程完工达到预定可使用状态时，按实际发生的全部支出，借记"固定资产"科目，贷记"在建工程"等科目。

【例 5-3】 某公司武威项目部将一部龙门塔吊的安装工程出包给盛大建设公司承建，按规定先向承包单位交付相关设备、物资，账面价值为200 000元。工程完工后，收到承包单位的有关工程结算单据，付安装工程款86 000 元。工程完工经验收后交付使用。

(1) 交付设备物资，按照账面价值，作如下账务处理：

借：在建工程   200 000

  贷：工程物资   200 000

(2) 付安装工程款，作如下账务处理：

借：在建工程   86 000

  贷：银行存款   86 000

(3) 工程交付使用，作如下账务处理：

借：固定资产   286 000

  贷：在建工程   286 000

完工交付使用时，应由基建安装部门填制交付使用资产清册，并由基建部门、机械设备固定资产管理部门、财会部门和使用单位的有关人员共同验收后签证，办理验收交接手续。交付使用资产清册应填制一式多份，基建部门、固定资产管理部门和使用单位各留存一份，一份交财会部门作为记账的依据。

三、调拨转入机械设备的核算

施工项目部从公司总部调拨转入的机械设备，应由机械设备管理部门根据调出单位出具的固定资产调拨单以及其他有关原始凭证，填制固定资产验收交接单，办理验收交接手续，并将其中一联交财会部门作为记账的依据。施工项目部按调出单位的账面价值加上新的安装成本、包装费、运杂费等，作为调入固定资产的入账价值。

（1）调入不需要安装的机械设备。按调入机械设备的原账面价值以及发生的包装费、运杂费等，借记"固定资产"科目，按调入固定资产的原账面价值，贷记"上级拨入资金"科目（也有记入"内部往来"或"其他应付款"科目，作为上下级暂收暂付款的），按所发生的支出，贷记"银行存款"科目。

（2）调入需安装的机械设备。调入机械设备时，按调入机械设备的原账面价值以及发生的包装费、运杂费等，借记"在建工程"科目，按调入固定资产的原账面价值，贷记"上级拨入资金"科目（也有记入"内部往来"或"其他应付款"科目，作为上下级暂收暂付款的），发生的支出，贷记"银行存款"等科目；发生安装费用时，借记"在建工程"等科目，贷记"银行存款"、"应付职工薪酬等"科目；工程达到预定可使用状态时，按工程的实际成本，借记"固定资产"科目，贷记"在建工程"科目。

【例5-4】 某公司西宁项目部从公司总部调入一台大型设备，原价150 000元，已提折旧30 000元。调入过程中发生费用5 000元，设备安装过程发生安装费3 000元，支付工资费用等4 000元。设备安装完工交付使用。

（1）设备调入，并支付运输费等，作如下账务处理：

借：在建工程	125 000
贷：上级拨入资金	120 000
银行存款	5 000

（2）发生安装费用，作如下账务处理：

借：在建工程	7 000
贷：银行存款	3 000
应付职工薪酬	4 000

（3）安装完工交付使用，作如下账务处理：

借：固定资产	132 000
贷：在建工程	132 000

四、融资租入机械设备的核算

施工项目部在租赁开始日，按应计入固定资产成本的金额（租赁开始日租赁资产公允价值与最低租赁付款额现值两者中较低者，加上初始直接费用），借记"固定资产"或"在建工程"科目；按最低租赁付款额，贷记"长期应付款"科目；按发生的初始直接费用，贷记"银行存款"等科目；按其差额，借记"未确认融资费用"科目。租赁期届满，企业取得该项固定资产所有权的，应将该项固定资产从"融资租入固定资产"明细科目转入有关明细科目。

五、临时设施搭建的核算

（一）临时设施的构成

临时设施是指施工项目部为保证施工生产和管理工作的正常进行，而在施工现场建造的生产和生活用的各种临时性简易设施，如房屋、建筑物和其他设施等。施工项目部在施工现场搭建临时设施，是由建筑安装工程位置的固定性和施工生产过程的流动性所引起的，是随着企业承担的工程任务而转移的。每当施工队伍进入新的施工地点，为了保证施工生产和管理工作的顺利进行，施工企业需要解决职工的吃住、材料物资的储备和施工生产等问题，就必须在施工现场及其附近场地搭建一些生产、生活用的临时房屋、建筑物、构筑物和其他设施。随着工程任务的完成，这些临时设施就失去了原来的作用，需要拆除或作其他处理。按照《企业会计准则》的规定，符合固定资产确认条件的临时设施应该作为固定资产核算与管理。

建筑工地搭建的临时设施，通常可以分为大型临时设施和小型临时设施两类。大型临时设施主要包括：（1）施工人员的临时宿舍；（2）食堂、浴室、医务室等现场临时福利设施；（3）施工单位现场临时办公室；（4）现场各种临时仓库和施工机械设备库；（5）临时道路、塔式起重机路基等；（6）施工过程中应用的临时给水、排水、供电、供热管道（不包括设备）；（7）施工现场的加工厂等临时建筑物。小型临时设施主要包括：（1）现场施工和警卫安全用的小型临时设施，如作业棚、休息棚、茶炉室、宽三米以内的便道；（2）保管器材用的小型临时设施，如简易料棚、工具储藏室等；（3）行政管理用小型临时设施。

施工项目部在施工现场所使用的临时设施一般有两种情况：（1）由建设单位或总包单位提供。边远地区或工期较长的大型工程项目，如水电站工程等，施工所需的临时设施一般由建设单位提供，或由施工企业作为承包工程进行建造，建成后产权归建设单位所有，在施工期间建设单位按工程合同规定借给施工企业施工项目部使用，临时设施的建造费用由建设单位直接支付，并分摊计入建设成本。这种情况下的临时设施，不属于施工企业的临时设施核算范围。（2）由施工企业向建设单位或总包单位收取临时设施包干费，负责搭建施工所需的临时设施。在城市和近郊的一般工程，施工现场所需的临时设施的建造资金，由施工企业根据施工图预算所列的工程直接费和间接费总和，按照各地区规定的临时设施取费率计算，并列入工程预算造价，向建设单位或总包单位收取，用于搭建施工所需的各种临时设施。收取的临时设施费，由施工企业包干使用，超支不补，节约归己。

施工项目部应本着精打细算、节约使用资金的原则，合理搭建各种临时设施，保证施工生产和管理工作的正常进行。对施工现场原有可供利用的各种设施，应尽量加以利用，确需搭建的临时设施，也要根据施工组织设计规划的要求，根据施工期限的长短和施工现场的具体条件，因地制宜、合理安排。

（二）临时设施搭建的核算

临时设施按实际成本入账。自行建造的临时设施，按照建造过程中实际发生的全部支出计量；购入的临时设施，按照实际支付的价款计量。

施工项目部购置、搭建临时设施发生的各项支出，借记"固定资产——临时设施"科目，贷记"银行存款"等科目。对需要通过建筑安装施工活动才能完成的临时设施，其支出应先通过"在建工程"科目核算，于临时设施搭建完成交付使用时，再将其实际成本由"在建工程"科目转入"固定资产——临时设施"科目的借方。

【例5-5】　某建筑公司太原项目部自行搭建仓库，购入为工程准备的各种专用物资200 000元，支付增值税34 000元，实际领用工程物资（含增值税）210 600元；支付工程人员工资50 000元，辅助生产部门提供有关劳务10 000元。工程达到预定可使用状态并交付使用。

（1）购入为工程准备的物资，作如下账务处理：

借：工程物资——专用材料　　　　　　　　　　　　　　234 000

　　贷：银行存款　　　　　　　　　　　　　　　　　　　234 000

（2）工程领用物资，作如下账务处理：

借：在建工程——建筑工程（仓库）　　　　　　　210 600

　　贷：工程物资——专用材料　　　　　　　　　　210 600

（3）支付工程人员工资，作如下账务处理：

借：在建工程——建筑工程（仓库）　　　　　　　50 000

　　贷：应付职工薪酬　　　　　　　　　　　　　　50 000

（4）辅助生产部门提供的劳务，作如下账务处理：

借：在建工程——建筑工程（仓库）　　　　　　　10 000

　　贷：辅助生产　　　　　　　　　　　　　　　　10 000

（5）工程达到预定可使用状态，作如下账务处理：

借：固定资产——临时设施（仓库）　　　　　　　270 600

　　贷：在建工程——建筑工程（仓库）　　　　　　270 600

第三节

固定资产的折旧

一、折旧的基本规定

折旧是指固定资产由于损耗而减少的价值。固定资产损耗分为有形损耗和无形损耗两种。企业的固定资产在长期使用过程中，其价值将随着固定资产的损耗程度，以折旧费项目分期计入生产成本或费用，并通过取得相应的收入而得到补偿。固定资产折旧，即对固定资产由于磨损和损耗而转移到产品成本或构成企业费用的那一部分价值的补偿。

计提固定资产折旧应考虑的因素主要包括：

（1）固定资产原价，指固定资产的成本。

（2）固定资产应计折旧额，指应当计提折旧的固定资产原价扣除其预计净残值后的余额。如果已对固定资产计提减值准备，还应当扣除已计提的固定资产减值准备累计金额。

（3）预计净残值，指假定固定资产预计使用寿命已满并处于使用寿命终了时的预期状态，企业目前从该项资产处置中获得的扣除预计处置费用后的金额。

（4）固定资产减值准备，指已计提的固定资产减值准备累计金额。固定资产计提减值准备后，应当在剩余使用寿命内根据调整后的固定资产账面价值（固定资产账面余额扣减累计折旧和累计减值准备后的金额）和预计净残值，重新计算确定折旧率和折旧额。

（5）固定资产的使用寿命。指企业使用固定资产的预计期间，或者该固定资产所能生产产品或提供劳务的数量。

《企业会计准则》规定，除下列两种情况的固定资产不计提折旧外，其他固定资产均应计提折旧：（1）已提足折旧继续使用的固定资产；（2）按规定单独估价作为固定资产入账的土地。具体计提折旧时，一般应按月提取，适用"下月见"原则，即当月增加的固定资产，当月不提折旧，从下月起提折旧；当月减少的固定资产，当月照提折旧，从下月起不提折旧。已达到预定可使用状态但尚未办理竣工决算的固定资产，应当按照估计价值确定其成本，并计提折旧；待办理竣工决算后，再按实际成本调整原来的暂估价值，但不需要调整原已计提的折旧额。

二、折旧方法的选择

企业应当根据与固定资产有关的经济利益的预期实现方式，合理选择折旧方法。可选用的折旧方法有：年限平均法、工作量法、双倍余额递减法和年数总和法等。

（一）年限平均法

年限平均法是将固定资产的折旧均衡地分摊到各期的一种方法。采用年限平均法计算的每期折旧额均是等额的。其计算公式为：

年折旧率＝(1－预计净残值率)÷预计使用寿命（年）×100%

月折旧率＝年折旧率÷12

月折旧额＝固定资产原价×月折旧率

这种方法的主要优点是计算简便，易于理解和掌握。一般适用于不受季节影响、各期使用程度比较均衡的固定资产，如房屋、建筑物等。但这种方法也存在着明显的不足，主要表现在：

1. 固定资产在不同使用年限为企业所提供的经济效益是不同的

一般而言，固定资产在其使用前期工作效率相对较高，能够为企业带来的经济利益较多，而在其使用后期，工作效率一般呈下降趋势，能够为企业带来的经济利益也就逐渐减少。年限平均法未考虑这一事实，显然是不合理的。

2. 固定资产在不同的使用年限发生的维修费用等也不一样

随着使用时间的推移，固定资产将日益陈旧，所需的修理、保养费用势必逐渐增加，因而固定资产的使用时间越长，企业生产经营过程中所发生的固定资产使用成本（折旧额加修理、保养等费用）就越高，其结果是各年度的固定资产使用成本并不均衡，而年限平均法未考虑这一因素。

3. 年限平均法只考虑时间因素，未考虑固定资产在使用年限内的实际耗用或损耗情况

年限平均法建立在固定资产的服务潜能随其使用时间的推移而等量减少的假设之上，当各期固定资产的负荷程度相同时，各期应分摊相同的折旧费，这时采用年限平均法计提折旧是合理的；但是，如果各期固定资产的负荷程度不同时，采用年限平均法计提折旧则不能反映固定资产的实际使用情况，计提的折旧额与固定资产的损耗程度也不相符。因此，为了弥补年限平均法的缺陷，企业对某些固定资产也可以采用工作量法计提折旧。

（二）工作量法

工作量法是按照固定资产预计完成的工作总量和实际工作量平均计提折旧额的一种方法。工作量法计算公式为：

$$\text{每一工作量折旧额} = \text{固定资产原价} \times \frac{1 - \text{预计净残值率}}{\text{该项固定资产预计完成的总工作量}}$$

$$\text{某项固定资产月折旧额} = \text{该项固定资产当月工作量} \times \text{每一工作量折旧额}$$

这种方法的主要优点是：将固定资产的效能与固定资产的使用程度联系起来，计算的折旧额与固定资产所完成的工作量成正比，而且计算比较简便，易于理解和掌握。但这种方法的不足之处在于对固定资产预计能够完成的总工作量难以估计准确。因此，工作量法一般适用于损耗程度与完成的工作量密切相关或使用不均衡的固定资产，如季节性使用的固定资产等。

（三）双倍余额递减法

双倍余额递减法是常用的加速折旧方法。其特点是：固定资产使用前期提取折旧多，使用后期提取折旧逐年减少，以使固定资产成本在有效使用年限中加快得到补偿。双倍余额递减法是在不考虑固定资产残值的情况下，根据每期期初固定资产账面净值和双倍的直线法折旧率计算固定资产折旧的一种方法。其计算公式为：

年折旧率＝2÷预计使用寿命（年）×100％

年折旧额＝固定资产账面净值×年折旧率

月折旧率＝年折旧率÷12

月折旧额＝固定资产账面净值×月折旧率

由于双倍余额递减法以固定资产账面净值作为折旧基数，而固定资产账面净值是随着折旧的逐年提取而逐步递减的，因此，采用双倍余额递减法计提折旧，使固定资产在使用期限内每年提取的折旧额呈递减趋势，即使用早期多提折旧，而使用后期少提折旧。但必须注意，不能将固定资产的账面净值降低到其预计净残值以下，即历年计提的累计折旧额不应超过该项固定资产原值扣除预计净残值后的余额，也不能出现应提折旧额未提足而使得账面净值大于预计净残值的情况。因此，在应用这种方法计算折旧额时，必须注意不能使固定资产的账面折余价值降低到其预计净残值以下，即实行双倍余额递减法计算折旧的固定资产，应在其折旧年限到期前两年内，将固定资产净值扣除预计净残值后的余额平均摊销。

【例5-6】 北京某建筑公司有一台铲车，原价20 000元，预计使用寿命为5年，预计净残值200元。按双倍余额递减法计提折旧。

双倍直线折旧率＝2÷5×100％＝40％

第一年应计提折旧额＝20 000×40％＝8 000（元）

第二年应计提折旧额＝（20 000－8 000）×40％＝4 800（元）

第三年应计提折旧额＝（20 000－8 000－4 800）×40％
＝2 880（元）

第四、五年的年折旧额＝（20 000－8 000－4 800－2 880－200）÷2
＝2 060（元）

（四）年数总和法

年数总和法是将固定资产的原价减去残值后的净额乘以一个逐年递减的分数计算每年折旧额的方法。这个分数的分子代表固定资产尚可使用的年数，分母代表使用年数的逐年数字总和。其计算公式为：

年折旧率＝尚可使用年限÷预计使用寿命的年数总和

年折旧额＝（固定资产原价－预计净残值）×年折旧率

月折旧率＝年折旧率÷12

月折旧额＝（固定资产原价－预计净残值）×月折旧率

采用年数总和法计提固定资产折旧，各年的折旧基数固定不变，均为固定资产原值减去预计净残值后的余额，而折旧率是一个逐年递减的变数，所以，各年的折旧额呈递减趋势，即使用早期多提折旧，而使用后期少提折旧，但历年计提折旧额的累计数应等于固定资产原值减去预计净残值后的余额。

【例 5-7】 承例 5-6，采用年数总和法计提折旧。

第一年：

年折旧率＝5÷（1＋2＋3＋4＋5）＝1/3

年折旧额＝（20 000－200）×1/3＝6 600（元）

第二年：

年折旧率＝4÷（1＋2＋3＋4＋5）＝4/15

年折旧额＝（20 000－200）×4/15＝5 280（元）

第三年：

年折旧率＝3÷（1＋2＋3＋4＋5）＝1/5

年折旧额＝（20 000－200）×1/5＝3 960（元）

第四年：

年折旧率＝2÷（1＋2＋3＋4＋5）＝2/15

年折旧额＝（20 000－200）×2/15＝2 640（元）

第五年：

年折旧率＝1÷（1＋2＋3＋4＋5）＝1/15

年折旧额＝（20 000－200）×1/15＝1 320（元）

企业应当根据固定资产的性质和消耗方式,合理地确定固定资产的预计使用年限和预计净残值,并根据科技发展、环境及其他因素,选择合理的固定资产折旧方法,按照管理权限,经股东大会或董事会,或经理(厂长)会议等类似机构批准,作为计提折旧的依据。施工项目部按照公司的统一规定,确定项目使用固定资产的折旧方法。

企业的折旧政策要按照法律、行政法规的规定报送有关各方备案,并备置于企业所在地,以供投资者等有关各方查阅。企业已经确定并对外报送,或备置于企业所在地的有关固定资产预计使用年限和预计净残值、折旧方法等,一经确定,不得随意变更,如需变更,仍然应当按照上述程序,经批准后报送有关各方备案,并在会计报表附注中予以说明。

三、折旧的账务处理

在实际工作中,固定资产折旧的计算,一般是由财会部门通过按月编制固定资产折旧计算及分配表来进行的。它是企业财会部门自制的原始凭证,是编制记账凭证和登记账簿的原始依据。

施工项目部计提固定资产折旧时,应根据固定资产的使用地点和用途,记入相关的成本费用科目。施工生产用的工程机械、运输设备,借记"机械作业"科目;辅助生产部门使用的生产设备、临时设施,借记"辅助生产"科目;项目部使用的其他相关机械设备、临时设施,借记"工程施工"等科目,贷记"累计折旧"科目。

有些单位对机械设备进行分级管理,如大型、关键的固定资产由公司总部核算与管理,项目部管理小金额的、对经营不会产生太大影响的辅助设备,但此类设备的核算与管理必须遵循公司规定的固定资产核算原则,公司总部对此类设备的核算与管理进行监督。由公司总部负责核算与管理的机械设备,项目部计提的折旧,要通过"内部往来"等科目,把折旧额转给公司总部,因此这类机械设备的"累计折旧"账户实质上在公司总部。

临时设施在施工生产过程中发挥着劳动资料的作用,其实物形态大多与作为固定资产的永久性房屋、建筑物相类似,但由于其建筑标准较低,一般为临时性或半永久性的建筑物,不具有永久使用的性质,多数在其自然寿命终了前就需要拆除清理,因而它在某些方面又与固定资产有所不同。一般情况下,临时设施采用年限平均法,即按照临时设施的预计使用期限或工程的受益期限计提折旧。工程项目完工后不再继续使用的临时设施的折旧期限一般不应超过该工程项目的工期,即要按耐用期限和工程施工期限中较短者来作为使用期限。

临时设施月折旧额的计算公式如下：

$$临时设施月折旧额＝临时设施原值×\frac{1－预计净残值率}{使用年限（月）}$$

【例5-8】 承例5-5，上述临时仓库预计净残值率为4%，计算每月折旧额。

由于工程施工期限为2年，该仓库价值应在24个月内计提折旧：

月折旧额＝270 600×（1－4%）÷24＝10 824（元）

临时设施的折旧额应分摊计入各有关工程的施工成本。为了简化核算手续，也可与该工地发生的其他间接费用一并进行分配。

施工项目部每月计提的临时设施折旧额，应记入"工程施工——间接费用"科目的借方和"累计折旧——临时设施"科目的贷方。作账务处理如下：

借：工程施工——间接费用   10 824
　　贷：累计折旧——临时设施   10 824

《企业所得税法实施条例》第六十条规定，除国务院财政、税务主管部门另有规定外，房屋、建筑物计算折旧的最低年限为20年。按照企业会计准则规定，临时设施的摊销额应在预计受益期限分期摊入工程成本。一般情况下，建筑安装工程的工期决定了临时设施的预计受益期限的长短。而建筑安装工程的工期往往都低于20年，这就意味着在受益期内按照会计制度计算的临时设施的摊销额常常大于税法允许税前扣除的摊销额。对这种暂时性的时间差异，企业应作纳税调整处理。

第四节

固定资产的后续支出

固定资产投入使用后，为了维护、改进其功能所发生的支出，改装改造固定资产发生的支出等，属于固定资产的后续支出。发生这些支出时，需要确定支出应资本化还是费用化。后续支出的处理原则为：与固定资产有关的更新改造等后续支出，符合固定资产确认条件的，应当计入固定资产成本，同时将被替换部分的账面价值扣除；与固定资产有关的修理费用等后续支出，不符合固定资产确认条件的，应当计入当期损益。

一、费用化的后续支出

施工项目部所使用的固定资产发生的修理费用等后续支出，不符合固定资产确认条件的，应当在发生时计入当期损益。

一般情况下，固定资产投入使用之后，由于固定资产磨损、各组成部分耐用程度不同，可能导致固定资产的局部损坏，为了维护其正常运转和使用，充分发挥其使用效能，企业将对固定资产进行必要的维护。固定资产的日常修理费用等支出只是确保固定资产的正常工作状况，一般不产生未来的经济利益，因此，通常不符合固定资产的确认条件，在发生时应直接计入当期损益。施工项目部发生的固定资产修理费用等后续支出，计入管理费用；对于处于修理、更新改造过程而停止使用的固定资产，如果其修理、更新改造支出不满足固定资产的确认条件，在发生时也应直接计入当期损益。

企业对固定资产进行定期检查发生的大修理费用，有确凿证据表明符合固定资产确认条件的部分，可以计入固定资产成本；不符合固定资产确认条件的部分，应当费用化，计入当期损益。固定资产在定期大修理间隔期间，照提折旧。

【例5-9】 某建筑公司铁北项目部的车辆委托汽车修理厂进行经常性修理，以银行存款支付修理费3 000元。作账务处理如下：

借：管理费用　　　　　　　　　　　　　　　　　　　　　　　3 000
　　贷：银行存款　　　　　　　　　　　　　　　　　　　　　　3 000

二、资本化的后续支出

在实际工作中，可予资本化的固定资产后续支出一般要通过"在建工程"科目核算。固定资产发生可资本化的后续支出，如固定资产支出时，企业一般应将该固定资产的原价、已计提的累计折旧和减值准备转销，将固定资产的账面价值转入在建工程，并在此基础上重新确定固定资产原价。在固定资产发生的后续支出完工并达到预定可使用状态时，再从在建工程转为固定资产，并按重新确定的固定资产原价、使用寿命、预计净残值和折旧方法计提折旧。

经营租赁方式租入机械设备发生的改良支出，应予资本化，记入"长期待摊费用"科目，并在剩余租赁期与租赁资产尚可使用年限两者中较短的期间内进行摊销。

【例5-10】 某建筑公司华南项目部对龙门塔吊进行改造，塔吊账面原价为260 000元，已提折旧140 000元。改造中耗用的工程物资价值50 000元，支付工人工资等人工费12 000元，改造中拆除的部分材料作为原材料入库，公允价值为2 000元。工程完工交付使用，塔吊原预计使用年限为5年，改造后预计使用年限比原预计年限延长3年。

（1）将塔吊的账面价值转入在建工程，作账务处理如下：

借：在建工程 120 000

累计折旧 140 000

贷：固定资产 260 000

（2）发生有关支出，作账务处理如下：

借：在建工程 62 000

贷：工程物资 50 000

应付职工薪酬 12 000

（3）拆除的材料入库，作账务处理如下：

借：原材料 2 000

贷：在建工程 2 000

（4）工程完工结转确认新固定资产价值，作账务处理如下：

借：固定资产 180 000

贷：在建工程 180 000

第五节

固定资产的处置、盘点与期末计价

一、固定资产的处置

在生产经营过程中，经公司总部批准，施工项目部对那些不适用或不需用的机械设备，可以出售转让或由公司总部调拨转走。对那些由于使用而不断磨损直至最终报废、由于技术进步等原因发生提前报废、由于遭受自然灾害等非常损失发生毁损的机械设备，应及时进行清理。

施工项目部出售、报废固定资产或发生固定资产毁损，应当将处置收入扣除账面价值和相关税费后的金额计入当期损益。固定资产的处置一般通过"固定资产清理"科目核算。企业因出售、转让、报废或毁损等原因处置固定资产，会计处理步骤如下：

（1）固定资产转入清理时，借记"固定资产清理"、"累计折旧"科目，贷记"固定资产"科目；结转已提取的固定资产减值准备时，借记"固定资产减值准备"科目，贷记"固定资产清理"科目。

（2）发生清理费用时，借记"固定资产清理"科目，贷记"银行存款"、"应交税费"等科目。

（3）出售收入或残料入库时，收回出售固定资产的价款、报废固定资产的残料价值和变价收入等，应冲减清理支出，按实际收到的出售价款及残料变价收入等，借记"银行存款"、"原材料"等科目，贷记"固定资产清理"科目。

（4）计算或收到的应由保险公司或过失人赔偿的报废、毁损固定资产的损失，应冲减清理支出，借记"银行存款"、"其他应收款"等科目，贷记"固定资产清理"科目。

（5）固定资产清理后发生的净收益，应区别不同情况，借记"固定资产清理"科目，贷记"营业外收入——非流动资产处置利得"等科目；固定资产清理发生的净损失，应区别不同情况，借记"营业外支出——非流动资产处置损失"等科目，贷记"固定资产清理"科目。

【例 5-11】 2012 年 5 月，某建筑公司上海项目部出售一台大型机械设备，原价 100 000 元，已提折旧 35 000 元，实际出售价格 80 000 元，已存入银行。发生各种清理费用 4 000 元，已用银行存款支付。假定机械设备作为项目部资产管理，对其未计提减值准备。

（1）出售设备时，作账务处理如下：

借：固定资产清理		65 000
累计折旧		35 000
贷：固定资产		100 000

（2）收回出售的价款，作账务处理如下：

借：银行存款		80 000
贷：固定资产清理		80 000

（3）支付清理费用，作账务处理如下：

借：固定资产清理		4 000
贷：银行存款		4 000

（4）结转出售固定资产发生的净收益，作账务处理如下：

借：固定资产清理		11 000
贷：营业外收入		11 000

二、固定资产的清查盘点

按照《企业会计准则》的规定，企业应对固定资产定期或至少每年清查一次，清查方法是实地盘点。对盘亏的固定资产，应查明原因，写出书面报告，并根据企业的管理权限，经股东大会或董事会，或经理（厂长）会议或类似机构批准后，在期末结账前处理完毕，在对外提供财务报告时，应按规定进行处理，并在会计报表附注中作出说明。施工项目部应该定期或至少每年年末对所使用的固定资产进行清查盘点。

固定资产的清查盘点工作，应在有关单位负责人领导下，组成由财会部门、固定资产管理部门和使用单位等有关人员参加的清查小组，具体负责开展清查盘点工作。在清查盘点之前，财会部门应核对固定资产账目，先将"固定资产"总账科目余额与固定资产登记簿中各类固定资产余额之和核对相符，再将固定资产登记簿中各类固定资产余额与各该类固定资产卡片中各项固定资产原值余额之和核对相符，做到账账相符、账卡相符。在此基础上，清查小组应盘点实物，将固定资产的实存数与账面数进行核对，如果发现盘盈、盘亏的固定资产，应编制固定资产盘盈盘亏报告表。对于盘盈的固定资产，应列明其名称、数量、同类或类似固定资产的市场价格、估计已提折旧等内容；对于盘亏的固定资产，应列明其名称、数量、账面原价、累计已提折旧、已计提的减值准备等内容。对于所有盘盈、盘亏的固定资产，均应查明原因、分清责任并填入表中。固定资产盘盈盘亏报告表的一般格式如表 5-1 所示。

表 5-1　　　　　　　　　　固定资产盘盈盘亏报告表

单位名称：　　　　　　　　　2012 年 12 月 31 日　　　　　　　金额单位：万元

固定资产编号	固定资产名称	固定资产规格及型号	盘盈			盘亏			毁损			原因
			数量	重估价	累计折旧	数量	原价	已提折旧	数量	原价	已提折旧	
	X 设备					1	6.5	3.4				待查
处理意见	审批部门				清查小组			使用保管部门				

盘点人（签章）：　　　　　　　使用保管部门负责人（签章）：

（1）在清查中盘盈的固定资产，应作为前期差错处理。按照《企业会计准则》的规定，企业发生的前期会计差错有重大会计差错和非重大会计差错之分。对于重要的前期会计差错，企业应当在其发现当期的财务报表中，调整前期比较数据，即按同类或类似固定资产的市场价格，减去按该项资产的新旧估计的价值损耗后的余额，借记"固定资产"科目，贷记"以前年度损益调整"科目。

【例 5-12】 2011 年 12 月 25 日，某建筑公司武汉项目部在财产清查中盘盈设备一台，该设备的市价是 150 000 元，估计折旧 50 000 元。

(1) 调整增加固定资产记录，作账务处理如下：

借：固定资产	100 000
贷：以前年度损益调整	100 000

(2) 计算应缴所得税，作账务处理如下：

借：以前年度损益调整	33 000
贷：应交税费——应交所得税	33 000

(3) 相应调整利润分配，作账务处理如下：

借：以前年度损益调整	67 000
贷：利润分配——未分配利润	67 000
借：利润分配——提取法定盈余公积	6 700
贷：盈余公积——法定盈余公积	6 700

对于不重要的前期差错，可以采用未来适用法更正，不需要调整财务报表相关项目的期初数，但应调整发现当期与前期相同的相关项目。

【例 5-13】 2011 年 12 月 31 日，武汉项目部发现一台价值 9 600 元的项目部办公设备应计入固定资产，并应于 2010 年 2 月 1 日开始计提折旧，在 2010 年一次列支计入了当期成本。该公司固定资产采用直线法计提折旧，该资产估计使用年限为 4 年，不考虑残值。则在 2011 年 12 月 31 日更正差错的账务处理为：

借：固定资产	9 600
贷：工程施工——间接费用	5 000
累计折旧	4 600

(2) 固定资产盘亏造成的损失，应当计入当期损益。企业在财产清查中盘亏的固定资产，按盘亏固定资产的账面价值，借记"待处理财产损溢——待处理固定资产损溢"科目；按已计提的累计折旧，借记"累计折旧"科目；按已计提的减值准备，借记"固定资产减值准备"科目；按固定资产原价，贷记"固定资产"科目。按管理权限报经批准后处理时，按可收回的保险赔偿或过失人赔偿，借记"其他应收款"科目；按应计入营业外支出的金额，借记"营业外支出——盘亏损失"科目，贷记"待处理财产损溢"科目。

【例 5-14】 某建筑公司长沙项目部进行财产清查时发现丢失设备一台，其账面原价为 50 000 元，已提折旧 15 000 元，该设备已计提减值准备 5 000

元。经查，该设备丢失的原因在于保管员看守不当。经批准，由保管员赔偿5 000元。

（1）盘亏固定资产，作账务处理如下：

借：待处理财产损溢——待处理固定资产损溢　　　　　　　30 000

　　累计折旧　　　　　　　　　　　　　　　　　　　　　15 000

　　固定资产减值准备　　　　　　　　　　　　　　　　　 5 000

　　贷：固定资产　　　　　　　　　　　　　　　　　　　　　　50 000

（2）报经批准转销，作账务处理如下：

借：其他应收款　　　　　　　　　　　　　　　　　　　　 5 000

　　营业外支出——盘亏损失　　　　　　　　　　　　　　 25 000

　　贷：待处理财产损溢——待处理固定资产损溢　　　　　　　　30 000

三、固定资产的期末计价

按照《企业会计准则》的规定，企业应当在资产负债表日判断资产是否存在可能发生减值的迹象，对于存在减值迹象的资产，应当进行减值测试，计算可收回金额。可收回金额低于账面价值的，应当按照可收回金额低于账面价值的金额，计提资产减值准备。

按照这一规定，施工企业或项目部应该对所使用的固定资产进行减值测试，当可收回金额低于账面价值的，应当根据管理权限，按照可收回金额低于账面价值的金额，为固定资产计提资产减值准备。

第六章
工程施工成本

第一节

工程施工成本概述

一、工程施工成本的概念

工程施工成本是指施工企业以施工项目作为成本核算对象，在施工生产过程中所耗费的生产资料转移价值和劳动者的必要劳动所创造的价值的货币形式。也就是说，某施工项目在施工过程中所发生的全部生产费用的总和，包括所消耗的主、辅材料，各种配件，周转材料的摊销费或租赁费，施工机械的台班费或租赁费，支付给生产工人的工资、奖金以及施工项目部为组织和管理工程施工所发生的全部费用支出。当然，工程施工成本一般不包括劳动者为社会所创造的价值（如税金和利润），也不包括不构成施工项目价值的一切非生产性支出。

施工成本是施工企业的主要产品成本，一般以施工项目的单位工程作为成本核算的对象，通过各单位工程成本核算的综合来反映施工项目成本。根据施工项目的特点、计算标准的不同和成本管理的要求，可将工程施工成本按以下几种标准进行分类。

（一）按成本计算的标准分类

按成本计算的标准，可以分为预算成本、计划成本和实际成本。

预算成本是根据施工图，按分部、分项工程的预算单价和取费标准计算的工程预算费用。它是控制工程成本支出、考核工程实际成本降低或超支的尺度。工程预算成本一般由直接费（人工费、材料费、施工机械使用费和其他直接费）和现场管理费组成。工程预算成本加上间接费、计划利润和税金，即为工程项目的预算造价。在招标投标时，预算造价是施工企业与发包单位签订承包合同和进行工程价款结算的主要指标。

计划成本是根据上级下达的成本降低任务和本企业挖掘降低成本的潜力，预先确定的计划施工费用（材料费、人工费、施工机械使用费、其他直接费的计划成本）。它是以工程预算成本减去降低工程成本措施而获得的经济效益（即节约的费用），是工程成本分析和考核的重要依据之一。

实际成本是在施工过程中实际发生，并按一定的成本核算对象和成本项目归集的施工费用总和。它是反映施工企业施工管理水平和考核企业成本降低任务完成情况的重要依据。

因此，预算成本反映施工项目的预计支出，实际成本则反映施工项目的实际支出，两者的差额为企业的工程成本降低额。工程预算成本与工程计划成本的差额为企业的工程成本计划降低额。

（二）按成本计算的范围分类

按成本计算的范围，可以分为全部工程成本、单项工程成本、单位工程成本、分部工程成本和分项工程成本。

全部工程成本是指施工企业从事各种建筑安装工程施工所发生的全部施工费用，亦称总成本。施工企业各内部独立核算单位，应定期汇集和计算各项工程成本，上报工程成本表，企业财务部门应根据内部独立核算单位的工程成本表进行汇总。企业汇总后的工程成本表中所反映的工程总成本，则为企业已实际发生的各项工程施工成本。

单项工程成本是指具有独立设计文件，建成后能独立发挥生产能力和效益的各项工程所发生的全部施工费用，如公路建设中某独立大桥的工程成本、某隧道工程成本以及沥青混凝土路面成本等。

单位工程成本是单位工程施工所发生的全部施工费用。单位工程是单项工程的组成部分。它是指单项工程内具有独立的施工图和独立施工条件的工程，例如，某隧道单项工程可分为土建工程、照明和通气工程等单位工程；一条公路可分为路线工程、桥涵工程等单位工程。

分部工程成本是指分部工程施工所发生的全部施工费用。分部工程是单位工程的组成部分，一般按照单位工程的各个部位划分，如基础工程、桥梁上下部工程、路面工程、路基工程等。

分项工程成本是指分项工程施工所发生的全部施工费用。分项工程是分部工程的组成部分，按工程的不同结构、材料和施工方法等因素划分，如基础工程可分为围堰、挖基、砌筑基础、回填等分项工程。分项工程是建筑安装工程的基本构成因素，是组织施工及确定工程造价的基础。

实际工作中，施工企业核算到哪一级成本，应根据工程管理的需要和成本核算的要求来确定。分项、分部、单位、单项工程成本分别从不同侧面反映了建筑安装工程施工费用支出的情况，便于考核有关施工企业或施工项目部的经济效果，为进行经济分析提供资料。

（三）按各项工程施工发生的实际成本分类

按各项工程施工发生的实际成本，可以分为人工费、材料费、施工机械使用费、其他直接费、间接费用等。

人工费包括直接从事施工生产人员的各种薪酬费用；材料费包括用于施工生产的主要材料、构件、其他材料的费用和周转材料（如模板等）的摊销费用；施工机械使用费包括在施工中使用机械的台班费和租赁费；其他直接费包括有关的设计和技术援助费用、施工现场材料的二次搬运费、生产工具和用具使用费、检验试验费、工程定位复测费、工程点交费、场地清理费、临时设施摊销（折旧）费、水电费等；间接费用是企业下属各施工单位为组织和管理施工生产活动所发生的费用，包括施工、生产单位管理人员工资、奖金、职工福利费、劳动保护费、固定资产折旧费及修理费、物料消耗、取暖费、办公费、差旅费、财产保险费、工程保修费、排污费等。

二、施工成本与费用的区别

（一）施工成本与费用的关系

费用作为会计要素和会计报表构成要素的内容，是和收入相配比对应的。《企业会计准则》将费用定义为：费用是指企业为销售商品、提供劳务等日常活动所发生的经济利益的流出。将成本定义为：成本是指企业为生产产品、提供劳务而发生的各种耗费。施工成本就是指施工企业在施工生产过程中发生的各种耗费。费用和成本是两个并行使用的概念，两者之间既有联系，也有区别。费用是资产的耗费，有广义和狭义之分：广义的费用泛指企业各种日常活动发生的所有费用；狭义的费用仅指与本期营业收入相配比的那部分消耗。会计中的费用确认是对狭义费用的确认，即费用与一定的会计期间相联系，而与生产的产品品种无关。施工成本按照建造合同的成本计算对象对当期发生的费用进行归集而形成，是按一定对象归集的费用，是对象化了的费用，它仅与一定种类和数量的建筑施工产品相联系，而不论费用发生在哪一个会计期间。

（二）施工企业费用的分类

施工企业发生的费用按照经济用途分类，首先划分为应计入施工成本的费用和不应计入施工成本的费用两大类。

1. 应计入施工成本的费用

对应计入施工成本的费用，再继续划分为直接费用和间接费用。直接费用包括直接人工费、直接材料费、机械使用费和其他直接费。

（1）直接人工费。指施工企业在工程施工过程中，直接从事施工人员发生的工资、福利费以及按照施工人员工资总额和国家规定的比例计算提取的其他职工薪酬。

（2）直接材料费。指施工企业在施工生产过程中所消耗的，直接构成工程实体的原料及主要材料、外购半成品、修理用备品备件以及有助于工程形成的辅助材料和其他材料。

（3）机械使用费。指施工企业在工程施工过程中，利用施工机械和运输设备进行作业时所发生的各种支出。

（4）其他直接费。是指施工企业在施工过程中发生的，除人工费、材料费、机械使用费以外的其他各种直接费用。

间接费用是施工企业所属的施工单位或生产单位为组织和管理施工生产活动所发生的费用，包括施工生产管理人员工资、奖金、职工福利费、劳动保护费，固定资产折旧费及修理费，物料消耗费，低值易耗品摊销，取暖费，水电费，办公费，差旅费，财产保险费，工程保修费，排污费等。

2. 不应计入施工成本的费用

对不应计入施工成本的费用，再继续划分为管理费用、财务费用和销售费用。

三、工程计价中建筑安装工程费用的组成

工程造价管理机构或工程预算职能部门在计算工程造价，编制工程预算、结算以及决算时，要按照《工程费用组成》的要求，对工程费用进行分类核算，并按分类项目计算工程预算成本。工程费用之和构成了工程总造价，是建设方和承建方进行结算的主要依据。这一计算口径与成本会计核算存在一定差异。

（一）建筑安装工程费用的组成

在工程计价过程中，建筑安装工程费用作为工程造价的一个组成部分，包括直接费、间接费、利润、税金四个组成部分。

1. 直接费

直接费由直接工程费和措施费组成。

直接工程费是指施工过程中耗费的构成工程实体的各项费用，包括人工费、材料费、施工机械使用费。人工费是指直接从事建筑安装工程施工的生产工人开支的各项费用，包括基本工资、工资性补贴、生产工人辅助工资、职工福利费、生产工人劳动保护费等。材料费是指施工过程中耗费的构成工程实体的原材料、辅助材料、构配件、零件、半成品的费用，包括材料原价（或供应价格）、材料运杂费、运输损耗费、采购及保管费、检验试验费。施工机械使用费是指施工机械作业所发生的机械使用费以及机械安拆费和场外运费。施工机械台班单价应由下列七项费用组成：折旧费、大修理费、经常修理费、安拆费及场外运费、人工费、燃料动力费、养路费及车船税。

措施费是指为完成工程项目施工，发生于该工程施工前和施工过程中非工程实体项目的费用。包括：环境保护费、文明施工费、安全施工费、临时设施费、夜间施工费、二次搬运费、大型机械设备进出场及安拆费、模板及支架费、脚手架费、已完工程及设备保护费、施工排水降水费等。

2. 间接费

间接费由规费、企业管理费组成。

规费是指政府和有关权力部门规定必须缴纳的费用。包括：工程排污费、工程定额测定费、社会保障费、住房公积金、危险作业意外伤害保险等。

企业管理费是指建筑安装企业组织施工生产和经营管理所需费用。包括：管理人员工资、办公费、差旅交通费、固定资产使用费、工具用具使用费、劳动保险费、工会经费、职工教育经费、财产保险费、财务费用、税金（如房产税、车船税、土地使用税、印花税）等。

3. 利润

利润是指施工企业完成所承包工程获得的盈利。

4. 税金

税金是指国家税法规定的应计入建筑安装工程造价内的营业税、城市维护建设税及教育费附加等。

（二）与施工企业会计的区别

在施工企业会计中，成本项目一般包括人工费、材料费、机械费、其他直接费和间接费，但在建设部、财政部颁布的建标〔2003〕206号《建筑安装工程费用项目组成》（以下简称《工程费用组成》）里，没有其他直接费项目，而是将原成本会计中的其他直接费、临时设施费以及原直接费中的非实体消耗费用合并为措施费。预算项目和会计科目在名目、内容上均存在差别。

会计上将检验试验费计入其他直接费核算，但《工程费用组成》规定，检验试验费计入材料费核算。检验试验费在预算成本和实际成本中按不同的口径进行归集核算。

《工程费用组成》中规定，非实体消耗性费用均计入措施费项目核算。但施工企业会计在周转材料结转方面，一般按会计准则要求把周转材料费计入"材料费"科目进行核算，与预算成本的归集渠道不一致。

第二节

建造合同成本

一、施工成本核算的对象

施工成本核算的对象是指在施工成本核算中确定的对各项支出进行归集的标的。大多数施工企业的工程项目复杂、建筑种类多样，如果成本核算过粗，无法反映各项具体工程的实际成本，不利于考核和控制成本的支出；反之，如果成本核算对象划分过细，则会大大增加核算的工作量，不利于及时、准确地提供成本核算资料。因此，合理确定工程核算成本，是正确组织施工成本核算的重要条件之一。

施工成本核算对象一般应根据建造合同的内容、施工生产的特点、费用支出的构成及经营管理的要求来确定，同时要与预算等管理所需资料相一致。施工成本的核算一般应以具有独立施工图预算的单位工程为对象，具体实务中，可根据实际情况分别处理：

（1）建造合同仅包括一项工程，且该工程工序简单，应当将整个合同作为一个成本核算对象，不宜再继续划分。例如，一项仅包括土方开挖工程的建造合同，一段路基工程合同等。

（2）建造合同仅包括一项工程，且该工程工序比较复杂，可按照主要工序设置成本核算对象。例如，仅包括一座隧道的建造合同，可以设置开挖和支护两个成本核算对象。

（3）建造合同包括多个单项工程，每个单项工程均有独立的施工预算，则应当按照每个单项工程设置成本核算对象。例如，某建筑合同为承建高速公路 H1 标段，其实物工程包括一座隧道、一座大桥和 5 公里的路基，则应当分别按照隧道、大桥、路基设置成本核算对象。

（4）同一合同包括结构类型相同、开竣工时间相近的若干单位工程，可根据需要合并为一个成本核算对象。例如，某建造合同包括 5 公里的路基和 3 座小桥，则可按路基和小桥设置两个成本核算对象。

（5）实行工程承包的单位，可将承包单位所承包范围内的工程作为一个成本核算对象。

成本核算对象一经确定，不得随意变更，并应及时通知与成本核算、成本管理有关的各业务部门，以便统一成本核算口径。企业所有反映与成本费用有关的原始资料，都应按确定的成本核算对象填写清楚，以保证成本核算的准确性。

二、工程施工成本的核算程序

工程施工成本的核算程序是指施工项目部根据成本核算体制和成本核算职责，在组织建造合同工程实际成本核算时所应遵循的步骤和次序。

在施工项目部组织施工生产过程中，为了及时归集、准确计算和反映各种生产费用的发生、分配情况，应设置"工程施工"、"机械作业"、"辅助生产"等科目进行成本核算。

"工程施工"科目用以核算企业进行工程施工时所发生的各项费用支出的科目。其借方登记施工过程中发生的应计入施工成本的各种费用的累计发生额以及合同毛利，工程合同完工时，其借方累计余额与"工程结算"科目的贷方余额对冲。该科目应按成本核算对象设置明细账，并设置"合同成本"、"合同毛利"、"间接费用"三个明细科目。"合同成本"项目下再设置"直接人工费"、"直接材料费"、"机械使用费"、"其他直接费"、"间接费用"等明细科目进行明细核算。进行成本核算时，对于施工生产过程中发生的各项费用，应按照费用的用途和发生地点进行归集，凡能分清成本核算对象的，应直接计入各核算对象的成本；不能分清成本核算对象或需要单独考核的费用，则应当按照发生地点进行归集，期末按照一定的分配方法计入有关成本核算对象。为管理工程发生的各项间接费用，先在"工程施工——间接费用"科目核算，期末再按照一定标准分配计入各有关成本对象。

"辅助生产"科目用来核算企业及其内部独立核算单位（如施工项目部）所属辅助生产部门为工程施工、产品生产、机械作业、专项工程等生产材料和提供劳务（如设备维修，构件现场制作，铁木件加工，固定资产清理，供应水、电、风、气，施工机械的安装、拆卸和辅助设施的搭建工程等）所发生的各项费用。其借方登记实际发生的各项辅助生产费用；贷方登记按受益对象分配结转的辅助生产费用；期末借方余额反映辅助生产部门在产品和未结算劳务的实际成本。本科目应按车间、单位或部门和成本核算对象（如生产的材料和提供劳务的类别等）设置明细账，并按规定的成本项目分设专栏，进行明细分类核算。企业下属的生产车间、单位或部门，如机修车间、木工车间、混凝土车间、混凝土搅拌站等，如果实行内部独立核算，所发生的生产费用应作为工业性生产项目，设置"生产成本"或"工业生产"科目进行核算，不使用本科目。在施工项目部所设的辅助生产部门或单位，一般应通过"辅助生产"科目来核算相关辅助生产或劳务的成本。

"机械作业"科目用来核算企业及其内部独立核算的施工单位（如施工项目部）、机械站和运输队使用自有施工机械和运输设备进行机械作业（包括机械化施工和运输作业以及机械出租业务等）所发生的各项费用。其借方登记机械作业过程中实际发生的各项费用；贷方登记按受益对象分配结转的机械作业成本；期末一般无余额。本科目应设置"承包工程"和"机械出租"两个明细科目，在明细科目下，再按施工机械或运输设备的种类等成本核算对象设置明细账，并按规定的成本项目分设专栏，进行明细分类核算。企业及其内部独立核算的施工单位，从外单位或本企业其他内部独立核算的机械站租入施工机械，按照规定的台班费定额支付的机械租赁费，应直接记入受益成本核算对象的"机械使用费"成本项目中，不通过本科目核算。

根据上述工程实际成本核算的步骤以及有关会计科目的核算内容和方法，可将工程成本的总分类核算程序（如图 6-1 所示）概述如下：

图 6-1　建造合同成本核算程序

（1）将本期发生的生产经营费用按照用途和合同归集到各有关成本或费用科目；

（2）期末，按"辅助生产"科目所属明细科目分别编制费用分配表，按照受益对象的受益程度，分配记入"工程施工"、"机械作业"等成本科目；

（3）期末，编制机械费用分配表，将归集在"机械作业"科目中的机械使用费按照成本对象的受益程度进行分配，记入"工程施工"科目；

（4）编制间接费用分配表，将归集在"工程施工——间接费用"科目中的间接费用按照一定的标准分配记入有关施工成本，即"工程施工——合同成本"科目；

（5）根据合同能否可靠估计，分别不同方法确认合同收入和合同费用。

三、建造合同成本的核算

（一）人工费的核算

工程项目施工过程中发生的人工费，应根据服务对象分别在"工程施工"、"机械作业"、"辅助生产"等科目中归集。属于直接进行工程施工的生产人员，应单独记入"工程施工"和所属施工成本明细账的借方（记入"直接人工费"成本项目）；直接进行辅助生产，应记入"辅助生产"科目和所属明细账的借方（记入"人工费"成本项目）；以自有机械进行施工并独立核算，应单独记入"机械作业"科目和所属成本明细账的借方（记入"人工费"

成本项目）；工程项目管理人员的工资薪酬，应记入"工程施工——间接费用"科目和所属明细账的借方（记入"人工费"成本项目）；同时，记入"应付职工薪酬"科目的贷方。

【例6-1】 某建筑公司承建云南玉溪至元江高速公路第六标段，合同总造价120 000 000元，包括一座1 500米长的隧道，一座800延米的特大桥和4公里的路基。该公司设西南项目部组织管理施工生产，并成立了一个隧道队、一个大桥队、一个路基队进行施工，另外成立了一个碎石开采场、一个机械维修队作为辅助生产部门。

2012年1月，发生职工薪酬费用1 000 000元，其中隧道队发生工资300 000元、大桥队120 000元、路基队200 000元、碎石开采场180 000元、机械维修队200 000元。

  借：工程施工——合同成本（隧道，直接人工费） 300 000
      ——合同成本（大桥，直接人工费） 120 000
      ——合同成本（路基，直接人工费） 200 000
    辅助生产——采石场（人工费）   180 000
      ——机修队（人工费）   200 000
    贷：应付职工薪酬   1 000 000

（二）材料费的核算

工程施工过程中发生的直接用于形成工程实体的原材料费用，应在"工程施工——合同成本"科目中专门设置"直接材料费"成本项目进行核算。原料和主要材料一般分成本对象领用，应根据领退料凭证，直接记入某单项施工成本的"直接材料费"项目。

直接用于工程施工、专设成本项目的各种原材料费用，应借记"工程施工"科目及其所属各成本明细账的"直接材料费"成本项目。

所属辅助生产单位发生的直接用于辅助生产、专设成本项目的各种原材料费用，其分配方法与上述施工生产所耗用的原材料费用分配方法相同，应记入"辅助生产——燃料及动力"科目或"辅助生产——物料消耗"科目的借方。

所属自有机械进行施工发生的各种燃料及配件等材料的消耗，属于独立建账进行内部独立核算的，应借记"机械作业"科目及其所属"燃料及动力"、"折旧及修理"等成本明细账。

施工生产中发生的直接用于生产但没有专设成本项目的各种原材料费用以及用于组织和管理生产活动的各种原材料费用，一般借记"工程施工——

间接费用"科目及其明细账的相关费用项目。

施工项目部应根据发出原材料的费用总额，贷记"原材料"科目。

【例6-2】 承例6-1，2012年3月，仓库发出水泥4 000吨，单价每吨200元，其中隧道使用3 000吨，大桥使用1 000吨；发出钢材300吨，单价每吨3 000元，隧道使用200吨，大桥使用100吨；采石场领用炸药1.5吨，每吨4 000元。

借：工程施工——合同成本（隧道，直接材料费）　　1 200 000
　　　　　　　——合同成本（大桥，直接材料费）　　　500 000
　　辅助生产——采石场（物料消耗）　　　　　　　　　6 000
　　贷：原材料　　　　　　　　　　　　　　　　　1 706 000

按计划成本法核算的单位，还应当按月分摊材料成本差异。

（三）机械使用费的核算

机械使用费除外租设备进行施工可直接记入"工程施工——机械使用费"科目外，应当设置"机械作业"科目单独进行归集，期末按照一定的方法进行分摊，记入"工程施工"科目。

施工项目部以自有机械直接进行机械施工的，应当设置"机械作业"科目，并设置"人工费"、"燃料及动力"、"折旧及修理"、"其他直接费"、"间接费用"等相关明细科目进行明细核算。发生费用时，借记"机械作业"科目及其明细科目，贷记"原材料"、"应付职工薪酬"、"累计折旧"、"库存现金"等科目。

（四）其他直接费的核算

其他直接费是指企业在施工过程中发生的，除人工费、材料费、机械使用费以外的其他各种直接费用。主要包括：工地材料二次搬运费、检验试验费、生产工具用具使用费、设计和技术援助费、工程定位复测费、工程点交费、场地清理费等。其他直接费用发生时，借记"工程施工——其他直接费"科目，贷记有关科目。

【例6-3】 承例6-1，2012年5月，因隧道施工场地狭窄，水泥需要二次搬运，发生搬运费5 000元；为大桥混凝土试件发生试验费2 000元，领用生产工具3 000元（经统计，隧道应摊销1 500元，路基1 000元，大桥500元）。

借：工程施工——合同成本（隧道工程，其他直接费）　　　　　5 000

　　贷：应付职工薪酬　　　　　　　　　　　　　　　　　　　　5 000

借：工程施工——合同成本（大桥工程，其他直接费）　　　　　2 000

　　贷：库存现金　　　　　　　　　　　　　　　　　　　　　　2 000

借：工程施工——合同成本（隧道工程，其他直接费）　　　　　1 500

　　　　　　——合同成本（路基工程，其他直接费）　　　　　1 000

　　　　　　——合同成本（大桥工程，其他直接费）　　　　　　500

　　贷：低值易耗品　　　　　　　　　　　　　　　　　　　　　3 000

（五）间接费用的核算

间接费用是指为完成合同所发生的、不易直接归属于合同成本核算对象而应分配计入有关合同成本核算对象的各项费用支出，是企业下属的施工单位（比如施工项目部）为组织和管理施工生产活动所发生的费用。间接费用包括施工生产单位管理人员的职工薪酬、劳动保护费、固定资产折旧及修理费、物料消耗、低值易耗品摊销、取暖费、办公费、差旅费、财产保险费、工程保修费、排污费等内容。

1. 间接费用的账务处理

间接费用是施工单位为组织和管理施工生产活动所发生的共同性费用，一般难以分清具体的受益对象，因此，在费用发生时，应先通过"工程施工——间接费用"科目进行归集，成本计算期期末再采用系统、合理的方法分配计入各项工程成本。工程施工过程中，发生间接费用支出时，借记"工程施工——间接费用"科目，贷记有关科目。

【例 6-4】　2012 年 8 月，渭水项目部发放管理人员工资 50 000 元，奖金 20 000 元；管理用固定资产折旧费 120 000 元；支付办公费 5 000 元；差旅费 8 000 元；向环保局支付排污费 3 000 元。上述业务的账务处理如下：

借：工程施工——间接费用——管理人员工资　　　　　70 000

　　　　　　　　　　　　——折旧及修理　　　　　 120 000

　　　　　　　　　　　　——办公费　　　　　　　　5 000

　　　　　　　　　　　　——差旅费　　　　　　　　8 000

　　　　　　　　　　　　——环境治理费　　　　　　3 000

　　贷：应付职工薪酬　　　　　　　　　　　　　　　70 000

累计折旧	120 000
库存现金	13 000
银行存款	3 000

2. 间接费用的分配

在建造合同只设一个成本核算对象的情况下，间接费用可直接计入该合同的成本。在建造合同分多个工程进行成本核算的情况下，间接费用应按系统、合理的分配方法计入各成本核算对象的成本。分配间接费用的方法通常有人工费比例分配法、直接费用比例分配法、按年度计划分配率分配法等。

（1）人工费比例分配法。

该方法是以合同实际发生的人工费为基数，对工程核算对象的间接费用进行分配的一种方法。由于工资费用分配表中有现成的生产工人工资资料，因而采用此分配方法，核算工作很简便。这种方法适用于人工费占成本比例大、材料消耗小、机械化施工程度低的工程项目，如安装工程、挡墙砌筑工程等。若在机械化程度高的工程中使用此种方法，由于工资费用少，负担的间接费用也少，会影响分配的合理性。

$$\frac{某项工程应负担}{的间接费}=该项工程实际发生的人工费×间接费分配率$$

$$\frac{间接费}{分配率}=当期发生的全部间接费用÷\sum 当期各项工程发生的人工费$$

【例 6-5】 某建筑公司华东项目部担负某项设备安装工程施工，安装任务包括中央空调、炼油设备和过滤设备三项。2012 年第二季度共计发生间接费用 600 000 元，该季度安装工程发生的人工费为：中央空调 200 000 元、炼油设备 1 000 000 元、过滤设备 800 000 元。编制间接费用分配表，如表6-1所示。

表 6-1 　　　　　　　　　　间接费用分配表

编制单位：华东项目部 　　　　　　2012 年 2 季度 　　　　　　金额单位：元

项目	人工费成本	分配率	分配额
中央空调	200 000	0.3	60 000
炼油设备	1 000 000	0.3	300 000
过滤设备	800 000	0.3	240 000
合计	2 000 000	0.3	600 000

间接费分配率＝600 000÷(200 000＋1 000 000＋800 000)＝0.3

借：工程施工——合同成本（中央空调安装，间接费用）　　60 000

　　　　——合同成本（炼油设备安装，间接费用）　300 000

　　　　——合同成本（过滤设备安装，间接费用）　240 000

　贷：工程施工——间接费用　　　　　　　　　　　　　600 000

（2）直接费用比例分配法。

该方法是按照计入各项施工成本的直接费比例分配间接费用的方法，即按照各成本核算对象的直接成本费用比例对间接费用进行分配。此种方法适用于建筑工程的核算。

$$某项工程应负担的间接费＝\frac{该项工程实际}{发生的直接费}×间接费分配率$$

$$间接费分配率＝\frac{当期发生的全部}{间接费用}÷\sum\frac{当期各项工程}{发生的直接费}$$

（3）按年度计划分配率分配法。

该方法是按照年度开始前确定的全年度适用的计划分配率分配间接费用的方法。假定以合同收入作为分配标准，其分配计算的公式为：

$$\frac{年度计划}{分配率}＝\frac{年度间接费用}{计划总额}÷\frac{年度各工程计划}{合同收入总额}×100\%$$

$$\frac{某项工程负担}{的间接费}＝\frac{该种工程实际完成}{合同收入额}×年度计划分配率$$

"间接费用"科目如有年末余额，即全年间接费用的实际发生额与计划分配额的差额，一般应在年末调整合同成本。如实际发生额大于计划分配额，用蓝字补加，相反则用红字冲减。

此外，企业还可采用其他合理的方法来分配间接费用。具体选用哪种分配方法，由企业自行决定。

第三节

辅助生产

施工企业的辅助生产是指为施工生产服务而进行的产品生产、劳务供应。其中，有的只生产一种产品或提供一种劳务，如供电、供水、供气、供风等辅助生产；有的则生产多种产品或提供多种劳务，如从事机器设备修理等辅助生产。有时，辅助生产提供的产品和劳务也对外销售，但这不是辅助生产的主要任务。

一、辅助生产费用的归集

辅助生产部门所发生的各项生产费用，应按成本核算对象和成本项目进行归集。成本核算对象一般可按生产的材料（或产品）和提供劳务的类别确定。成本项目一般可以分为人工费、材料费、其他直接费和间接费用。其中，间接费用是指为组织和管理辅助生产所发生的费用。为了归集各个辅助生产部门所发生的生产费用，施工企业应在"辅助生产"科目下，按车间、单位或部门和确定的成本核算对象设置辅助生产明细账，分别登记本期发生的辅助生产费用。辅助生产明细账的借方，应根据费用分配表等有关凭证登记，同时，还应按辅助生产费用应归属的成本项目，登记在明细科目借方发生额的有关栏内；辅助生产明细账的贷方，应根据辅助生产费用分配表等有关凭证，登记分配结转的辅助生产费用。发生的辅助生产费用支出，应借记"辅助生产"科目，贷记"应付职工薪酬"、"原材料"、"银行存款"等有关科目。

【例6-6】 某施工企业有混凝土搅拌站和发电站两个辅助生产部门，本月发生下列生产费用：混凝土搅拌站领用燃料2 000元，领用水泥等材料80 000元；发电站领用燃料3 000元。分配职工薪酬10 000元，其中，混凝土搅拌站4 000元，发电站6 000元。混凝土搅拌站领用机械配件560元，发电站领用机械配件840元。计提固定资产折旧2 500元，其中，混凝土搅拌站负担1 000元、发电站负担1 500元。以银行存款支付其他费用2 600元，其中，混凝土搅拌站负担1 040元、发电站负担1 560元。作账务处理如下：

借：辅助生产——混凝土搅拌站 88 600
　　　　　　——发电站 12 900
　贷：原材料——燃料 5 000
　　　　　——主要材料 80 000
　　　　　——机械配件 1 400
　　应付职工薪酬 10 000
　　累计折旧 2 500
　　银行存款 2 600

根据上述账务处理，登记辅助生产明细账，如表6-2和表6-3所示。

表 6-2 　　　　　　　　　　　　辅助生产多栏式明细账

单位：混凝土搅拌站　　　　　　　　　　　　　　　　产品或劳务数量：400
成本核算对象：混凝土　　　　　　　　　　　　　　　　计量单位：立方米

| 2012年 | | 凭证号 | 摘要 | 借方 | 贷方 | 余额 | 明细科目发生额 | | | |
月	日						人工费	材料费	其他直接费	间接费用
略	略	略	领用材料	82 000		82 000			82 000	
			职工薪酬费用	4 000		86 000	4 000			
			领用机械配件	560		86 560			560	
			计提折旧	1 000		87 560				1 000
			支付其他费用	1 040		88 600			1 040	
			结转成本		88 600					
			合计	88 600	0		4 000	82 560	1 040	1 000

表 6-3 　　　　　　　　　　　　辅助生产多栏式明细账

单位：发电站　　　　　　　　　　　　　　　　　　产品或劳务数量：25 800
成本核算对象：电力　　　　　　　　　　　　　　　　计量单位：千瓦时

| 2012年 | | 凭证 | | 摘要 | 借方 | 贷方 | 余额 | 明细科目发生额 | | | |
月	日	种类	编号					人工费	材料费	其他直接费	间接费用
略	略	略	略	领用材料	3 000		3 000			3 000	
				职工薪酬费用	6 000		9 000	6 000			
				领用机械配件	840		9 840			840	
				计提折旧	1 500		11 340				1 500
				支付其他费用	1 560		12 900			1 560	
				结转成本		12 900					
				合计	12 900	0		6 000	3 840	1 560	1 500

二、辅助生产费用的分配

归集在"辅助生产"科目及其明细账借方的辅助生产费用，由于辅助生产部门所生产的材料（或产品）和劳务的种类不同，其分配、转出的程序也有所不同。

（一）形成材料物资的辅助生产成本转出

辅助生产部门生产完成验收入库的各种自制材料、结构件等，应按实际成本，借记"原材料"、"周转材料"等科目，贷记"辅助生产"科目。当施工单位或其他有关部门领用这些材料、结构件时，再从"原材料"、"周转材料"等科目的贷方转入"工程施工"等有关科目的借方。

【例 6-7】 接例 6-6，混凝土搅拌站生产完成的混凝土在期末结转记入"原材料"科目。账务处理为：

  借：原材料——主要材料（混凝土）   88 600

    贷：辅助生产——混凝土搅拌站   88 600

（二）形成劳务的辅助生产成本转出

辅助生产部门提供水、电、风、气、设备维修和施工机械的安装、拆卸等劳务所发生的辅助生产费用，一般应于月末根据辅助生产明细账的记录，编制辅助生产费用分配表，采用适当的方法在各受益对象之间进行分配。其中，对外单位提供的部分，应借记"其他业务成本"科目，贷记"辅助生产"科目；对本单位工程施工、机械作业等提供的部分，应借记"工程施工"、"机械作业"等科目，贷记"辅助生产"科目。

【例 6-8】 接例 6-6，发电站发生的成本合计为 12 900 元，提供 25 800千瓦时电，其中工程施工现场耗用 22 000 千瓦时，机械作业耗用 2 000 千瓦时，施工管理耗用 1 800 千瓦时。发电劳务成本分配结果如表 6-4 所示。

表 6-4   辅助生产部门对外提供劳务费用分配表

部门	劳务量	计量单位	应分配生产费用	单价	受益对象					
					工程施工		机械作业		项目管理	
					数量	金额	数量	金额	数量	金额
发电	25 800	千瓦时	12 900	0.5	22 000	11 000	2 000	1 000	1 800	900

辅助生产成本分配账务处理为：

  借：工程施工——合同成本   11000

      ——间接费用   900

    机械作业   1 000

    贷：辅助生产——发电站   12 900

(三) 辅助生产部门之间的相互分配

如果在一个施工企业内部有若干个辅助生产部门之间相互提供劳务、作业时，为了正确地计算辅助生产的成本，还需要在各辅助生产部门之间进行辅助生产费用的交互分配。在实际工作中，施工项目部涉及的辅助生产费用可以采用直接分配法和一次交互分配法。

1. 直接分配法

采用这种方法分配辅助生产费用，不考虑各辅助生产单位之间相互提供劳务(或产品) 的情况，而是将各辅助生产费用直接分配给辅助生产以外的各受益单位。

【例6-9】 某公司华东项目部承担赣龙铁路 H 标段的施工，为便于工程管理，项目部设一个搬运队和一个机械修理队进行辅助施工任务。2012 年 6 月，搬运队共计发生成本费用 120 000 元，其提供服务为：路基施工队 100 000 吨公里，隧道施工队 120 000 吨公里，机械修理队 10 000 吨公里，项目经理部 20 000 吨公里；机械修理队发生费用 80 000 元，其提供服务为：路基施工队 2 500 工时，隧道施工队 2 000 工时，搬运队 3 000 工时，项目经理部 500 工时。

机械修理队和搬运队相互提供劳务不考虑分摊，只对内部基本施工队伍和管理部门进行费用分摊，修理费用按修理工时比例分配，搬运费用按搬运吨公里比例进行分配。2012 年 6 月，有关辅助生产费用的资料如表 6-5 所示。

表 6-5 辅助费用分配表

编制单位：华东项目部　　　　　　　　　2012 年 6 月　　　　　　　　　金额单位：元

项目		搬运队	机械修理队	路基施工队	隧道施工队	项目经理部	合计
搬运队	工作量（吨公里）		10 000	100 000	120 000	20 000	250 000
	分配率						0.50
	分配金额			50 000	60 000	10 000	120 000
机修队	工作量（工时）	3 000		2 500	2 000	500	8 000
	分配率						16.00
	分配金额			40 000	32 000	8 000	80 000
费用合计				90 000	92 000	18 000	200 000

①对外供应劳务数量：

搬运队的数量＝250 000－10 000＝240 000（吨公里）

机修队的数量＝8 000－3 000＝5 000（工时）

②费用分配率（单位成本）：

搬运队的分配率＝120 000÷240 000＝0.50（元/吨公里）

机修队的分配率＝80 000÷5 000＝16（元/工时）

③账务处理：

借：工程施工——合同成本（路基工程，机械使用费） 90 000

　　　　——合同成本（隧道工程，机械使用费） 92 000

　　　　——间接费用——折旧及修理 8 000

　　　　　　　　——其他费用 10 000

　贷：辅助生产——搬运队 120 000

　　　　——机修队 80 000

2. 一次交互分配法

采用此方法分配辅助生产费用，先根据各辅助生产内部相互供应的数量和交互分配前的费用分配率，进行一次交互分配；然后再将各辅助生产车间交互分配后的实际费用（即交互分配前的费用加上交互分配转入的费用，减去交互分配转出的费用）按对外劳务的数量，在辅助生产以外的各受益单位之间进行分配。

【例 6-10】 承例 6-9，搬运队与机修队的费用先进行相互分配（见表 6-6），得到搬运队与机修队对外分配的费用：

表 6-6　　　　　　　　　　　辅助费用分配表

编制单位：华东项目部　　　　　　2012 年 6 月　　　　　　金额单位：元

分配方向	交互分配			对外分配		
辅助生产部门	搬运队	机修队	合计	搬运队	机修队	合计
待分配费用	120 000	80 000	200 000	145 200	54 800	200 000
工作或劳务数量	250 000	8 000	—	240 000	5 000	—
单位成本（分配率）	0.48	10	—	0.605	10.96	—

续表

分配方向			交互分配		对外分配		
辅助单位	搬运队	耗用数量		10 000			
		分配金额		4 800			
	机修队	耗用数量	3 000				
		分配金额	30 000				
	金额小计		30 000	4 800			
基本单位	路基队	耗用数量			100 000	2 500	
		分配金额			60 500	27 400	87 900
	隧道队	耗用数量			120 000	2 000	
		分配金额			72 600	21 920	94 520
	金额小计				133 100	49 320	182 420
项目经理部		耗用数量			20 000	500	
		分配金额			12 100	5 480	17 580

①交互分配

借：辅助生产——搬运队（折旧及修理）　　　　　　　　30 000
　　　　　——机修队（其他费用）　　　　　　　　　　4 800
　贷：辅助生产——搬运队　　　　　　　　　　　　　　4 800
　　　　　——机修队　　　　　　　　　　　　　　　　30 000

②对外分配

借：工程施工——合同成本（路基工程，机械使用费）　　87 900
　　　　——合同成本（隧道工程，机械使用费）　　　　94 520
　　　　——间接费用——折旧及修理　　　　　　　　　5 480
　　　　——其他费用　　　　　　　　　　　　　　　　12 100
　贷：辅助生产——搬运队　　　　　　　　　　　　　　145 200
　　　　——机修队　　　　　　　　　　　　　　　　　54 800

第四节

机械作业

施工企业在施工生产过程中使用的施工机械，既有自有的施工机械，又有租入的施工机械，两者的核算方法有所不同。施工企业及其内部独立核算的施工单位（如施工项目部）、机械站和运输队使用自有施工机械和运输设备进行机械作业时，应设置"机械作业"科目，用以核算使用自有施工机械和运输设备进行施工生产（包括机械化施工和运输作业等）所发生的各项费用。

该科目借方登记实际发生的各项机械使用费，贷方登记月末转入有关账户应由成本负担或构成特定支出的机械作业成本。该科目应按照"人工费"、"燃料及动力"、"折旧及修理"、"其他直接费"和"间接费用"五个成本项目进行明细核算。

施工企业所属各施工单位从外单位或本企业其他内部独立核算的机械站租入施工机械所支付的租赁费，一般可以根据机械租赁费结算账单所列金额，直接记入有关工程成本核算对象的"机械使用费"成本项目。如果发生的施工机械租赁费应由两个或两个以上工程成本核算对象共同负担的，则应根据所支付的租赁费总额和各工程成本核算对象实际使用的台班数，分配计入有关的工程成本核算对象。

一、机械作业成本的归集

施工项目上使用自有施工机械或运输设备进行机械作业所发生的各项费用，主要包括下列各项内容：

（1）人工费，即驾驶和操作施工机械人员的工资、奖金、职工福利费、工资性质的津贴和劳动保护费等；

（2）燃料及动力费，即施工机械或运输设备运转所耗用的液体燃料、固体燃料和电力等费用；

（3）折旧及修理费，即按规定对施工机械、运输设备计提的固定资产折旧，实际发生的修理费用，以及替换工具和部件（如轮胎、钢丝绳等）的摊销费和维修费等；

（4）其他直接费，即施工机械、运输设备所耗用的润滑和擦拭材料费用以及预算定额所规定的其他费用，如养路费、过渡费、过闸费以及施工机械的搬运、安装、拆卸和辅助设施费等；

（5）间接费用，即施工企业所属内部独立核算的机械站和运输队等为组织和管理机械施工或运输作业所发生的各项费用，包括管理人员的工资、奖金、职工福利费、工资性质的津贴，劳动保护费，办公费以及管理用固定资产的折旧费、修理费等。

值得注意的是，施工企业所属内部独立核算的机械站和运输队，应根据上述成本项目，归集当月实际发生的机械作业费用总额（包括间接费用），计算当月机械作业的总成本，并根据当月机械运转台班或完成的工程量，计算当月机械作业的实际单位成本。施工企业所属各施工单位（如施工项目部）的自有施工机械和运输设备，一般只计算机械作业的直接费成本，而将为组织和管理机械作业所发生的间接费用直接分配记入各工程成本核算对象的"间接费用"成本项目。

施工项目上使用自有施工机械或运输设备进行机械作业所发生的各项费用，应通过"机械作业"科目进行归集。同时，在"机械作业"科目下，还应按施工机械或运输设备的种类（或每台机械）等成本核算对象设置明细账，并按规定的成本项目分设专栏，进行明细分类核算。施工机械作业的成本核算对象，一般来说，大型机械设备、特种施工机械，可以单机或机组作为成本核算对象；中小型施工机械，可以机械类别作为成本核算对象。运输设备的成本核算对象，一般以运输设备的类别作为成本核算对象；大型运输设备可以单车为成本核算对象。

【例 6-11】 某建筑公司华北项目部自有挖掘机 1 辆，2012 年 7 月共发生下列费用：应付汽车驾驶人员的工资等薪酬 7 240 元，领用燃料 6 200 元，计提挖掘机的折旧额 6 000 元，领用机械配件 3 960 元，以银行存款支付各种税费 600 元。机械作业成本归集的账务处理如下：

借：机械作业——挖掘机   24 000
　　贷：应付职工薪酬   7 240
　　　　原材料——燃料   6 200
　　　　　　——机械配件   3 960
　　　　累计折旧   6 000
　　　　银行存款   600

据此登记费用明细账，如表 6-7 所示。

表 6-7
成本核算对象：挖掘机   单位：元

| 2012年 | | 凭证号 | 摘要 | 借方 | 贷方 | 余额 | 明细科目发生额 | | | | |
月	日						人工费	燃料及动力费	折旧及维修费	其他直接费	间接费用
略	略	略	领用燃料	6 200		6 200		6 200			
			职工薪酬费用	7 240		13 440	7 240				
			领用机械配件	3 960		17 400				3 960	
			计提折旧	6 000		23 400			6 000		
			支付相关税费	600		24 000					600
			结转成本		24 000						
			合计	24 000	0		7 240	6 200	9 960	600	

二、机械作业成本的分配

施工项目部使用自有施工机械或运输设备进行机械作业所发生的各项费用，通过"机械作业"科目和机械作业明细账归集以后，会计期末根据不同情况对当期发生的机械作业成本进行分配和结转。结转机械作业成本时，为某单一受益对象发生的支出，可直接将"机械作业"账户归集的费用转入"工程施工"等有关账户；为多个受益对象发生的支出，则应按照一定的方法将机械作业成本在有关对象之间进行分配，其分配的主要方法有实际成本比例法和计划成本比例法。其中，对外单位、专项工程等提供机械作业的成本，借记"劳务成本"科目，贷记"机械作业"科目。

自有施工机械使用费的分配方法主要有以下三种：

1. 机械台班分配法

机械台班分配法是指按各工程成本核算对象实际使用施工机械的台班数进行分配的方法。其计算公式如下：

$$\frac{某种机械的}{每台班实际成本} = \frac{该种机械本月实际}{发生的费用总额} \div \frac{该种机械本月实际}{工作的台班总数}$$

$$\frac{某工程成本核算对象}{应分配的某种机械使用费} = \frac{该工程成本核算对象}{实际使用台班数} \times \frac{某种机械的}{每台班实际成本}$$

机械台班分配法一般适用于按单机或机组进行成本核算的施工机械。

【例6-12】 某建筑公司北京项目部自有塔式起重机一台，2012年10月实际发生的机械作业费用总额为24 000元，本月实际工作120个台班，其中：为厂房工程工作50个台班，为办公楼工程工作70个台班。则厂房工程和办公楼工程本月应负担的塔式起重机使用费的分配及账务处理如下：

塔式起重机的每台班实际成本＝24 000÷120＝200(元)

厂房工程应分配的塔式起重机使用费＝50×200＝10 000(元)

办公楼工程应分配的塔式起重机使用费＝70×200＝14 000(元)

借：工程施工——合同成本(厂房)   10 000

             ——合同成本(办公楼)   14 000

  贷：机械作业——塔式起重机   24 000

2. 作业量分配法

作业量分配法是指以各种施工机械所完成的作业量为基础进行分配的方法。其计算公式如下：

$$\frac{某种机械的单位}{作业量实际成本}=\frac{该种机械实际发生的费用总额}{该种机械实际完成的作业量}$$

$$\frac{某工程成本核算对象应}{负担的某种机械使用费}=\frac{该种机械为该工程成本}{核算对象提供的作业量}\times\frac{该种机械的单位}{作业量实际成本}$$

作业量分配法一般适用于能够计算完成作业量的单台或某类施工机械，如汽车运输作业，可以按单台或一个种类汽车提供的吨公里计算作业量等。

【例6-13】 某建筑公司北京项目部自有搅拌车1辆，2012年10月实际发生的费用总额为36 000元，本月为厂房工程和办公楼工程提供的作业总量为1 800吨公里，其中：为厂房工程提供的作业量为1 000吨公里，为办公楼工程提供的作业量为800吨公里。则厂房工程和办公楼工程本月应负担的搅拌车使用费的分配及账务处理如下：

厂房工程和办公楼工程本月应负担的搅拌车使用费计算如下：

搅拌车的单位作业量实际成本＝36 000÷1 800＝20(元/吨公里)

厂房工程应分配的搅拌车使用费＝1 000×20＝20 000(元)

办公楼工程应分配的搅拌车使用费＝800×20＝16 000(元)

借：工程施工——合同成本(厂房)   20 000

　　　　　　——合同成本(办公楼)   16 000

贷：机械作业——搅拌车   36 000

3. 预算分配法

预算分配法是指按实际发生的机械作业费用占预算定额规定的机械使用费的比率进行分配的方法。其计算公式如下：

$$\frac{机械作业费用}{分配率}=\frac{实际发生的机械}{作业费用总额}\div\frac{全部受益工程成本核算对象}{的预算机械使用费总额}$$

$$\frac{某受益工程成本核算对象}{应分配的机械使用费}=\frac{该受益工程成本核算}{对象预算机械使用费}\times\frac{机械作业费用}{分配率}$$

预算分配法一般适用于不便计算机械使用台班或无机械台班和台班单价预算定额的中小型施工机械使用费，如几个工程成本核算对象共同使用的混凝土搅拌机的费用等。

【例6-14】 某建筑公司北京项目部自有混凝土搅拌机1台，2012年9月实际发生的机械作业费用总额为18 204元，厂房工程和办公楼工程预算中的混凝土搅拌机使用费总额为60 000元，其中：厂房工程预算中的混凝土搅拌机使用费为36 000元，办公楼工程预算中的混凝土搅拌机使用费为24 000元。则厂房工程和办公楼工程本月应负担的混凝土搅拌机使用费分配及账务处理如下：

机械作业费用分配率＝18 204÷60 000＝0.303 4

$$\frac{厂房工程应分配的}{混凝土搅拌机使用费}＝36 000×0.303 4＝10 922.4(元)$$

$$\frac{办公楼工程应分配的}{混凝土搅拌机使用费}＝24 000×0.303 4＝7 281.6(元)$$

借：工程施工——合同成本（厂房）　　　　　　　10 922.4

　　　　——合同成本（办公楼）　　　　　　　 7 281.6

　　贷：机械作业——混凝土搅拌机　　　　　　　18 204

在实际工作中，施工项目部自有施工机械使用费一般是根据各月份的机械作业明细账、机械使用月报和工程量报表等资料，通过编制机械使用费分配表进行分配的。

第七章

收入与费用

收入概述

一、收入的概念与特点

收入是指企业在日常活动中形成的会导致所有者权益增加、与所有者投入资本无关的经济利益的总流入，包括销售商品收入、提供劳务收入和让渡资产使用权收入。企业代第三方收取的款项，应当作为负债处理，不应当确认为收入。日常活动是指企业为完成其经营目标而从事的所有活动，以及与之相关的其他活动，如施工企业承包工程，销售产品、材料，提供机械作业和运输作业，出租固定资产，出租包装物等。经济利益是指现金或最终能转化为现金的非现金资产。只有企业日常活动形成的经济利益的流入，才是收入；而由企业日常活动以外的活动所形成的经济利益的流入，则不是企业的收入。

收入的特点主要表现为：

(1) 收入从企业的日常活动中产生，而不是从偶发的交易或事项中产生，如施工企业承包工程，销售产品、材料，提供机械作业和运输作业劳务取得的收入等。有些交易或事项虽能为企业带来经济利益，但不属于企业的日常活动，其流入的经济利益是利得，而不是收入，如出售固定资产，因固定资产是为使用而不是为出售而购入的，固定资产出售不属于企业的日常活动，出售固定资产取得的收益不作为收入核算。

(2) 收入可能表现为企业资产的增加，如增加银行存款、应收账款等；也可能表现为企业负债的减少，如以设备或劳务抵偿债务；或者两者兼而有之，如工程款中部分收取现金、部分抵偿债务。

(3) 收入能导致企业所有者权益增加。收入能增加资产或减少负债，或两者兼而有之，因此，根据"资产－负债＝所有者权益"的公式，企业取得的收入一定能使所有者权益增加。

(4) 收入只包括本企业经济利益的流入，不包括为第三方或者客户代收的款项，如企业代政府税务部门收取的各种税费等。代收的款项，一方面增加企业的资产，一方面增加企业的负债，而不会增加企业的所有者权益，也不属于企业的经济利益，不能作为企业的收入。

二、收入的分类与内容

收入可以按照不同的标准进行分类。按照收入的性质，可以分为商品销售收入、劳务收入、让渡资产使用权取得的收入等。按照企业经营业务的主次，可以分为主营业务收入和其他业务收入。主营业务收入占企业营业收入的比重一般较大，对企业的经济效益产生较大的影响。其他业务收入占企业营业收入的比重一般较小。主营业务收入和其他业务收入的划分标准，一般应按照营业执照上注明的主营业务和兼营业务予以确定，营业执照上注明的主营业务所取得的收入一般作为主营业务收入，营业执照上注明的兼营业务所取得的收入一般作为其他业务收入。但在实际工作中，如果营业执照上注明的兼营业务量较大，且是经常性发生的收入，也可归为主营业务收入。

不同行业的主营业务收入所包括的内容不同，施工企业的主营业务收入主要是建造合同收入。施工企业的其他业务收入主要包括销售产品、材料，提供机械作业和运输作业劳务，出租固定资产和无形资产等取得的收入。

第二节
建造合同收入及费用

一、建造合同概述

建造合同是指为建造一项资产或者在设计、技术、功能、最终用途等方面密切相关的数项资产而订立的合同。这里所讲的资产，是指房屋、道路、桥梁、水坝等建筑物，以及船舶、飞机、大型机械设备等。建造合同属于经济合同的范畴，但有其不同于一般材料采购合同和劳务合同之处，主要体现在：（1）先有买主，后有标的，建造资产的造价在签订合同时已经确定；（2）资产的建设期长，一般要跨越一个以上的会计年度；（3）所建造资产的体积大，造价高；（4）建造合同一般为不可取消的合同。

（一）建造合同的分类

建造合同主要包括两类：固定造价合同和成本加成合同。
固定造价合同是指按照固定的合同价或固定单价确定工程价款的建造合

同。例如，某承包商为客户建造一座桥梁，合同总价 20 000 000 元。再如，某建造承包商为客户承建一座住宅，每平方米造价 1 200 元。此类合同即为固定造价合同。

成本加成合同是指以合同允许或其他方式议定的成本为基础，加上该成本的一定比例或定额费用确定工程价款的建造合同。例如，某飞机制造商为客户制造一架飞机，双方约定，以制造飞机的实际成本为基础，加收 5% 的费用作为合同总价款，该项合同即为成本加成合同。

（二）合同分立、合同合并及追加合同

一般情况下，企业应以所订立的单项合同为对象，分别计量和确认各单项合同的收入、费用和利润。但如果一项合同中包括多项资产的建造，企业应按照建造合同准则规定的合同分立原则，确定建造合同的会计核算对象；如果为建造一项或数项资产而签订了一组合同，按合同合并的原则，确定建造合同的会计核算对象。

1. 合同分立

如果一项建造合同包括多项资产的建造，在同时具备下列条件的情况下，每项资产应分立为单项合同处理：

（1）每项资产均有独立的建造计划；

（2）建造承包商与客户就每项资产单独谈判，双方能够接受或拒绝与每项资产有关的合同条款；

（3）每项资产的收入和成本可单独辨认。

例如，某建筑公司与客户签订一项建造合同，按合同规定，建造内容包括一座住宅和一段道路。在签订合同时，双方分别就所建住宅和道路进行谈判，并达成一致意见：房屋工程造价 1 500 万元，道路造价 800 万元。房屋和道路均有独立的施工图预算和预算造价。则此项合同应分立为两个单项合同进行会计处理。

如果不同时具备上述三个条件，不能将建造合同进行分立，而仍应将其作为一个合同进行会计处理。

2. 合同合并

一组合同无论对应单个客户还是几个客户，在同时具备下列条件的情况

下，应合并为单项合同处理：

（1）该组合同按一揽子交易签订；

（2）该组合同密切相关，每项合同实际上已构成一项综合利润率工程的组成部分；

（3）该组合同同时或依次履行。

例如，某建造承包商与客户一揽子签订了三项建造合同，分别是同一条公路的一段路基、一座桥梁和一座隧道。根据合同规定，三项工程由承包商同时施工，并根据整个项目的施工进度办理价款结算。则此三项合同应当合并为一个合同，统一进行会计核算。

如果不同时具备上述三个条件，不能将建造合同进行合并，而应以各个单项合同进行会计处理。

3. 追加合同

追加资产的建造，满足下列条件之一的，应当作为单项合同处理：

（1）该追加资产在设计、技术或功能上与原合同包括的一项或数项资产存在重大差异；

（2）议定该追加资产的造价时，不需要考虑原合同价款。

例如，某建造承包商承揽一段高速公路工程，高速公路的工程造价为500万元，预计总成本为460万元。合同履行一段时间后，客户决定追加建造一个服务区，并与建造商协商一致，变更了原合同内容。根据上述资料分析，由于该服务区在设计、技术、功能上与原合同包括的高速公路存在重大差异，表明符合上述条件，因此该追加资产的建造应当作为单项合同。

二、建造合同总收入

（一）合同总收入的组成内容

对于建造承包商而言，合同总收入包括以下内容：

1. 合同的初始收入

合同的初始收入是指建造承包商与客户在双方签订的合同中最初商定的合同总金额。

2. 合同因变更、索赔、奖励等形成的收入

合同因变更、索赔、奖励等形成的收入不能随意确认，只有在符合规定的条件时才构成合同总收入。建造承包商在合同以外代客户购置设备、办理征地拆迁、计取监理费等，应如实向客户收取费用，不能作为合同收入的组成部分。

（二）合同总收入的确认条件

按照《企业会计准则——建造合同》规定，这里所讲的收入的确认，仅指可以计入合同总收入，并非将其在当期损益中确认。

1. 合同初始收入的确认

合同中标后，建造承包商与中标单位双方签订的合同中确定的合同总金额。

2. 合同变更收入的确认

合同变更是指客户为改变合同规定的作业内容而提出的调整。应在符合以下条件时确认：
（1）客户能够认可因变更而增加的收入；
（2）收入能够可靠计量。
对这部分收入，承包商应当熟悉工程变更的报批程序以及监理和业主对变更的管理权限，对因工程设计、合同工作内容（如地质条件与合同不符、改变施工组织设计方案、增加或减少工程数量、提高工作质量标准）等发生的变更，根据工程实际情况提出变更报告，阐明合同变更的理由及金额。
一般程序为：驻地监理工程师批准→总监办批准→业主批准。如需经过原设计单位审批，还应报经设计单位同意批准。承包商按照批复金额与原合同规定作业内容计量价款的差额调整合同总收入。

3. 索赔款收入的确认

索赔款是指因客户或第三方的原因造成的、由建造承包商向客户或第三

方收取的、用于补偿不包括在合同造价中的成本的款项。其确认条件为：

(1) 根据谈判情况，预计对方能够同意这项索赔；

(2) 对方同意接受的金额能够可靠计量。

因客户原因造成不包括在合同造价中的成本损失，如图纸未及时到位、桩号未及时移交、应由发包商办理的拆迁手续未办理完善、业主要求工期提前、国家政策发生变化导致增加成本等，承包商应及时提出索赔报告（或索赔意向书），注明索赔理由及金额，与客户协商赔偿。

一般程序为：承包商提出索赔报告（或索赔意向书），根据具体情况由发包商召集有关单位（如业主、监理、设计等单位）进行协商，签订会议纪要或以其他方式达成一致意见，最终就索赔金额在相关文件中确认，计入合同总收入。

4. 奖励款收入的确认

奖励款是指工程达到或超过规定的标准时，客户同意支付给建造承包商的额外款项，主要有工程质量奖、工程进度奖、提前竣工奖等。其确认的条件为：

(1) 根据目前合同完成情况，足以判断工程进度和工程质量能够达到或超过既定的标准；

(2) 奖励金额能够可靠计量。

承包商承担的工程已经完成并经监理、业主签认计量，工程质量已经通过专家评审，并确信无问题；工程进度经评比，奖励文件已经发布或按照相关文件规定的奖励数额能够准确核定；合同中有明确的奖励标准或客户与承包商就该事项达成补充协议，或业主发布的文件中有明确条款，可以确定能够获得且金额能够计算。

在将奖励款确认为收入时，应注意以下因素：工程施工过程中，对业主从计价款中扣留的奖励基金，在返还项目时要避免重复确认收入；实际工作中，有些业主的奖励款以现金支付甚至直接发放到个人，最终不在计量款中反映，不应确认为收入。

三、建造合同总成本

(一) 合同总成本的组成内容

合同成本包括从合同签订开始至合同完成为止所发生的、与执行合同有关的直接费用和间接费用。直接费用是指为完成合同所发生的、可以直接计入合同成本核算对象的各项费用支出，包括直接人工费、直接材料费、直接机械使用费、其他直接费四项内容；间接费用是企业下属的施工单位或生产单位为组织和管理施工生产活动所发生的费用，包括施工生产管理人员的职工薪酬、劳动保护费、固定资产折旧及修理、物料消耗、低值易耗品摊销、取暖费、水电费、办公费、差旅费、财产保险费、工程保修费、排污费等。直接费用在发生时应当直接计入合同成本；间接费用应当在期末按照系统、合理的方法分摊计入合同成本。

（二）合同总成本的计算

按照《企业会计准则——建造合同》的规定，下面所讲的合同总成本计算，仅指可以计入合同总成本，并非将其在当期损益中确认。

1. 合同总成本的计算原理

按照《企业会计准则——建造合同》对收入与费用确认的原则，施工项目部为了可靠地计算确认每期的合同收入与合同费用，必须要确知合同总成本的金额。在工程项目完工之前，只能根据实际已经发生的工程成本和预计将要发生的合同成本来预计合同总成本。

$$\begin{array}{c}\text{合同预计}\\\text{总成本}\end{array} = \begin{array}{c}\text{实际已经发生}\\\text{的工程成本}\end{array} + \begin{array}{c}\text{预计将要发生的}\\\text{合同成本}\end{array}$$

2. 实际已经发生的工程成本的测算

实际已经发生的工程成本主要是根据"工程施工——合同成本"的期末余额来确定。因此，在工程施工过程中，应及时对发生的各项成本费用进行账务处理，如及时对分包协作队伍进行计价，及时编制工资发放表并按规定提取附加费用，及时进行折旧费用的提取，及时预计上级费用，及时对周转材料、临时设施进行摊销等，以便使账务成本的记录真实准确，从而准确计算实际已经发生的工程成本。

3. 预计将要发生的合同成本的测算

在每个会计期末，承包商应当组织测算执行合同预计将要发生的合同成本。设置成本管理部门的公司，应当由公司成本管理部门组织测算，并将测算结果下发项目经理部。不设置成本管理部门的公司，应当组织相关业务部门进行测算。

（1）施工技术部门，熟悉工程图纸，进一步细化、优化施工组织设计，提出各项直接费用的节约措施和方案，提供合同各分项工程施工所要发生的用工数量、材料品种和数量、机械种类和台班数量；预计合同变更所引起的人工、材料、机械等使用变化情况。

（2）物资供应部门，详细调查当地各种材料的供应价格并考虑日后可能发生的价格波动因素，编制材料价目表。

（3）设备管理部门，根据施工机械配置、机械使用状况及台班消耗定额，结合当地电力、燃油料价格、工日单价、实际折旧情况、预计修理支出等分析机械费用开支，确定台班单价。

（4）财务部门，根据工程管理人员数量，预计人员月工资、合同工期，计算编制管理人员工资预算表；按计算基数和国家规定的标准计提各项工资附加费；根据工程所需人员数量、合同工期，编制办公费、差旅费、招待费、折旧费、修理费、管理工具用具等间接性费用的开支预算。

（5）计划部门，编制临时设施预算支出；根据用工数量，编制直接人工费预算；根据各业务部门提供的预算资料，预测将要发生的合同成本。

在工程施工期间，施工项目预计合同总成本是动态的。尽管如此，项目预计合同总成本和预计合同总成本的变更都必须经过公司相关管理部门的批复，才能作为项目经理部计算完工百分比的依据。合同预计总成本的确定是建造合同收入与费用控制的关键。

（三）需要注意的事项

1. 与合同有关的零星收益不作为合同收入，应当直接冲减合同成本

与合同有关的零星收益是指在合同执行过程中取得的非经常性的收益，如合同完成后处置残余物资取得的收益等。值得注意的是，所谓"直接冲减合同成本"只是冲减了前期材料领用而增加的合同成本，残余物资对外销售的收入仍然应通过"其他业务收入"和"其他业务成本"科目核算。

2. 不计入合同成本，应作为期间费用管理，直接计入当期损益的费用

包括以下两种：

(1) 企业行政管理部门为组织和管理生产经营活动所发生的管理费用。

(2) 企业为建造合同借入款项所发生的、不符合会计准则规定的资本化条件的借款费用。例如，企业在建造合同完成后发生的利息净支出、汇兑净损失、金融机构手续费以及筹资发生的其他财务费用等。

四、合同收入与合同费用的确认

（一）建造合同收入与费用的确认原则

《企业会计准则——建造合同》规定了采用完工百分比法确认合同收入与合同费用的总原则，即：如果建造合同的结果能够可靠地估计，企业应根据完工百分比法在资产负债表日确认合同收入和合同费用。也就是说，核算建造合同的收入与费用，首先要进行建造合同结果的判定，只有对于建造合同结果能够可靠估计的，才能按照完工百分比法确认收入与费用；而对于建造合同结果不能够可靠估计的，不能按照完工百分比法确认收入与费用。为核算建造合同的收入与费用，施工企业应当设置"应收账款"、"预收账款"、"工程施工"、"工程结算"、"主营业务收入"、"营业税金及附加"、"主营业务成本"、"资产减值损失"、"存货跌价准备——合同预计损失准备"等科目，并根据管理的需要具体设置明细科目。建造合同收入与费用的核算程序如图 7-1 所示。

图 7-1　建造合同收入与费用核算账务流程图

①施工项目通过"工程施工——合同成本"科目归集工程施工成本；

②施工项目与业主、总包方进行工程价款结算；

③期末，施工项目按照完工进度确认合同收入与费用；

④工程项目结束后，将"工程施工"与"工程结算"科目对冲结平。

值得一提的是，在 2011 年颁布的《小企业会计准则》中，要求小企业对建筑劳务也要采用完工进度法进行收入和费用的确认与计量。

（二）建造合同结果的判定

按照《企业会计准则——建造合同》的规定，如果建造合同的结果能够可靠估计，企业应根据完工百分比法，在资产负债表日确认合同收入与合同费用。由此可见，建造合同的结果能够可靠地估计，是企业采用完工百分比法确认建造合同收入和费用的前提条件。建造合同分为固定造价合同和成本加成合同两种类型，不同类型的合同，其结果能否可靠估计的标准也不同。

判定固定造价合同的结果能够可靠估计的条件为：

（1）合同总收入能够可靠计量；

（2）与合同相关的经济利益能够流入企业；

（3）在资产负债表日，合同完工进度和为完成合同尚需发生的成本能够可靠地确定；

（4）为完成合同，已经发生的合同成本能够清楚地区分和可靠地计量。

成本加成合同的结果能够可靠估计，是指同时具备以下两项条件：

（1）与合同相关的经济利益能够流入企业；

（2）实际发生的合同成本能够清楚地区分，并且能够可靠地计量。

（三）完工进度的确定

根据《企业会计准则——建造合同》的规定，企业可以用于确定合同完工百分比的方法有以下几种：

1. 累计实际发生的合同成本占合同预计总成本的比例

这是一种较常用的确定完工进度的方法，它是用累计实际发生的合同成本除以合同预计总成本来计算的。

合同完工进度＝累计实际发生的合同成本÷合同预计总成本×100％

【例 7-1】　某施工项目部签订了一项总金额为 1 000 万元的建造合同，合同规定的建设期为 3 年。第一年，实际发生合同成本 300 万元，年末预计为完成合同尚需发生成本 520 万元；第二年，实际发生合同成本为 400 万元，年末预计为完成合同尚需发生成本 150 万元。

根据上述资料，计算合同完工进度如下：

$$第一年合同完工进度＝300÷(300＋520)×100\%＝37\%$$
$$第二年合同完工进度＝(300＋400)÷(300＋400＋150)×100\%$$
$$＝82\%$$

采用累计实际发生的合同成本占合同预计总成本的比例确定合同完工进度时，累计实际发生的合同成本不包括与合同未来活动相关的合同成本，如施工中尚未安装、使用或消耗的材料成本，在分包工程总工作量完成之前预付给分包单位的款项等。

【例7-2】 某施工项目部承建 A 工程，工期两年，A 工程的预计总成本为 1 000 万元。第一年，该项目部的"工程施工——合同成本（A 工程）"账户的实际发生额为 680 万元。其中：人工费 150 万元，材料费 380 万元，机械使用费 100 万元，其他直接费和工程间接费 50 万元。

经查明，A 工程领用的材料中有一批虽已运到施工现场，但尚未使用，尚未使用的材料成本为 80 万元。

根据上述资料，计算第一年的完工进度：

$$合同完工进度＝(680－80)÷1\ 000×100\%＝60\%$$

【例7-3】 甲建筑公司与客户一揽子签订了一项建造合同，承建 A、B 两项工程。该项合同的 A、B 两项工程密切相关，客户要求同时施工，一起交付，工期为两年。合同规定的总金额为 1 100 万元。甲建筑公司决定 A 工程由自己施工，B 工程以 400 万元的合同金额分包给乙建筑公司承建，甲公司已与乙公司签订了分包合同。第一年，甲公司自行施工的 A 工程实际发生工程成本 450 万元，预计为完成 A 工程尚需发生工程成本 150 万元；甲公司根据乙公司分包的 B 工程的完工进度，向乙公司支付了 B 工程的进度款 250 万元，并向乙公司预付了下年度备料款 50 万元。

根据上述资料，甲公司计算确定该项建造合同第一年的完工进度：

$$合同完工进度＝(450＋250)÷(450＋150＋400)×100\%＝70\%$$

2. 已完工程的合同工作量占合同预计总工作量的比例

这种方法适用于合同工作量容易确定的建造合同，如道路工程、土石方工程、砌筑工程等。

合同完工进度＝已经完成的合同工作量÷合同预计总工作量×100％

【例7-4】 某路桥工程公司签订了一项修建一条100公里公路的建造合同，合同规定的总金额为8 000万元，工期为3年。该公司第一年修建了30公里，第二年修建了40公里。

根据上述资料，计算合同完工进度如下：

第一年合同完工进度＝30÷100×100％＝30％
第二年合同完工进度＝（30＋40）÷100×100％＝70％

在确定完工比例时，由计划、技术、统计等业务部门本着密切配合、协调一致的原则，对工程的各分项工程，采用适当的计量方法进行实地测量，汇总后确认已经完成的工作量；对业务部门提供的工作量，由项目总工及项目经理审核签字后，提交财务部门作为核算的依据。

3．已完合同工作的测量

这种方法是在无法根据上述两种方法确定合同完工进度时所采用的一种特殊测量方法，适用于一些特殊的建造合同，如水下施工工程等，须由专业人员现场进行科学测定。

例如，某建筑公司承建一项水下作业工程，在资产负债表日，经专业人员现场测定，已完工作量已达合同总工作量的80％，则该合同的完工进度为80％。

（四）建造合同的结果能够可靠估计时收入与费用的确认

建造合同的结果能够可靠估计的，应采用完工百分比法确认当期的合同收入与合同费用。

$$当期确认的合同收入＝合同总收入×完工进度－以前会计期间累计已确认的收入$$

$$当期确认的合同费用＝合同预计总成本×完工进度－以前会计期间累计已确认的费用$$

$$当期确认的合同毛利＝当期确认的合同收入－当期确认的合同费用$$

会计期末，建造合同能够可靠估计时，企业按照合同完工百分比法计算合同收入及合同毛利，同时确认合同收入与合同费用。根据当期确认的合同费用，借记"主营业务成本"科目；按当期应确认的合同收入，贷记"主营业务收入"科目；按当期确认的毛利，借记或贷记"工程施工（合同毛利）"科目。

【例7-5】　某建筑公司签订了一项总金额为 9 000 000 元的建造合同，承建一座桥梁。工程已于 2009 年 7 月开工，预计 2011 年 10 月完工。各年度相关资料如下：

（1）至 2009 年年底，已发生成本 2 000 000 元，完成合同尚需发生成本 6 000 000 元；

（2）到 2010 年年底，已发生成本 5 832 000 元，完成合同尚需发生成本 2 268 000 元；

（3）2011 年 10 月，该项工程完成时，累计已发生成本 8 100 000 元。

假定该项目按年度来确认合同收入与费用，相关计算与账务处理如下：

（1）$\begin{array}{c}2009\ 年计算\\ 完工进度\end{array}$ ＝2 000 000÷（2 000 000＋6 000 000）×100％＝25％

2009 年应确认合同收入＝9 000 000×25％－0＝2 250 000（元）

2009 年应确认合同费用＝8 000 000×25％－0＝2 000 000（元）

2009 年应确认合同毛利＝2 250 000－2 000 000＝250 000（元）

2009 年年末，合同收入与费用确认的账务处理为：

借：主营业务成本　　　　　　　　　　　　　　　　　　2 000 000

　　工程施工——合同毛利　　　　　　　　　　　　　　　250 000

　　贷：主营业务收入　　　　　　　　　　　　　　　　　　　2 250 000

（2）$\begin{array}{c}2010\ 年计算\\ 完工进度\end{array}$ ＝5 832 000÷（5 832 000＋2 268 000）×100％

　　　　　　　　＝72％

2010 年应确认合同收入＝9 000 000×72％－2 250 000

　　　　　　　　　　　＝4 230 000（元）

2010 年应确认合同费用＝8 100 000×72％－2 000 000

　　　　　　　　　　　＝3 832 000（元）

2010 年应确认合同毛利＝4 230 000－3 832 000＝398 000（元）

2010 年年末，合同收入与费用确认的账务处理为：

借：主营业务成本　　　　　　　　　　　　　　　　　　3 832 000

　　工程施工——合同毛利　　　　　　　　　　　　　　　398 000

　　贷：主营业务收入　　　　　　　　　　　　　　　　　　　4 230 000

（3）2011 年计算完工进度＝8 100 000÷8 100 000×100％＝100％

$\begin{array}{c}2011\ 年应确认\\ 合同收入\end{array}$ ＝9 000 000×100％－6 480 000＝2 520 000（元）

2011 年应确认
合同费用 $=8\,100\,000\times100\%-5\,832\,000=2\,268\,000$（元）

2011 年应确认合同毛利 $=2\,520\,000-2\,268\,000=252\,000$（元）

2011 年年末，合同收入与费用确认的账务处理为：

借：主营业务成本   2 268 000

    工程施工——合同毛利   252 000

  贷：主营业务收入   2 520 000

工程完工时，将"工程施工"科目的余额与"工程结算"科目的余额对冲：

借：工程结算   9 000 000

  贷：工程施工——合同毛利   900 000

           ——合同成本   8 100 000

（五）建造合同的结果不能可靠估计时收入与费用的确认

如果建造合同的结果不能可靠地估计，企业不能根据完工百分比法确认当期的合同收入与合同费用，应分别以下情况进行会计处理：

（1）合同成本能够收回的，合同收入根据能够收回的实际合同成本加以确认，合同成本在其发生的当期确认为费用，即确认的合同收入等于合同费用。按照能够收回的实际合同成本，借记"主营业务成本"科目，同时贷记"主营业务收入"科目。

（2）合同成本不能收回的，应在发生时立即确认为费用，不确认收入，如工程中途承包商破产等原因造成工程支出不能收回。按照发生的实际合同成本，借记"主营业务成本"科目，贷记"工程施工——合同毛利"科目。

【例 7-6】 某建筑公司与客户签订了一项总金额为 100 万元的建造合同。第一年实际发生工程成本 40 万元，双方均能履行合同规定的义务。但建筑公司在年末对该项工程的完工进度无法可靠估计。在这种情况下，该公司不能采用完工百分比法确认收入，但由于客户能够履行合同，当年发生的成本均能收回，所以，公司可将当年发生的成本金额同时确认为当年的收入和费用，当年不确认利润。其账务处理如下：

借：主营业务成本   400 000

  贷：主营业务收入   400 000

假定该公司当年与客户只办理价款结算 15 万元，由于客户出现财务危机，其余款项可能收不回来。在这种情况下，该公司只将 15 万元确认为当年的收入，40 万元应确认为当年的费用。其账务处理如下：

借：主营业务成本　　　　　　　　　　　　　　　　　400 000
　　贷：主营业务收入　　　　　　　　　　　　　　　　150 000
　　　　工程施工——合同毛利　　　　　　　　　　　　250 000

五、合同预计损失的核算

按照《企业会计准则——建造合同》的规定，如果合同预计总成本将超过预计总收入，应将预计损失立即确认为当期费用。按照应计提的资产减值损失金额，借记"资产减值损失"科目，贷记"存货跌价准备——合同预计损失准备"科目。

$$\text{当期应计提的合同预计损失准备} = (\text{预计合同总成本} - \text{预计合同总收入})$$

$$\times (1 - \text{完工进度百分比}) - \text{以前预计损失准备余额}$$

合同预计损失减少时，作相反分录，在前期累计预计的合同损失范围内冲回。合同完工确认合同收入费用时，应转销预计损失准备。按照合同预计损失准备的余额，借记"存货跌价准备（合同预计损失准备）"科目，贷记"主营业务成本"科目。

【例 7-7】 某建筑公司签订了一项总金额为 240 万元的建造合同，工期 3 年。第一年实际发生成本 130 万元，年末预计完成合同尚需发生成本 130 万元。该项目第二年实际发生成本 40 万元，年末预计完成合同尚需发生成本 80 万元。第三年该项目实际发生成本 100 万元，建造合同完工。要求分年度确认有关收入、费用、毛利及预计损失。

相关计算与财务处理如下：

（1）第一年年末：

$$\text{合同完工进度} = \frac{\text{累计实际发生的合同成本}}{\text{合同预计总成本}} \times 100\%$$

$$= 130 \div (130 + 130) \times 100\% = 50\%$$

当年应确认的合同收入 $= 240 \times 50\% - 0 = 120$（万元）

当年确认的合同费用 $= (130 + 130) \times 50\% - 0 = 130$（万元）

当年确认的毛利 $= 120 - 130 = -10$（万元）

当年应确认预计损失额 $= [(130 + 130) - 240] \times (1 - 50\%) - 0$
$$= 10（万元）$$

第一年年末，确认合同收入、合同费用和合同毛利，作如下账务处理：

借：主营业务成本 1 300 000

　　贷：主营业务收入 1 200 000

　　　　工程施工——合同毛利 100 000

年末计提预计损失准备，作如下账务处理：

借：资产减值损失——合同预计损失 100 000

　　贷：存货跌价准备——预计损失准备 100 000

(2) 第二年年末：

合同完工进度＝(130＋40)÷(130＋40＋80)×100％＝68％

当年应确认的合同收入＝240×68％－120＝43.2(万元)

当年确认的合同费用＝250×68％－130＝40(万元)

当年确认的毛利＝43.2－40＝3.2(万元)

当年应确认预计损失额＝[(130＋40＋80)－240]×(1－68％)－10

＝－6.8(万元)

第二年年末，确认合同收入、合同费用和合同毛利，作如下账务处理：

借：主营业务成本 400 000

　　工程施工——合同毛利 32 000

　　贷：主营业务收入 432 000

借：存货跌价准备——预计损失准备 68 000

　　贷：主营业务成本 68 000

(3) 第三年合同完工时：

合同完工进度＝100％

当年确认的合同收入＝240－(120＋43.2)＝76.8(万元)

当年确认的合同费用＝(130＋40＋100)－(130＋40)＝100(万元)

当年确认的毛利＝76.8－100＝－23.2(万元)

确认第三年合同收入、合同费用及合同毛利：

借：主营业务成本 1 000 000

　　贷：工程施工——合同毛利 232 000

　　　　主营业务收入 768 000

转销预计损失准备的余额：

借：存货跌价准备——预计损失准备 32 000

　　贷：主营业务成本 32 000

工程完工时，将"工程施工"科目的余额与"工程结算"科目的余额对冲：

借：工程结算		2 400 000
工程施工——合同毛利		300 000
贷：工程施工——合同成本		2 700 000

六、工程价款结算与营业税金的核算

（一）工程价款结算的办法

工程价款结算是指施工企业因承包建筑安装工程，按照承包合同的规定向发包单位点交已完工程，收取工程价款的结算行为。通过工程价款结算，可以及时补偿企业在施工生产过程中发生的资金耗费，保证再生产活动的顺利进行。同时，正确及时地办理工程价款结算，还有利于促使承、发包双方切实履行承、发包合同，促进基本建设计划的顺利完成，保证施工企业经营目标的实现。

按照财政部、建设部颁布的《建设工程价款结算暂行办法》（以下简称《暂行办法》）的规定，工程价款结算应按合同约定办理，合同未作约定或约定不明的，发、承包双方应依照下列规定与文件协商处理：①国家有关法律、法规和规章制度；②国务院建设行政主管部门、省、自治区、直辖市或有关部门发布的工程造价计价标准、计价办法等有关规定；③建设项目的合同、补充协议、变更签证和现场签证，以及经发、承包人认可的其他有效文件；④其他可依据的材料。

按照《暂行办法》的规定，包工包料工程的预付款按合同约定拨付，原则上预付比例不低于合同金额的10％，不高于合同金额的30％，对重大工程项目，按年度工程计划逐年预付。在具备施工条件的前提下，发包人应在双方签订合同后的一个月内或不迟于约定的开工日期前的7天内预付工程款，发包人不按约定预付，承包人应在预付时间到期后10天内向发包人发出要求预付的通知，发包人收到通知后仍不按要求预付，承包人可在发出通知14天后停止施工，发包人应从约定应付之日起向承包人支付应付款的利息（利率按同期银行贷款利率计），并承担违约责任。预付的工程款必须在合同中约定抵扣方式，并在工程进度款中进行抵扣。凡是没有签订合同或不具备施工条件的工程，发包人不得预付工程款，不得以预付款为名转移资金。

工程进度款结算方式主要包括两种：①按月结算与支付。即实行按月支付进度款，竣工后清算的办法。合同工期在两个年度以上的工程，在年终进行工程盘点，办理年度结算。②分段结算与支付。即当年开工、当年不能竣工的工程按照工程形象进度，划分不同阶段支付工程进度款。具体划分办法在合同中明确。

按照《暂行办法》的规定，根据确定的工程计量结果，承包人向发包人提出支付工程进度款申请，14天内，发包人应按不低于工程价款的60％、不高于工程价款的90％向承包人支付工程进度款。按约定时间发包人应扣回的预付款，与工程进度款同期结算抵扣。发包人超过约定的支付时间不支付工程进度款，承包人应及时向发包人发出要求付款的通知，发包人收到承包人通知后仍不能按要求付款，可与承包人协商签订延期付款协议，经承包人同意后可延期支付，协议应明确延期支付的时间和从工程计量结果确认后第15天起计算应付款的利息（利率按同期银行贷款利率计）。发包人不按合同约定支付工程进度款，双方又未达成延期付款协议，导致施工无法进行的，承包人可停止施工，由发包人承担违约责任。

（二）工程价款结算的核算

为了总括地核算和监督与发包单位的工程价款结算情况，施工企业除应设置"应收账款"、"预收账款"科目外，还应设置"工程结算"科目。它是"工程施工"科目的备抵科目，用来核算企业根据合同完工进度已向客户开出工程价款结算账单办理结算的价款。其贷方登记已向客户开出工程价款结算账单办理结算的款项；借方在合同完成前不登记；期末贷方余额，反映企业在建合同累计已办理结算的工程价款。合同完成后本科目与"工程施工"科目对冲后结平。

【例7-8】　某建筑企业承建一项土石方工程，开工前施工项目部按工程承包合同的规定，收到发包单位通过银行转账拨付的工程备料款30万元。月中，企业填列工程价款预支账单，向发包单位预收上半月的工程进度款10万元。月末，企业以工程价款结算账单与发包单位办理工程价款结算：本月已完工程价款19万元，按规定应扣还预收工程款10万元、预收备料款6万元。施工项目部收到发包单位支付的工程价款3万元。

施工项目部相关账务处理如下：

(1) 开工前预收工程备料款。

借：银行存款 300 000
　　贷：预收账款——预收备料款 300 000

（2）月中预收工程款。

借：银行存款		100 000
贷：预收账款——预收工程款		100 000

（3）月末办理结算。

借：应收账款——应收工程款		190 000
贷：工程结算		190 000
借：预收账款——预收工程款		100 000
——预收备料款		60 000
贷：应收账款——应收工程款		160 000

（4）收到发包单位支付的工程价款 3 万元。

借：银行存款		30 000
贷：应收账款——应收工程款		30 000

（三）营业税金的核算

营业税是对提供劳务、出售无形资产或者销售不动产的单位和个人征收的税种。企业按规定应缴的营业税，在"应交税费"科目下设置"应交营业税"明细科目核算。营业税是一种价内税。这里的应税劳务是指属于交通运输业、建筑业、金融保险业、邮电通信业、文化体育业、娱乐业、服务业税目征收范围的劳务。营业税是施工企业最主要的税种之一。

施工企业应缴的建筑业营业税应通过"营业税金及附加"科目核算。企业应缴纳的营业税，应按照营业额和规定的税率计算，其计算公式如下：

$$应纳税额＝营业额×税率$$

计算公式中，营业额是指纳税人提供应税劳务、转让无形资产或者销售不动产向对方收取的全部价款和价外费用。价外费用包括向对方收取的手续费、基金、集资费、代收款项、代垫款项及其他各种性质的价外收费。如果企业是总承包人，其营业额为工程的全部承包额减去付给分包人的价款后的余额。

纳税人提供建筑业劳务（不含装饰劳务）的，其营业额均应包括工程所用的原材料设备及其他物资和动力价款在内。也就是说，即使是采用包工不包料结算的，建设单位购买建筑材料的实际价格，以及建设单位在运输及保管建筑材料过程中发生的运输、仓储的费用支出也应当并入施工方的营业额征收营业税。如果安装的设备为建设方所提供，那设备价款就不应征收营业税。

　　施工企业在执行建造合同准则后，企业根据工程项目的完工百分比确认主营业务收入。根据国家关于营业税的法律及其条例中规定的关于流转税营业额的定义，企业应纳税营业额是业主批复的验工计价款或预收工程款，而不是企业根据完工百分比法确定的主营业务收入。由此必然造成企业利润表中的当期营业收入与营业税金及附加不配比。其原因主要是会计记账根据权责发生制原则，而应纳税营业额则偏重于收付实现制原则。因为施工企业与业主签订的合同金额是确定的，当期施工企业确认的主营业务收入较多，以后各期确认的主营业务收入可能会减少。从工程项目的整个施工期间，即从开始到完工来看，施工企业通过完工百分比法确认的建造合同的收入累计与业主验工计价款累计数额是相等的，最终施工企业应缴纳的营业税、城建税及教育费附加与按税收规定应缴纳的营业税、城建税及教育费附加是相等的。

　　在实际工作中，有些单位通过"其他应付款——递延税款"科目来调节这种差异，即按照确认的合同收入计算确定营业税金费用，把"营业税金及附加"与"应交税费"的差额计入"其他应付款——递延税款"账户，以实现收入与费用的配比。值得注意的是，《企业会计准则》并没有要求调整这种差异以便使营业税金及附加与收入配比。

　　【例7-9】 某工程集团公司与业主签订京海铁路建设项目合同，规定施工期为两年，合同金额为 2 000 000 元。该公司成立京海工程项目部，并按合同规定于 2010 年 2 月 1 日开工。预计合同总收入为 2 000 000 元，根据初步概算，预计合同总成本为 1 700 000 元（此例中只计算营业税，城建税和教育费附加略）。

　　2010 年年底，该项目部确认的完工百分比为 50%，则 2010 年当年建造合同收入 1 000 000 元，而业主在 2010 年四个季度累计只批复了验工计价款 200 000 元。

　　2011 年年底，该项目部确认的完工百分比为 100%，则 2011 年当年建造合同收入 1 000 000 元，而业主在 2011 年四个季度累计批复了验工计价款 1 400 000 元。

　　2012 年年底，该项目部没有确认主营业务收入，业主在 2012 年 6 月份批复验工计价款 400 000 元。

　　该项目部以上业务相关账务处理如下：

　　（1）2010 年年末，该公司项目部按当期业主批复的验工计价单确认的应纳税收入 200 000 元的 3% 计算应缴纳的营业税。账务处理如下：

　　　　借：营业税金及附加　　　　　　　　　　　　　　　　　　6 000

    贷：应交税费——应交营业税　　　　　　　　　　　　　6 000

  （2）2011 年年末，该项目部按当期业主批复的验工计价单确认的应纳税收入 1 400 000 元的 3% 计算应缴纳的营业税。账务处理如下：

    借：营业税金及附加　　　　　　　　　　　　　　　　42 000

     贷：应交税费——应交营业税　　　　　　　　　　　42 000

  （3）2012 年年末，该项目部按当期业主批复的验工计价单确认的应纳税收入 400 000 元的 3% 计算应缴纳的营业税。账务处理如下：

    借：营业税金及附加　　　　　　　　　　　　　　　　12 000

     贷：应交税费——应交营业税　　　　　　　　　　　12 000

  从三年数据来分析，该项目部三年累计缴纳的营业税为 60 000 元（6 000＋42 000＋12 000），按合同金额 2 000 000 元计算也是 60 000 元，只是实际缴纳期间与确认主营业务收入期间不一样。

七、工程分包的税务与会计

（一）工程项目分包及其特征分析

  工程项目的分包是指总承包人或者勘察、设计、施工承包人承包建设工程后，经过发包人同意，将其承包的某一非主要及专业性较强的部分工程再另行发包给具备相应资质的其他承包人，并与其签订分包工程合同。《建筑法》第二十九条规定：建筑工程总承包单位可以将承包工程中的部分工程发包给具有相应资质条件的分包单位；但是除总承包合同中约定的分包外，必须经发包单位认可。

  存在分包情况的工程总承包合同一般包括两层承包关系，即承包合同和分包合同。承包合同是发包人与总承包人或者勘察、设计、施工承包人之间订立的合同，分包合同是承包合同中的总承包人或者勘察、设计、施工承包人与分包人之间订立的合同。按照《合同法》的规定，总承包人或者勘察、设计、施工承包人应当就承包合同的履行向发包人承担全部的责任，即总承包人或者勘察、设计、施工承包人根据合同约定或者发包人的同意将承包合同范围内的部分工程项目分包给他人，总承包人或者勘察、设计、施工承包人也要就分包的工程向发包人负责。分包人就其完成的工作成果向总承包人或者勘察、设计、施工承包人负责，并与总承包人或者勘察、设计、施工承包人向发包人承担连带责任。

  工程分包不同于工程转包。转包是指工程承包单位承包工程项目后，不履行合同约定的责任和义务，未获得发包方同意，以营利为目的，将其承包的全部建设工程转给他人或者将其承包的全部建设工程肢解，以分包的名义转给其他单位承包，并且不对所承包工程的技术、管理、质量和经济承担责任的行为。转包与分包的根本区别在于：转包行为中，原承包人将其工程全部倒手转给他人，自己并不实际履行合同约定的义务；而在分包行为中，承包人只是将其承包工程的某一部分或某几部分再分包给其他承包人，承包人仍然要就承包合同约定的全部义务的履行向发包人负责。同时，在《建筑法》、《合同法》等法律文件中，对于工程转包都做出了禁止性规定。

因此，从相关法律规定来看，工程分包的主要特征包括：分包行为必须在承发包合同中事先约定或者经发包方认可；总承包方与分包方对分包工程向发包方承担连带责任；符合合同约定或发包人许可的工程分包属施工企业正常的经营行为，它与工程转包有着本质的区别。工程分包的这些特征决定了分包工程的税务与会计处理的原则和方法。

（二）分包工程的纳税义务

根据《营业税暂行条例》第五条的规定，纳税人将建筑工程分包给其他单位的，以其取得的全部价款和价外费用扣除其支付给其他单位的分包款后的余额为营业额。从这一规定来看，存在工程分包的情况下，只要是纳税人（不论其是否是总承包人）都应以全部承包额减去付给分包方价款后的余额计算缴纳营业税，分包人应该就其完成的分包额承担相应的纳税义务。另外，只有将工程分包给其他单位（不包括个人），才允许差额纳税。

然而，根据《建筑法》的规定，只有建筑工程总承包人才可以将工程承包给其他具有相应资质条件的分包单位，而不能分包给个人，同时禁止分包单位将其承包的工程再分包。因此，部分税务机关在执法时，认为只有总承包人才有可能差额纳税，而分包单位不能再分包，所以也不能差额纳税。

（三）分包工程的账务处理

会计核算的依据是国家的相关法律、法规和企业会计准则。然而，在2006年颁布的《企业会计准则》中，并没有对分包工程的会计核算作出明确的规定。目前在施工企业会计实践中，对分包工程的会计处理方法主要有两种：第一种是将分包的工程收入纳入本公司的收入，将所支付的分包工程款作为本公司的施工成本，与自己承建的工程作同样的处理；第二种做法视分包工程与自己没有关系，分包工程的收入和支出均不通过本公司收支体系核算。

【例 7-10】　庆丽建筑公司承包一项工程，工期 10 个月，总承包收入 8 000 万元，其中装修工程 2 000 万元，分包给全兴公司承建。庆丽公司完成工程累计发生合同成本 5 500 万元，项目在当年 12 月如期完工（假定仅考虑营业税）。庆丽公司按照第一种方法的账务处理如下：

（1）庆丽公司完成项目发生成本费用时：

  借：工程施工——合同成本　　　　　　　　　　　55 000 000

   贷：原材料等　　　　　　　　　　　　　　　　55 000 000

收到甲方一次性结算的总承包款时：

  借：银行存款　　　　　　　　　　　　　　　　　80 000 000

   贷：工程结算　　　　　　　　　　　　　　　　80 000 000

（2）计提营业税金时：

  计提营业税金＝（8 000－2 000）×3‰＝180（万元）

  借：营业税金及附加　　　　　　　　　　　　　　1 800 000

   贷：应交税费——应交营业税　　　　　　　　　1 800 000

（3）缴纳营业税时：

  借：应交税费——应交营业税　　　　　　　　　　1 800 000

   贷：银行存款　　　　　　　　　　　　　　　　1 800 000

（4）分包工程完工验工结算时：

  借：工程施工——合同成本　　　　　　　　　　　20 000 000

   贷：应付账款　　　　　　　　　　　　　　　　20 000 000

（5）支付工程款时：

  借：应付账款　　　　　　　　　　　　　　　　　20 000 000

   贷：银行存款　　　　　　　　　　　　　　　　20 000 000

（6）庆丽公司确认该项目收入与费用时：

  借：主营业务成本　　　　　　　　　　　　　　　75 000 000

   工程施工——合同毛利　　　　　　　　　　　5 000 000

   贷：主营业务收入　　　　　　　　　　　　　　80 000 000

（7）工程结算与工程施工对冲结平时：

  借：工程结算　　　　　　　　　　　　　　　　　80 000 000

   贷：工程施工——合同成本　　　　　　　　　　75 000 000

       ——合同毛利　　　　　　　　　　5 000 000

全兴公司按照建造合同的一般规定，进行收入与费用的账务处理。

采用第二种核算方法的账务处理如下：

（1）庆丽公司完成项目发生成本费用时：

借：工程施工——合同成本　　　　　　　　　　　　　55 000 000

　　贷：原材料等　　　　　　　　　　　　　　　　　　55 000 000

收到甲方一次性结算的总承包款时：

借：银行存款　　　　　　　　　　　　　　　　　　　80 000 000

　　贷：工程结算　　　　　　　　　　　　　　　　　　60 000 000

　　　　应付账款　　　　　　　　　　　　　　　　　　20 000 000

（2）计提营业税金时：

计提营业税金＝（8 000－2 000）×3％＝180（万元）

借：营业税金及附加　　　　　　　　　　　　　　　　1 800 000

　　贷：应交税费——应交营业税　　　　　　　　　　　1 800 000

（3）缴纳营业税时：

借：应交税费——应交营业税　　　　　　　　　　　　1 800 000

　　贷：银行存款　　　　　　　　　　　　　　　　　　1 800 000

（4）分包工程完工验工结算时：

借：应付账款　　　　　　　　　　　　　　　　　　　20 000 000

　　贷：银行存款　　　　　　　　　　　　　　　　　　20 000 000

（5）庆丽公司确认该项目收入与费用时：

借：主营业务成本　　　　　　　　　　　　　　　　　55 000 000

　　工程施工——合同毛利　　　　　　　　　　　　　　5 000 000

　　贷：主营业务收入　　　　　　　　　　　　　　　　60 000 000

（6）工程结算与工程施工对冲结平时：

借：工程结算　　　　　　　　　　　　　　　　　　　60 000 000

　　贷：工程施工——合同成本　　　　　　　　　　　　55 000 000

　　　　　　　　——合同毛利　　　　　　　　　　　　5 000 000

比较而言，第一种做法的特点是全面反映了总承包方的收入与成本，与《建筑法》、《合同法》中对总承包人相关责任和义务的规定是吻合的；第二种做法尽管和《营业税暂行条例》有关"纳税人将建筑工程分包给其他单位的，以取得的全部价款和价外费用扣除其支付给其他单位的分包款后的余额为营业额"的规定匹配较好，但却没有全面反映总承包方的收入与费用；再者，按第一种做法确认的收入与《营业税暂行条例》营业额的差异属于会计规定与税法规定的正常差异，并不影响对分包工程的会计核算，因此，我建议承包方企业在核算分包工程在各会计期间的营业收入与费用时，可按照第一种做法进行账务处理。

需要说明的是，《财政部、国家税务总局关于建筑业营业税若干政策问题的通知》（财税〔2006〕177号）曾经规定，建设单位及总承包人作为营业税扣缴义务人，对工程项目营业税进行代扣代缴。在《财政部、国家税务总局关于公布若干废止和失效的营业税规范性文件的通知》（财税〔2009〕61号）中废止了财税〔2006〕177号文件，因此，建设单位、总包方不再履行代扣代缴义务，营业税应该由纳税人自行申报缴纳。

第三节

其他利润项目

一、利润总额的组成

利润是指企业在一定会计期间的经营成果，包括收入减去费用后的净额、直接计入当期利润的利得和损失等。对利润进行核算，可及时反映企业在一定会计期间的经营业绩和获利能力，反映企业的投入产出效果和经营效益，有助于企业投资者和债权人据此进行盈利预测，作出正确的决策。

（一）营业利润

营业利润是企业利润的主要来源，它是指企业在提供建筑劳务等日常活动中所产生的利润。营业利润的计算公式为：

$$营业利润＝营业收入－营业成本－营业税金及附加－销售费用$$
$$－管理费用－财务费用－资产减值损失＋公允价值变动$$
$$收益－公允价值变动损失＋投资收益－投资损失$$

1. 营业收入

营业收入指企业经营业务所确定的收入总额，包括主营业务收入和其他业务收入。其中，主营业务收入是指企业为完成其经营目标而从事的经常性活动所实现的收入，如施工企业工程结算收入、工业企业产品销售收入、商业企业商品销售收入等。其他业务收入是指企业为完成其经营目标从事的与经常性活动相关的活动所实现的收入，指企业除主营业务收入以外的其他销售或其他业务的收入，如施工企业对外出售不需用的材料、出租投资性房地产等。

2. 营业成本

营业成本是指企业经营业务所发生的实际成本总额，包括主营业务成本和其他业务成本。其中，主营业务成本是指企业经营主营业务发生的支出。其他业务成本是指企业除主营业务以外的其他销售或其他业务所发生的支出，包括销售材料、设备出租、出租投资性房地产等发生的相关成本、费用、相关税金及附加等。

3. 资产减值损失

资产减值损失是指企业计提各项资产减值准备所形成的损失。

4. 公允价值变动收益（或损失）

公允价值变动收益（或损失）是指企业交易性金融资产等公允价值变动形成的应计入当期损益的利得（或损失）。

（二）利润总额

企业的利润总额是指营业利润加上营业外收入，减去营业外支出后的金额。

利润总额＝营业利润＋营业外收入－营业外支出

其中，营业外收入（或支出）是指企业发生的与其日常生产经营活动没有直接关系的各项收入（或支出）。

企业当期利润总额减去所得税费用后的金额，即企业的税后利润，或净利润。

净利润＝利润总额－所得税

二、其他业务利润的核算

施工项目部的其他业务主要包括：材料销售业务、对外机械作业服务、

出租机械设备业务、临管运输业务和其他经营业务等。施工企业应当设置
"其他业务收入"和"其他业务成本"两个科目对其他业务利润进行核算，
并按照业务类别设置明细科目。

企业按照《企业会计准则——收入》规定的时间，确认其他业务收入的
实现时，借记"银行存款"、"应收账款"等科目，贷记"其他业务收入"科
目；确认发生的成本时，借记"其他业务成本"科目，贷记"原材料"、"机
械作业"、"辅助生产"、"无形资产"、"累计折旧"、"应交税费"等科目。

（一）出售材料

【例 7-11】　某建筑公司华东项目部设置仓库对施工用材料进行管理，
12 月 20 日，对另一施工单位出售水泥 30 吨，出售单价 200 元，该水泥的账
面价值为 5 500 元。假设按照 3% 缴纳增值税。编制如下会计分录：

借：银行存款	6 000
贷：其他业务收入	5 825.24
应交税费——应交增值税	174.76

结转出售水泥的成本：

借：其他业务成本	5 500
贷：原材料	5 500

（二）出租机械

【例 7-12】　华东项目部承担某公路施工。施工过程中，临时出租给西
河工程公司装载机 2 台，获得租金 70 000 元。华东项目部仅承担设备折旧费
35 000 元，油料及修理费等由承租方负担，收入已经存入银行。假设按照
5% 缴纳营业税。编制如下会计分录：

借：银行存款	70 000
贷：其他业务收入	70 000

结转应负担的费用：

借：其他业务成本	35 000
贷：累计折旧	35 000

结转应负担的费用和税金：

借：营业税金及附加	3 500
贷：应交税费——应交营业税	3 500

（三）对外提供机械作业

【例7-13】 华南项目部担负某公路施工。2012年4～6月，其所属的独立核算机械队为西河工程公司提供土方运输作业服务，共使用台班5 000个，每个台班单位成本80元。运土方5万方，获得收入600 000元，款项尚未收到，假设不考虑相关税费。作如下账务处理：

(1) 分配结转机械作业：

借：劳务成本	400 000
贷：机械作业	400 000

(2) 按照提供劳务收入的确认原则，确认收入：

借：其他应收款——西河工程公司	600 000
贷：其他业务收入——对外提供机械作业	600 000

(3) 结转劳务成本：

借：其他业务成本	400 000
贷：劳务成本	400 000

会计期末，将"其他业务收入"和"其他业务成本"的余额转入"本年利润"科目。

三、营业外收支的核算

营业外收支虽然与企业生产经营活动没有多大关系，但从企业主体来考虑，同样会带来收入或形成支出，也是增加或减少利润的因素，对企业的利润总额及净利润产生较大的影响。企业在进行会计核算时，应当区别营业外收入和营业外支出进行核算，不得以营业外支出直接冲减营业外收入，也不得以营业外收入冲减营业外支出。

（一）营业外收入的核算

营业外收入是指企业发生的与日常活动无直接关系的各项利得，包括非流动资产处置利得、非货币性资产交换利得、债务重组利得、政府补助、盘盈利得、捐赠利得等。企业设置"营业外收入"科目，对各种利得进行核算。"营业外收入"科目一般按各营业外收入项目设置以下明细科目：非流动资产处置利得、非货币性资产交换利得、债务重组利得、政府补助、盘盈利得、捐赠利得、罚款净收入、赔偿金收入、违约金收入、滞纳金收入、其他。

企业在生产经营期间，固定资产清理所取得的收益，借记"固定资产清理"科目，贷记"营业外收入"科目（非流动资产处置利得）。

企业出售无形资产，按实际取得的转让收入，借记"银行存款"等科目；按该项无形资产已计提的减值准备，借记"无形资产减值准备"科目；按无形资产的账面余额，贷记"营业外收入"科目；按应支付的相关税费，贷记"应交税费"等科目；按其差额，贷记"营业外收入"科目（非流动资产处置利得），或借记"营业外支出——非流动资产处置损失"科目。

确认的政府补助利得，借记"银行存款"、"递延收益"等科目，贷记"营业外收入"科目。

企业取得的罚款净收入，借记"银行存款"等科目，贷记"营业外收入"科目。

期末，应将"营业外收入"科目的余额转入"本年利润"科目，结转后该科目应无余额。

（二）营业外支出的核算

营业外支出是指企业发生的与日常活动无直接关系的各项损失，主要包括：非流动资产处置损失、非货币性资产交换损失、债务重组损失、公益性捐赠支出、非常损失、盘亏损失、罚款及滞纳金支出、赔偿金支出、违约金支出、其他。企业设置"营业外支出"科目核算各种损失。"营业外支出"科目一般按各营业外支出项目设置明细科目。

固定资产清理发生的损失，按照"固定资产清理"科目借方余额，借记"营业外支出——非流动资产处置损失"科目，贷记"固定资产清理"科目。

资产盘亏，按照确定的损失金额，借记"营业外支出——盘亏损失"科目，贷记"待处理财产损溢"科目。

捐赠支出，即企业发生对外公益性捐赠，在实际发生并取得对方开具的收据时，按该资产的账面价值和应缴纳的税金之和，借记"营业外支出——公益性捐赠支出"科目；按资产的账面价值，贷记"固定资产"、"原材料"、"银行存款"等科目；按应缴纳的税金，贷记"应交税费"科目。

罚款支出、赔偿金支出、违约金支出、滞纳金支出，按照实际发生数额，借记"营业外支出——罚款支出"等相关科目，贷记"银行存款"等科目。

期末，将"营业外支出"科目的余额转入"本年利润"科目，结转后该科目无余额。

第八章

债权债务

第一节

应收及预付款项

在施工企业，债权主要是指因提供建筑劳务等形成的各种应收款项和预付款项。施工项目部涉及的债权主要是指各种应收款项，包括应收票据、应收账款、预付账款、其他应收款。这些金融资产在活跃的市场上没有报价，但回收金额固定或可确定。应收款项应按从建设单位或总包方应收的合同或协议价款作为初始确认金额；按照实际利率法，采用摊余成本进行后续计量。其中，短期应收款项的预计未来现金流量与其现值相差很小，一般按其余额作为摊余成本计量。

一、应收账款的核算

应收账款是指企业承建工程应向发包单位收取的工程进度款和列入营业收入的其他款项，以及销售材料物资、提供劳务等，应向购货单位或接受劳务单位收取的款项。施工项目的应收账款一般可分为应收工程款和应收销货款。

应收工程款是指施工项目部与发包单位办理工程价款结算时，按照工程合同规定应收取的工程款及质量保证金。也有单位将质量保证金作为其他应收款来核算。施工项目部应根据实际完成的工程量、预算单价及各项取费标准计算工程价款，向发包单位办理结算。

应收销货款是指施工项目部因销售材料物资、提供劳务等，应向购货单位或接受劳务单位收取的款项，按实际发生额计价入账。在有商业折扣和现金折扣的情况下，还要考虑折扣因素。

施工项目部应收账款的总分类核算是通过"应收账款"账户进行的。该科目属于资产类账户，其借方登记企业应收的款项、未能按期收回的商业承兑汇票结算款、转回的已注销坏账等，贷方登记已收回的款项、改用商业汇票结算的应收账款、已转为坏账损失的应收款项、以债务重组方式收回的债权等。期末余额在借方，反映尚未收回的各种应收账款。该科目应设置"应收工程款"和"应收销货款"两个明细科目，并在"应收工程款"下设置"应收工程款"、"应收工程质量保证金"两个明细科目。在此基础上，分别按不同的发包单位和购货单位或接受劳务单位设置明细账，进行明细核算。

应收账款的账务处理主要包括：生产经营中应收账款的形成和收回、应收账款与应收票据间的转换以及施工项目部与债务人进行债务重组等。

（一）生产经营中应收账款的形成和收回

施工项目部收到业主批复的验工计价单时，按办理结算金额，借记"应收账款——应收工程款"（应收工程款、应收工程质量保证金）科目，贷记"工程结算"科目。收回应收账款时，借记"银行存款"科目，贷记"应收账款"科目。

【例 8-1】 2012 年 7 月 1 日，华东项目部收到业主宏大公司批复的验工计价单，办理结算金额 400 000 元。业主要求按本月验工计价金额的 5% 预扣工程质量保证金。

借：应收账款——应收工程款——应收工程款（宏大公司）380 000
　　　　　　　　　——应收工程质量保证金（宏大公司）
　　　　　　　　　　　　　　　　　　　　　　　　20 000
　　贷：工程结算　　　　　　　　　　　　　　　400 000

7 月 10 日，接到银行收款通知，该笔款项已收回入账。

借：银行存款　　　　　　　　　　　　　　　　380 000
　　贷：应收账款——应收工程款——应收工程款（宏大公司）
　　　　　　　　　　　　　　　　　　　　　　　380 000

【例 8-2】 华东项目部将多余原材料向飞亚公司销售，价款 8 000 元，增值税为 240 元，规定的现金折扣条件为"2/10，1/20，n/30"，材料已发出，并办妥托收手续。

借：应收账款——应收销货款（飞亚公司）　　　8240
　　贷：其他业务收入　　　　　　　　　　　　8 000
　　　　应交税费——应交增值税　　　　　　　240

若飞亚公司在 10 天内交付货款，则账务处理如下：

借：银行存款　　　　　　　　　　　　　　　8 075.2
　　财务费用　　　　　　　　　　　　　　　164.8
　　贷：应收账款——应收销货款（飞亚公司）　8 240

若飞亚公司在 11～20 天内交付货款，则账务处理如下：

借：银行存款　　　　　　　　　　　　　　　8 157.6
　　财务费用　　　　　　　　　　　　　　　82.4
　　贷：应收账款——应收销货款（飞亚公司）　8 240

若飞亚公司超过 20 天后交付货款，则账务处理如下：

　　借：银行存款　　　　　　　　　　　　　　　　8 480
　　　　贷：应收账款——应收销货款（飞亚公司）　　　　　　8 480

（二）应收账款与应收票据间的转换

施工项目部所持有的应收账款，后来由于某些原因又改用商业汇票结算方式的，应在收到承兑的商业汇票时，借记"应收票据"科目，贷记"应收账款"科目。

【例 8-3】　若例 8-1 中应收工程款后来又改为商业承兑汇票结算，则应按商业承兑汇票票面金额 380 000 元，作账务处理如下：

　　借：应收票据——宏大公司　　　　　　　　　　　380 000
　　　　贷：应收账款——应收工程款——应收工程款（宏大公司）

　　　　　　　　　　　　　　　　　　　　　　　　　　380 000

对于已到承兑期而由于某些原因尚未承兑的商业汇票，则应在票据到期日后，按票面金额，借记"应收账款"科目，贷记"应收票据"科目。

（三）施工项目部与债务人进行债务重组

施工项目部与债务人进行债务重组的业务主要包括债务人以低于施工项目部应收债权账面价值的现金或非现金资产清偿债务。债务人以低于债务账面价值的现金清偿债务，债权人对债务人作出让步，对于债权人而言，债权的账面价值与收到的现金之间的差额，应确认为当期损失。债务人以非现金资产清偿某项债务的，债权人应按受让的非现金资产的公允价值入账，重组债权的账面余额与受让的非现金资产的公允价值之间的差额，确认为债务重组损失，计入营业外支出。需要注意的是，债权人已对债权计提了坏账准备的，在确认当期损失时，应先将差额冲坏账准备，冲减后有余额的，计入营业外支出；冲减后坏账准备仍有余额的，应予转回并抵减当期坏账损失。

这里所说的账面价值，是指某科目的账面余额减去相关的备抵项目后的净额。账面余额是指某科目的账面实际余额，不扣除作为该科目备抵的项目（如累计折旧、相关资产的减值准备等）。对债务而言，其账面价值通常就是该债务的账面余额。

【例 8-4】　2012 年 2 月 10 日，兰铁项目部销售一批材料给中州公司，发生的应收账款为 115 000 元。当年 3 月 20 日，中州公司发生财务困难，无法按合同规定偿还债务，经双方协议，并经公司总部批准，兰铁项目部同意减免中州公司 20 000 元债务，余额立即用现金偿清。兰铁项目部对债权计提坏账准备 10 000 元。

(1) 债务重组日，重组债权的账面价值与收到的现金之间的差额＝(115 000－10 000)－95 000＝10 000(元)。

兰铁项目部作账务处理如下：

借：银行存款　　　　　　　　　　　　　　　　　　95 000
　　营业外支出——债务重组损失　　　　　　　　　　10 000
　　坏账准备　　　　　　　　　　　　　　　　　　　10 000
　　贷：应收账款　　　　　　　　　　　　　　　　　　115 000

(2) 若兰铁项目部计提的坏账准备为 30 000 元，则账务处理如下：

借：银行存款　　　　　　　　　　　　　　　　　　95 000
　　坏账准备　　　　　　　　　　　　　　　　　　　30 000
　　贷：应收账款　　　　　　　　　　　　　　　　　　115 000
　　　　资产减值损失　　　　　　　　　　　　　　　　10 000

【例 8-5】　2012 年 1 月 1 日，吉铁项目部销售一批材料给丰越公司，发生应收账款 105 000 元。2012 年 7 月 1 日，丰越公司发生财务困难，无法按合同规定偿还债务，经双方协议，吉铁项目部报公司总部批准，同意丰越公司用另一种材料抵偿该应收账款。该材料市价为 80 000 元，增值税税率为 3％。吉铁项目部为债权计提了坏账准备 500 元。

债务重组日，重组债权的账面价值为 104 500 元(105 000－500)，减去所受让材料的公允价值 80 000 元以及应该计入存货成本的增值税进项税额 2 400 元(80 000×3％)，债务重组损失为 22 100 元。

吉铁项目部作账务处理如下：

借：坏账准备　　　　　　　　　　　　　　　　　　　500
　　原材料　　　　　　　　　　　　　　　　　　　82 400
　　营业外支出——债务重组损失　　　　　　　　　　22 100
　　贷：应收账款　　　　　　　　　　　　　　　　　　105 000

二、应收票据的核算

应收票据是指施工项目部因结算工程价款，对外销售材料物资、提供劳务等而收到的商业汇票。应收票据是项目部未来收取货款的权利，这种权利和将来应收取的货款金额以书面文件形式约定下来，因此它受到法律的保护,具有法律上的约束力。

一般情况下,施工项目部应在收到商业汇票时,按应收票据的票面价值入账。但对于带息的应收票据,应于期末按应收票据的票面价值和确定的利率计提利息,计提的利息应增加应收票据的账面余额。需要指出的是,到期不能收回的应收票据,应按其账面余额转入应收账款,并不再计提利息。

应收票据的总分类核算是通过"应收票据"账户进行的。该科目属于资产类账户,借方登记因销售材料物资、提供劳务等收到的商业汇票的票面金额及其应计提利息,贷方登记到期收回、背书转让、到期承兑人拒付以及未到期向银行贴现的票面金额和应计提利息,该账户期末余额在借方,反映施工项目部持有的商业汇票的票面价值和应计利息。

在"应收票据"账户下,应按不同的债务单位分别设置明细账,进行明细核算。同时,项目部应设置应收票据备查簿,逐笔登记每一笔应收票据的种类、号数、出票日期、票面金额、票面利率,交易合同号和付款人、承兑人、背书人的姓名或单位名称,到期日,背书转让日,贴现日期,贴现率和贴现净额,以及收款日期和收回金额、退票情况等资料,应收票据到期结清票款或退票等,都应在备查簿内逐笔注销。

(一)应收票据的一般业务

施工项目部因结算工程价款收到商业汇票,按应收票据的面值,借记"应收票据"科目,按开出的工程结算单,贷记"工程结算"科目。收到以应收票据抵偿应收账款时,按应收票据面值,借记"应收票据"科目,贷记"应收账款"科目。

对于带息应收票据,期末应按其票面价值和确定的利率计提利息,计提的利息增加应收票据的账面余额,并同时计入当期损益,借记"应收票据"科目,贷记"财务费用"科目。应收票据到期收回时,按收回的本息,借记"银行存款"账户;按应收票据的账面余额,贷记"应收票据"账户;按其差额(即带息票据尚未计提利息部分),贷记"财务费用"账户。

应收票据的期限可以按月或按日表示。不同计期方式下,应收票据的期限计算略有不同。

(1)按月计算的票据,以到期月份中与出票日相同的日期为到期日,次月对日为整月。如5月16日出票的3个月票据,到期日为8月16日。月末出票的票据,不论月份大小,以到期月份的月末一天为到期日。如2月28日出票的1个月票据,到期日为3月31日。与此同时,计算利息使用的利率要换算成月利率(年利率/12)。

(2) 按日计算的票据,应从出票日起按实际经历天数计算,通常出票日和到期日只能算一天。如 3 月 3 日出票的 60 天票据,3 月份算 28 天(31-3),4 月份 30 天,尚有 2 天(60-28-30),所以到期日为 5 月 2 日。与此同时,计算利息使用的利率,要换算成日利率(年利率/360)。

【例 8-6】 2012 年 3 月 1 日,华东项目部收到业主胜桦公司批复的验工计价单,办理结算金额 100 000 元。同日收到胜桦公司出具的 6 个月期限商业承兑汇票一张,面值 100 000 元,票面利率为 9%。账务处理如下:

(1) 取得商业承兑汇票时。

借:应收票据——胜桦公司　　　　　　　　　　　100 000
　　贷:工程结算　　　　　　　　　　　　　　　　　　100 000

(2) 于 2012 年 6 月 30 日计息。

票据利息=100 000×9%×4÷12=3 000(元)

借:应收票据——胜桦公司　　　　　　　　　　　3 000
　　贷:财务费用　　　　　　　　　　　　　　　　　　3 000

(3) 票据到期,收回款项时。

票据到期值=100 000×(1+9%×6÷12)=104 500(元)

借:银行存款　　　　　　　　　　　　　　　　　104 500
　　贷:应收票据——胜桦公司　　　　　　　　　　　103 000
　　　　财务费用　　　　　　　　　　　　　　　　　　1 500

(4) 若持有的商业承兑汇票到期,胜桦公司企业无力支付票款。

借:应收账款——应收工程款(胜桦公司)　　　　103 000
　　贷:应收票据——胜桦公司　　　　　　　　　　　103 000
待以后实际收到款项时。

借:银行存款　　　　　　　　　　　　　　　　　104 500
　　贷:应收账款——应收工程款(胜桦公司)　　　　103 000
　　　　财务费用　　　　　　　　　　　　　　　　　　1 500

(二) 应收票据的贴现

票据贴现是指持票人为了满足临时的资金需要,将尚未到期的票据在背书后送交银行,银行受理后从票据到期值中扣除按银行贴现率计算确定的贴现利息,然后将余额付给持票人,作为银行对企业提供短期贷款的行为。可见，票据贴现即以票据向银行借入短期资金，其实质是企业融通资金的一种形式。

在票据贴现中，不带息票据的到期值就是其票面价值；带息票据的到期值就是其票面价值加上到期利息。票据贴现日至票据到期日的间隔期称为贴现天数，但通常是在贴现日与到期日两天中，只计算其中的一天。贴现中所使用的利率称为贴现率。贴现银行按贴现率计算扣除的利息称为贴现息。贴现银行将票据到期值扣除贴现息后支付给企业的资金额，即企业以票据贴现而实际收到的贴现所得，称为贴现净额或票据贴现值。

有关计算公式如下：

票据贴现净值＝票据到期值－贴现息

贴现息＝票据到期值×贴现率×贴现期

【例8-7】 华东项目部因结算工程价款，收到一张出票日期为3月23日、期限为6个月、面值为100 000元的不带息商业承兑汇票。2012年5月2日，持该商业汇票到银行贴现，且银行不拥有追索权，银行年贴现率为10%。则贴现值的计算如下：

贴现天数＝30＋30＋31＋31＋23－1＝144（天）

贴现息＝100 000×10%×144÷360＝4 000（元）

贴现净额＝100 000－4 000＝96 000（元）

项目部持未到期的应收票据向银行贴现，应根据银行盖章退回的贴现凭证，按实际收到的金额（即减去贴现息后的净额），借记"银行存款"科目；按贴现息部分，借记"财务费用"科目；按应收票据的票面余额，贷记"应收票据"科目。如为带息应收票据，按实际收到的金额，借记"银行存款"科目；按应收票据的账面余额，贷记"应收票据"科目；按其差额，借记或贷记"财务费用"科目。

贴现的商业承兑汇票到期，因承兑人的银行账户不足支付，申请贴现的收款人收到银行退回的应收票据、支款通知和拒绝付款理由书或付款人未付票款通知书时，按所付本息，借记"应收账款"科目，贷记"银行存款"科目；如果申请贴现的收款人银行存款账户余额不足，银行作逾期贷款处理时，应按转作贷款的本息，借记"应收账款"科目，贷记"短期借款"科目。

项目部将持有的应收票据背书转让，以取得所需材料物资时，按应计入取得材料物资成本的价值，借记"材料采购"或"原材料"等科目（原材料采用计划成本核算时，需要通过"材料采购"科目计算确定材料成本差异）；

按应收票据的账面余额，贷记"应收票据"科目；如有差额，借记或贷记"银行存款"等科目。项目部将持有的带息票据背书转让，以取得所需物资时，按应计入取得物资成本的价值，借记"材料采购"或"原材料"等科目；按应收票据的账面余额，贷记"应收票据"科目；按尚未计提的利息，贷记"财务费用"科目；按应收或应付的金额，借记或贷记"银行存款"等科目。

【例 8-8】　华东项目部将持有的一张面值 20 000 元、利率 9%、2012 年 6 月 1 日开出、期限 5 个月的带息票据，于 7 月 22 日背书转让采购一批材料，取得供应单位发票账单等报销凭证 21 060 元(含增值税)，差额款以银行存款补付。假设每半年末计息。

计算分析如下：

$$\genfrac{}{}{0pt}{}{\text{应收票据的}}{\text{账面余额}}=\genfrac{}{}{0pt}{}{\text{票面}}{\text{价值}}+\text{已计利息}(6\text{月份})=20\ 000+150=20\ 150(\text{元})$$

$$\genfrac{}{}{0pt}{}{\text{至到期日尚未}}{\text{计提的利息}}(\text{即 7 月 1 日至 11 月 1 日})=20\ 000\times9\%\times4\div12$$

$$=600(\text{元})$$

取得材料物资价值总额 $=21\ 060(\text{元})$

企业应付金额 $=21\ 060-(20\ 150+600)=310(\text{元})$

账务处理如下：

借：原材料		21 060
贷：应收票据		20 150
财务费用		600
银行存款		310

三、预付账款的核算

预付账款是指项目部作为总包方，按照分包合同规定预付给分包单位的款项，包括预付工程款和备料款，以及按照购货合同规定预付给供应单位的购货款。预付工程款是指根据工程合同的规定，向分包单位预付的工程款。除按规定在竣工时一次结算的工程外，预付工程款应在月(季)终与分包单位结算已完工程价款时，从应付分包单位工程款中扣回。在最后一次验工计价时，应按规定保留适当工程尾款，待工程竣工验收后结清。预付备料款是指按照工程合同规定预付给分包单位的备料款(包括拨付给抵作备料款的材料)。预付备料款是按分包单位承包的建安工作量所需的储备材料计算的，随着工程进度的推进而减少储备材料时，预付分包单位备料款应陆续扣回，在工程竣工前扣完。

预付账款的总分类核算是通过"预付账款"账户进行的。该科目属于资产类账户，借方登记项目部预付分包单位工程款和备料款金额、拨付分包单位抵作备料款的材料、预付购货单位购货款及补付的款项和材料，贷方登记施工项目部与分包单位结算已完工程款金额、收到所购物资的金额、退回多付款项和材料、预计无法收回所购货物的款项。期末余额在借方，反映企业实际预付的款项；期末如为贷方余额，反映企业尚未补付的款项。施工项目部应按供应单位设置明细账，进行明细核算。该科目应设置"预付工程款"、"预付备料款"和"预付购货款"三个明细科目，并分别按分包单位和供应单位名称设置明细账，进行明细核算。

施工项目部预付分包单位工程款和备料款时，借记"预付账款"科目，贷记"银行存款"科目；拨付分包单位抵作备料款的材料时，借记"预付账款"科目，贷记"原材料"等科目。补付的款项和材料，借记"预付账款"科目，贷记"银行存款"、"原材料"等科目；退回多付的款项和材料，借记"银行存款"、"原材料"等科目，贷记"预付账款"科目。企业与分包单位结算已完工程款时，借记"应付账款"科目，贷记"预付账款"科目。

施工项目部因购货而按照购货合同规定预付给供货单位款项时，借记"预付账款"科目，贷记"银行存款"科目。收到所购货物时，根据发票账单等列明应计购入物资成本的金额，借记"材料采购"或"原材料"等科目；按应付金额，贷记"预付账款"科目。补付的款项，借记"预付账款"科目，贷记"银行存款"科目；退回多付的款项，借记"银行存款"科目，贷记"预付账款"科目。

【例 8-9】 2012 年 5 月 6 日，华东项目部以银行存款预付分包单位丁公司工程款 68 000 元。华东项目部单设"预付账款"科目进行核算。

借：预付账款——预付工程款（丁公司）　　　　　　　68 000
　　贷：银行存款　　　　　　　　　　　　　　　　　　　68 000

2009 年 5 月 30 日，华东项目部与分包单位丁公司结算已完工程款时，应付丁公司工程款 80 000 元。

借：工程施工——合同成本　　　　　　　　　　　　　80 000
　　贷：应付账款——应付工程款（丁公司）　　　　　　　80 000
借：应付账款——应付工程款（丁公司）　　　　　　　80 000
　　贷：预付账款——预付工程款（丁公司）　　　　　　　80 000

2012 年 5 月 31 日，华东项目部以银行存款补付丁公司工程款 12 000 元。

借：预付账款——预付工程款(丁公司)　　　　　　　　12 000
　　贷：银行存款　　　　　　　　　　　　　　　　　　12 000

　　如有确凿证据表明预付账款不符合其性质，或者因分包单位、供货单位破产、撤销等原因无望再收到所购货物的，施工项目部应将原计入预付账款的金额转入其他应收款。施工项目部应按预计不能收到所购货物的预付账款账面余额，借记"其他应收款——预付账款转入"科目，贷记"预付账款"科目。

四、其他应收款的核算

　　其他应收款是指施工项目部除应收票据、应收账款、预付账款以外的投标保证金、履约保证金、其他存出保证金、应收租金、应收垫付职工款等其他各种应收、暂付款项，应收的各种赔款、罚款等，以及已不符合预付账款性质而按规定转入的预付账款等。

　　其他应收款的总分类核算是通过"其他应收款"账户进行的。该科目属于资产类账户，借方登记发生的各种其他应收款项；贷方登记收回的各种款项；期末借方余额，反映企业尚未收回的其他应收款。该科目应按其他应收款的项目分类，并按不同的债务人设置明细账，进行明细核算。

　　施工项目部发生其他应收款时，借记"其他应收款"科目，贷记"库存现金"、"银行存款"、"营业外收入"等科目；收回其他应收款时，借记"库存现金"、"银行存款"等科目，贷记"其他应收款"科目。

　　【例 8-10】　京华项目部工程师张伟出差，预借差旅费 3 000 元，以现金支付。

借：其他应收款(张伟)　　　　　　　　　　　　　　　3 000
　　贷：库存现金　　　　　　　　　　　　　　　　　　3 000

张伟出差归来，报销差旅费 2 600 元，并将其余现金 400 元退还。

借：库存现金　　　　　　　　　　　　　　　　　　　　400
　　工程施工——间接费用　　　　　　　　　　　　　2 600
　　贷：其他应收款　　　　　　　　　　　　　　　　　3 000

　　有些项目部把拨付给内部职能部门或职工的备作差旅费、零星采购或零星开支等使用的款项作为备用金，并设置"备用金"科目来核算。这种情况下，各单位应指定专人负责管理，按照规定用途使用，不得转借给他人或挪作他用。支用的备用金，应在规定期限内办理报销手续，交回余额。前账未清，不得继续支付。例如，项目部因支付内部职工出差等原因所需的现金，按支出凭证所记载的金额，借记"备用金"科目，贷记"库存现金"或"银行存款"科目；收到出差人员交回的差旅费剩余款并结算时，按实际收回的现金，借记"库存现金"或"银行存款"科目，按应报销的金额，借记"工程施工"等科目，按实际借出的现金，贷记"备用金"科目。

实行定额备用金制度的施工项目部，备用金领用部门支用备用金后，应根据各种费用凭证编制费用明细表，定期向财务部门报销，领回所支用的备用金。财务部门根据费用明细表，将支用数直接记入有关成本、费用科目，并给备用金领用部门补足备用金。财务部门根据报销数用现金补足备用金定额时，借记"工程施工"等科目，贷记"库存现金"或"银行存款"科目，除了增加或减少拨入的备用金外，使用或报销有关备用金支出时不再通过"备用金"科目核算。

在编制资产负债表时，"备用金"科目余额应合并填列在"其他应收款"项目。

五、应收款项减值损失的核算

根据《企业会计准则》的规定，企业应根据以前年度与之相同或相类似的、具有类似信用风险特征的应收款项组合的实际损失率为基础，结合现时情况确定本期各项组合计提坏账准备的比例，据此计算本期应计提的坏账准备。

对于应收票据、应收账款、预付账款、其他应收款等短期应收款项，施工项目部应根据本单位规定和施工项目实际情况，将这些应收款项按类似信用风险特征划分为若干组合，再按这些应收款项组合在资产负债表日余额的一定比例（如不同账龄期末余额×坏账损失比率），计算确定减值损失，计提坏账准备。施工项目部一般需设置"坏账准备"科目，对应收款项的减值损失进行总分类核算，并按应收款项的类别进行明细核算。

在会计期末（可以是年末、季末或月末），应收款项发生减值的，按应减记的金额，借记"资产减值损失"科目，贷记"坏账准备"科目。本期应计提的坏账准备大于其账面余额的，应按其差额计提；对应计提的坏账准备小于其账面余额的差额，作相反的会计分录。

对于确实无法收回的应收款项，按管理权限报经批准后作为坏账，转销应收款项，借记"坏账准备"科目，贷记"应收票据"、"应收账款"、"预付账款"、"其他应收款"等科目。

已确认不能收回并转销的应收款项以后又收回的，应按实际收回的金额，借记"应收票据"、"应收账款"、"预付账款"、"其他应收款"等科目，贷记"坏账准备"科目；同时，借记"银行存款"科目，贷记"应收票据"、"应收账款"、"预付账款"、"其他应收款"等科目。对于已确认不能收回并转销的应收款项以后又收回的，也可以按照实际收回的金额，借记"银行存款"科目，贷记"坏账准备"科目。

【例 8-11】 2012 年 3 月 31 日，华东项目部应收款项余额为 9 600 万元，采用组合方式按账龄对其进行减值测试，应计提的坏账准备为 1 500 万元。2012 年 1 月 1 日，应收款项余额为 7 600 万元，坏账准备余额为 1 600 万元。2012 年，坏账准备的借方发生额为 200 万元（为本年核销的应收账款），贷方发生额为 40 万元（为收回以前年度已核销的预付账款而转回的坏账准备）。

计提坏账准备前坏账准备的余额＝1 600－200＋40＝1 440（万元）
2012 年应计提的坏账准备＝1 500－1 440＝60（万元）

借：资产减值损失　　　　　　　　　　　　　　600 000
　贷：坏账准备　　　　　　　　　　　　　　　　600 000

一般情况下，对于应收未超过合同期限的履约保证金、投标保证金、其他各种存出保证金、应收职工款项、应收赔（罚）款、与关联方发生的应收款项等，不计提坏账准备金。

坏账准备政策即计提坏账准备的范围、提取方法、账龄的划分和提取比例。按照管理权限，坏账准备政策一般需经公司股东大会或董事会批准，按照法律、行政法规的规定报有关各方备案，并备置于公司所在地，以供投资者查阅。坏账准备计提方法一经确定，不得随意变更。如需变更，仍需按上述程序，经批准后报送有关各方备案，并在会计报表附注中予以说明。

第二节
应付及预收款项

在施工企业，债务主要是指因物资、劳务采购等形成的各种应付款项和预收款项。施工项目部涉及的债务主要是指各种应付款项，包括短期借款、应付票据、应付账款、预收账款、应付职工薪酬、应交税费、其他应付款等。这里主要介绍施工项目部短期借款、应付票据、应付账款、预收账款、应交税费、其他应付款的核算。

一、短期借款的核算

短期借款是指施工项目部向银行或其他金融机构等借入的期限在一年以下（含一年）的各种借款。通过内部资金中心取得的短期限借款也属于短期借款。项目部发生的各种短期借款，应设置"短期借款"科目核算。项目部借入的各种短期借款，借记"银行存款"科目，贷记"短期借款"科目；归还借款时，借记"短期借款"科目，贷记"银行存款"科目。对于短期借款的利息，符合资本化条件的，项目部应当按照应计的金额，借记"工程施工——间接费用"科目，贷记"银行存款"、"应付利息"等科目；不符合资本化条件的，直接计入"财务费用"科目。

二、应付票据的核算

应付票据是由出票人出票，委托付款人在指定日期无条件支付特定的金额给收款人或者持票人的票据。项目部应设置"应付票据"科目进行核算。应付票据根据其是否带息，分为带息应付票据和不带息应付票据两种。

施工项目部以承兑商业汇票抵付货款、工程款、应付账款时，借记"材料采购"、"原材料"、"工程施工"、"应付账款"等科目，贷记"应付票据"科目。支付银行承兑汇票的手续费，借记"工程施工——间接费用"或"财务费用"科目，贷记"银行存款"科目。收到银行支付到期票据的付款通知，借记"应付票据"科目，贷记"银行存款"科目。

如为带息票据，应于期末计算应付利息，借记"工程施工——间接费用"或"财务费用"科目，贷记"应付票据"科目；票据到期支付本息时，按票据账面余额，借记"应付票据"科目，按未计的利息，借记"工程施工——间接费用"或"财务费用"科目，按实际支付的金额，贷记"银行存款"科目。

应付票据到期，企业如无力支付票款，应按应付票据的账面余额，借记"应付票据"科目，贷记"应付账款"科目。到期不能支付的带息应付票据，转入"应付账款"科目核算后，期末不再计提利息。

【例8-12】 2012年11月1日，华南项目部用一张面额为300 000元、期限为3个月的带息银行承兑汇票购买材料，年利率为10%。银行已办理承兑手续（手续费1‰），该汇票于当天交给供货企业。假定不考虑相关税费，相关账务处理如下：

(1) 2012 年 11 月 1 日，按规定支付银行承兑手续费 300 元(300 000 ×
1‰) 时，假定借款费用符合资本化条件，账务处理如下：

    借：工程施工——间接费用   300

        贷：银行存款   300

(2) 2012 年 11 月 1 日，用票据购买材料时，账务处理如下：

    借：材料采购   300 000

        贷：应付票据——银行承兑汇票   300 000

(3) 2012 年 11 月 30 日、12 月 31 日，分别计算两个月的应付利息各为
2 500 元，账务处理如下：

    借：工程施工——间接费用   2 500

        贷：应付票据——银行承兑汇票   2 500

(4) 2012 年 2 月 1 日，票据到期承兑时，账务处理如下：

    借：应付票据——银行承兑汇票   305 000

        工程施工——间接费用   2 500

        贷：银行存款   307 500

(5) 若华南项目部在票据到期时无力支付票据款项，应根据银行转来的
贷款通知，账务处理如下：

    借：应付票据——银行承兑汇票   305 000

        工程施工——间接费用   2 500

        贷：短期借款——金融机构借款   307 500

(6) 若华南项目部在 10 天后才将票款归还银行，假定按日交纳 1‰ 罚
息，账务处理如下：

    借：短期借款——金融机构借款   307 500

        营业外支出——罚款支出   3 075

        贷：银行存款   310 575

【例 8-13】   承例 8-12，若华南项目部使用的是一张商业承兑汇票，则
不需要向银行办理承兑，票据到期时，付款人应筹措资金以备及时付款。但
如果到期付款人无力支付票款，银行应将票据退还给收款人，由双方自行协
商处理。付款人将无力支付的票据款项转入"应付账款"科目，并应积极筹
措款项予以归还。2012 年 2 月 1 日，票据到期，无力支付票款时，账务处理
如下：

    借：应付票据——商业承兑汇票   305 000

        工程施工——间接费用   2 500

        贷：应付账款   307 500

三、应付账款的核算

应付账款是指因工程结算、购买材料物资或接受劳务供应等应付给分包单位及供应单位的款项。应付账款入账时间的确定，应以与所购买物资所有权有关的风险和报酬已经转移或劳务已经接受为标志。应付账款一般按应付金额入账，而不按到期应付金额的现值入账。如果购入的资产在形成一笔应付账款时是带有现金折扣的，应付账款的入账金额按发票上记载的应付金额的总值（即不扣除折扣）来确定。在这种方法下，应按发票上记载的全部应付金额，借记有关科目，贷记"应付账款"科目；获得的现金折扣冲减财务费用。

施工项目部应在"应付账款"科目下设置"应付工程款"和"应付购货款"明细科目进行核算。其中，"应付工程款"应区别"应付工程款"和"应付质量保证金"进一步明细核算，分别核算项目部已对分包单位验工计价、尚未拨付的工程款，以及验工计价过程中根据施工合同等确定的比例暂扣施工单位的工程质量保证金。

施工项目部与分包单位办理工程结算，但工程款尚未支付，根据有关凭证（合同、工程价款结算单等），借记"工程施工"等科目；按应付的价款，贷记"应付账款"科目。

施工项目部购入材料物资等验收入库，但货款尚未支付，应根据有关凭证（发票账单、随货同行发票上记载的实际价款或暂估价值），借记"材料采购"、"原材料"等科目，按应付的价款，贷记"应付账款"科目；支付货款时，应借记"应付账款"科目，贷记"银行存款"科目。

施工项目部接受供应单位提供劳务而发生的应付未付款项，根据供应单位的发票账单，借记"工程施工"、"机械作业"、"辅助生产"、"管理费用"等科目，贷记"应付账款"科目。

施工项目部将应付账款划转出去，或确实无法支付的应付账款，借记"应付账款"科目，贷记"营业外收入"科目。

【例 8-14】 西北项目部购入钢材一批，买价 180 000 元，运杂费为 5 000 元，货款尚未支付。账务处理如下：

借：材料采购   185 000

    贷：应付账款——应付购货款   185 000

若采购的上述材料已付定金 70 000 元，账务处理如下：

借：应付账款——应付购货款   70 000

        贷：预付账款——预付购货款   70 000

    以后支付剩余货款时，账务处理如下：

        借：应付账款——应付购货款   115 000

           贷：银行存款   115 000

【例 8-15】 2012 年 5 月末，银川项目部批复工程分包施工单位的工程价款结算账单，应付工程价款 200 000 元，其中应付工程款 190 000 元，应付质量保证金 10 000 元，并扣回已预付分包单位工程款和备料款共计 60 000元。

    （1）与施工单位结算工程款 200 000 元，账务处理如下：

        借：工程施工——合同成本   200 000

           贷：应付账款——应付工程款——应付工程款   190 000

                            ——应付质量保证金   10 000

    （2）应扣回预付工程施工单位的工程款和备料款 60 000 元，账务处理如下：

        借：应付账款——应付工程款——应付工程款   60 000

           贷：预付账款——预付工程款   60 000

    （3）以银行存款支付剩余的工程款 130 000 元时，账务处理如下：

        借：应付账款——应付工程款——应付工程款   130 000

           贷：银行存款   130 000

    （4）工程完工且质保期满后，支付质量保证金 10 000 元，账务处理如下：

        借：应付账款——应付工程款——应付质量保证金   10 000

           贷：银行存款   10 000

四、预收账款的核算

    预收账款是指施工项目部按照合同规定向业主预收以及按照购销合同规定向购货单位预收的款项。施工企业设置"预收账款"科目，核算企业的预收账款业务。一般还可设置"预收工程款"、"预收备料款"、"预收销货款"等二级明细科目，分别核算项目部根据承建工程合同规定按工程进度向业主或发包单位预收的工程款；根据承建工程合同规定，向业主或发包单位预收的备料款；销售产品、材料物资和提供劳务、作业之前，按购销合同规定向购货单位预收的货款。

    施工项目部收到业主的预付款项时，借记"银行存款"科目，贷记"预收账款"科目；收到业主拨入抵作备料款的材料，借记"原材料"、"材料采购"科目，贷记"预收账款"科目，采用计划成本核算的，材料结算价格与计划成本的差异，借记或贷记"材料成本差异"科目。与业主结算工程价款时，借记"应收账款"科目，贷记"工程结算"等科目；同时，从应收工程款中扣还预收的工程款和备料款，借记"预收账款"科目，贷记"应收账款"科目。收到业主补付的工程款时，借记"银行存款"等科目，贷记"应收账款"科目。

【例8-16】 海口项目部接受一项工程合同，按合同规定，工程造价金额总计400 000元，预计6个月完成。工程开工时，业主预付工程款40%，另外60%待工程完工后再支付。

(1) 收到预付的工程款时，账务处理如下：

借：银行存款　　　　　　　　　　　　　　　　　160 000
　　贷：预收账款——预收工程款　　　　　　　　　　160 000

(2) 6个月后工程完工时，业主批复验工计价单400 000元，其中工程款380 000元，质量保证金20 000元，账务处理如下：

借：应收账款——应收工程款——应收工程款　　　　380 000
　　　　　　——应收工款程——应收质量保证金　　　 20 000
　　贷：工程结算　　　　　　　　　　　　　　　　　400 000

同时，从应收账款中扣还预收的工程款160 000元，账务处理如下：

借：预收账款——预收工程款　　　　　　　　　　　160 000
　　贷：应收账款——应收工程款——应收工程款　　　160 000

(3) 收到业主补付的工程款220 000元，账务处理如下：

借：银行存款　　　　　　　　　　　　　　　　　　220 000
　　贷：应收账款——应收工程款——应收工程款　　　220 000

(4) 工程完工并质保期满后，收到业主支付工程质保金20 000元，账务处理如下：

借：银行存款　　　　　　　　　　　　　　　　　　 20 000
　　贷：应收账款——应收工程款——应收质量保证金　 20 000

施工项目部涉及材料物资、自制结构件等业务。按合同规定预收销货款时，借记"银行存款"科目，贷记"预收账款——预收销货款"科目。结算销货款时，按实现的收入和应缴的增值税税额，借记"应收账款——应收销货款"科目；按实现的收入，贷记"其他业务收入"；按应缴的增值税税额，贷记"应交税费——应交增值税"科目。同时，将预收的销货款结转记入"应收账款"科目，借记"预收账款——预收销货款"科目，贷记"应收账款——应收销货款"科目。购货单位补付的款项，借记"银行存款"科目，贷记"应收账款"科目。

【例 8-17】 2012 年 1 月 1 日，粤南项目部依照与深圳某公司签订的材料销售合同，收到该公司预付的购货款 100 000 元。2012 年 3 月 31 日发货时，收到剩余货款 209 000 元。

(1) 收到该公司预付款项 100 000 元，账务处理如下：

借：银行存款   100 000

    贷：预收账款——预收销货款   100 000

(2) 与该公司结算销货款时，账务处理如下：

借：应收账款——应收销货款   309 000

    贷：其他业务收入   300 000

        应交税费——应交增值税   9 000

同时，将预收的销货款结转记入"应收账款"科目，账务处理如下：

借：预收账款——预收销货款   100 000

    贷：应收账款——应收销货款   100 000

(3) 2012 年 3 月 31 日，该公司支付余款时，账务处理如下：

借：银行存款   209 000

    贷：应收账款——应收销货款   209 000

五、应交税费的核算

施工企业在一定时期内取得的营业收入和实现的利润，要按照规定向国家缴纳各种税金。企业设置"应交税费"科目，核算按照税法等规定计算应缴纳的各种税费，包括增值税、消费税、营业税、所得税、资源税、土地增值税、城市维护建设税、房产税、土地使用税、车船使用税、教育费附加、矿产资源补偿费等。该科目一般按应缴的税费项目进行明细核算。这些应缴的税金，应按照权责发生制的原则预提记入有关科目。这里主要介绍施工企业除营业税外其他税种的核算。

（一）增值税

增值税是对在我国境内销售货物或者提供加工、修理修配劳务，以及进口货物的单位和个人，就其取得的货物或应税劳务销售额，以及进口货物的金额计算税款，并实行税款抵扣制的一种流转税。一般情况下，施工企业属于增值税小规模纳税人，征收率为 3%，在计算应纳税额时，不得抵扣进项税额。

小规模纳税人销售货物或者应税劳务，实行简易办法计算应纳税额。其计算公式如下：

应纳税额＝销售额×征收率

小规模纳税人应缴、已缴及未缴增值税均通过"应交税费——应交增值税"明细科目核算。该科目贷方登记应缴增值税，借方登记已缴增值税；期末贷方余额反映应缴未缴的增值税，借方余额反映多缴的增值税。

【例 8-18】 桂林某工程公司为增值税小规模纳税人，本期购入原材料，按照增值税专用发票上记载的原材料价款为 100 万元，支付的增值税额为 17 万元，企业开出承兑的商业汇票，材料尚未到达。该公司本期销售一批不再使用的钢材，销售价格总额为 90 万元，假定符合收入确认条件，货款尚未收到。根据上述经济业务，该公司应作如下账务处理：

(1) 购进货物时：

借：材料采购   1 170 000

 贷：应付票据   1 170 000

(2) 销售货物时：

不含税价格＝90÷(1+3%)＝87.378 6(万元)

应缴增值税＝87.378 6×3%＝2.621 4(万元)

借：应收账款   900 000

 贷：其他业务收入   873 786

  应交税费——应交增值税   26 214

(3) 上缴增值税时：

借：应交税费——应交增值税   26 214

 贷：银行存款   26 214

(二) 资源税

资源税是国家对在我国境内开采矿产品或者生产盐的单位和个人征收的一种税。企业按规定应交的资源税，在"应交税费"科目下设置"应交资源税"明细科目核算。"应缴资源税"明细科目的借方发生额，反映企业已缴的或按规定允许抵扣的资源税；贷方发生额，反映应缴的资源税；期末借方余额，反映多缴或尚未抵扣的资源税；期末贷方余额，反映尚未缴纳的资源税。

根据《中华人民共和国资源税暂行条例实施细则》第四条，资源税应税产品的具体适用税额按细则所附的《资源税税目税额明细表》执行。未列举名称的其他非金属矿原矿和其他有色金属矿原矿，由省、自治区、直辖市人民政府决定征收或暂缓征收资源税，并报财政部和国家税务总局备案。施工企业自行开采的相关矿产品，按照规定需要缴纳资源税。

按照《中华人民共和国资源税代扣代缴管理办法》第七条规定，凡开采销售管理办法规定范围内的应税矿产品的单位和个人，在销售其矿产品时，应当向当地主管税务机关申请开具"资源税管理证明"，作为销售矿产品已申报纳税免予扣缴税款的依据。购货方（扣缴义务人）在收购矿产品时，应主动向销售方（纳税人）索要"资源税管理证明"，扣缴义务人据此不代扣资源税。凡销售方不能提供"资源税管理甲种证明"的或超出"资源税管理乙种证明"注明的销售数量部分，一律视同未税矿产品，由扣缴义务人依法代扣代缴资源税，并向纳税人开具代扣代缴税款凭证。

（三）土地增值税

国家从1994年起开征土地增值税。转让国有土地使用权、地上建筑物及其附着物并取得收入的单位和个人，均应缴纳土地增值税。土地增值税按照转让房地产所取得的增值额和规定的税率计算征收。这里的增值额是指转让房地产所取得的收入减去规定扣除项目金额后的余额。企业转让房地产所取得的收入，包括货币收入、实物收入和其他收入。计算土地增值额的主要扣除项目有：（1）取得土地使用权所支付的金额；（2）开发土地的成本、费用；（3）新建房屋及配套设施的成本、费用，或者旧房及建筑物的评估价格；（4）与转让房地产有关的税金。

在会计处理时，企业缴纳的土地增值税通过"应交税费——应交土地增值税"科目核算。兼营房地产业务的企业应由当期收入负担的土地增值税，借记"其他业务成本"科目，贷记"应交税费——应交土地增值税"科目。转让的国有土地使用权与其地上建筑物及其附着物一并在"固定资产"或"在建工程"科目核算的，转让时应缴纳的土地增值税，借记"固定资产清理"、"在建工程"科目，贷记"应交税费——应交土地增值税"科目。企业在项目全部竣工结算前转让房地产取得的收入，按税法规定预缴的土地增值税，借记"应交税费——应交土地增值税"科目，贷记"银行存款"等科目；待该项房地产销售收入实现时，再按上述销售业务的会计处理方法进行处理，该项目全部竣工、办理结算后进行清算。收到退回多缴的土地增值税，借记"银行存款"等科目，贷记"应交税费——应交土地增值税"科目，补缴的土地增值税作相反的会计分录。

（四）房产税、土地使用税、车船税和印花税

房产税是国家对在城市、县城、建制镇和工矿区征收的由产权所有人缴纳的一种税。房产税依照房产原值一次减除 10％～30％后的余额计算缴纳。没有房产原值作为依据的，由房产所在地税务机关参考同类房产核定；房产出租的，以房产租金收入作为房产税的计税依据。

土地使用税是国家为了合理利用城镇土地，调节土地级差收入，提高土地使用效益，加强土地管理而开征的一种税，以纳税人实际占用的土地面积为计税依据，依照规定税额计算征收。

车船税由拥有并且使用车船的单位和个人缴纳。车船税按照适用税额计算缴纳。

企业按规定计算应缴的房产税、土地使用税、车船税时，借记"管理费用"科目，贷记"应交税费——应交房产税（或土地使用税、车船税）"科目；上缴时，借记"应交税费——应交房产税（或土地使用税、车船税）"科目，贷记"银行存款"科目。

印花税是对书立、领受购销合同等凭证行为征收的税款，实行由纳税人根据规定自行计算应纳税额，购买并一次贴足印花税票的缴纳方法。应纳税凭证包括：购销、加工承揽、建设工程承包、财产租赁、货物运输、仓储保管、借款、财产保险、技术合同或者具有合同性质的凭证；产权转移书据；营业账簿；权利、许可证照等。纳税人根据应纳税凭证的性质，分别按比例税率或者按件定额计算应纳税额。

一般情况下，企业需要预先购买印花税票，待发生应税行为时，再根据凭证的性质和规定的比例税率或者按件计算应纳税额，将已购买的印花税票粘贴在应纳税凭证上，并在每枚税票的骑缝处盖戳注销或者划销，办理完税手续。企业缴纳的印花税，不会发生应付未付税款的情况，不需要预计应缴纳金额，同时也不存在与税务机关结算或清算的问题，因此，企业缴纳印花税不需要通过"应交税费"科目核算，只需于购买印花税票时，直接借记"管理费用"科目，贷记"银行存款"科目。

（五）城市维护建设税

城市维护建设税是国家为了加强城市的维护建设，扩大和稳定城市维护建设资金的来源而开征的一种税。它以企业缴纳的营业税、增值税、消费税为计税依据，分别与营业税、增值税、消费税同时缴纳。

$$应交城市维护建设税 = 纳税人实际缴纳的营业税、增值税、消费税税额 \times 适用税率$$

企业按规定应缴的城市维护建设税，在"应交税费"科目下设置"应交城市维护建设税"明细科目核算。"应交城市维护建设税"明细科目的借方发生额，反映企业已缴纳的城市维护建设税；其贷方发生额，反映企业应缴的城市维护建设税；期末借方余额，反映企业多缴的城市维护建设税；期末贷方余额，反映尚未缴纳的城市维护建设税。

（六）企业所得税

依照企业所得税暂行条例及其细则的规定，企业的生产、经营所得和其他所得需要缴纳所得税。企业应缴纳的所得税，在"应交税费——应交所得税"明细科目核算；当期应计入损益的所得税，作为一种费用，在净收益前扣除。企业按照一定方法计算，计入损益的所得税，借记"所得税费用"等科目，贷记"应交税费——应交所得税"科目。

（七）个人所得税

企业职工按规定应缴纳的个人所得税通常由单位代扣代缴。企业按规定计算应代扣代缴的职工个人所得税，借记"应付职工薪酬"科目，贷记"应交税费——应交个人所得税"科目；实际缴纳个人所得税时，借记"应交税费——应交个人所得税"科目，贷记"银行存款"科目。

（八）教育费附加

教育费附加是国家为了发展教育事业，提高人民的文化素质而征收的一项费用，按照企业缴纳流转税的一定比例计征，并与流转税一起缴纳。

企业应缴纳的教育费附加，在"应交税费——应交教育费附加"明细科目核算。其贷方登记企业应缴纳的教育费附加；借方登记企业实际缴纳的教育费附加；期末贷方余额反映企业尚未缴纳的教育费附加，借方余额则反映企业多缴的教育费附加。

六、其他应付款的核算

其他应付款是指施工项目部发生的各种应付、暂收的款项，包括存入保证金，应付租金，代扣基本养老保险、医疗保险、失业保险、工伤保险和住房公积金个人应承担的部分。发生的各种应付、暂收款项，借记"银行存款"、"应付职工薪酬"等科目，贷记"其他应付款"科目；支付时，借记"其他应付款"科目，贷记"银行存款"等科目。

第三节

内部往来的核算

内部往来款是指施工企业与所属内部独立核算单位之间，或其他各内部独立核算单位之间，由于工程价款结算，产品、作业和材料销售，提供劳务等业务所发生的应收、应付、暂收、暂付款项等。

施工企业内部往来款的总分类核算是通过"内部往来"账户进行的。该科目属于资产类账户，是具有资产、负债双重性质的结算账户，借方登记企业与所属内部独立核算单位及各内部独立核算单位之间发生的各种应收、暂付和转销的应付、暂收的款项，贷方登记企业与所属内部独立核算单位及各内部独立核算单位之间应付、暂收和转销的应收、暂付款项。该科目的期末余额，应与其明细科目的借方余额合计与贷方余额合计的差额相等。

"内部往来"科目应按各内部独立核算单位户名设置明细账，进行明细核算。该科目明细科目的期末借方余额合计反映应收内部单位的款项，贷方余额合计反映应付内部单位的款项。企业与所属单位之间、所属单位与所属单位之间对该科目的记录应相互一致。

与所属内部独立核算单位有关生产和经营资金的上交、下拨业务，也可以通过"拨付分公司经营资金"科目核算，而不在"内部往来"科目核算。

【例8-19】 上海某建筑公司内部独立核算单位机械分公司出租挖土机一台给基础分公司，应收台班费198 900元。机械分公司作账务处理如下：

借：内部往来——基础分公司　　　　　　　　　　　　198 900

  贷：其他业务收入——机械作业收入   198 900

 基础分公司作账务处理如下：

  借：工程施工——合同成本(机械使用费)   198 900

   贷：内部往来——机械分公司   198 900

 【例 8-20】 中铁某公司上海工程处收到上级单位签发的上交管理费通知书，金额 5 000 元。账务处理如下：

  借：管理费用   5 000

   贷：内部往来   5 000

 该工程处上交管理费 5 000 元时，账务处理如下：

  借：内部往来   5 000

   贷：银行存款   5 000

 为了确保往来单位之间往来款项的记录一致，每一笔经济业务必须单独记录以便对账，应使用内部往来记账通知单，由经济业务发生单位填制，送交对方及时记账，并由对方核对后，及时将副联退回。每月终了，由规定的一方根据明细账记录抄列内部往来清单，送交对方核对账目；对方应及时核对并将一份清单签回发出单位。如有未达账项或由于差错等原因不能核对相符的，应在签回的清单上详细注明。发出单位对于对方指出的差错项目，应及时查明并作调整分录。

 内部独立核算单位之间往来款项的结算一般有两种方式：通过公司集中结算；平时由各内部独立核算单位直接结算，月末由公司组织集中对账并进行结账。

（一）通过公司集中结算

 各内部独立核算单位之间的经济往来，都视为各单位与公司之间的经济往来，随时通过公司办理转账，各内部独立核算单位之间不发生直接结算关系。

 【例 8-21】 某企业内部独立核算的材料供应站将一批木材销售给四工区，价款为 80 000 元，通过公司集中结算。材料供应站应填制内部往来记账通知单一式三联：一联自留，其余两联连同所附单证送交公司财会部门；公司留下一联；另一联连同单证交给四工区。材料供应站作账务处理如下：

  借：内部往来——公司   80 000

   贷：其他业务收入   80 000

 公司总部作账务处理如下：

借：内部往来——四工区　　　　　　　　　　　　　　80 000
　　贷：内部往来——材料供应站　　　　　　　　　　　　80 000

四工区作账务处理如下：

借：材料采购　　　　　　　　　　　　　　　　　　80 000
　　贷：内部往来——公司　　　　　　　　　　　　　　80 000

（二）平时由各内部独立核算单位直接结算，月末由公司组织集中对账并进行结账

【例8-22】　某企业内部独立核算的机械站出租给二工区挖土机一台，应收台班费8 000元，由双方直接办理结算，月末由公司组织集中对账，进行结账。机械站应填制内部往来记账通知单一式两联：一联自留；一联连同所附单证送交二工区。机械站作账务处理如下：

借：内部往来——二工区　　　　　　　　　　　　　8 000
　　贷：其他业务收入　　　　　　　　　　　　　　　　　8 000

二工区作账务处理如下：

借：工程施工　　　　　　　　　　　　　　　　　　8 000
　　贷：内部往来——机械站　　　　　　　　　　　　　　8 000

【例8-23】　承例8-22，假设月末机械站的"内部往来——二工区"明细科目的借方余额和二工区的"内部往来——机械站"明细科目的贷方余额经公司集中对账后核对相符，均为30 000元。机械站作账务处理如下：

借：内部往来——公司　　　　　　　　　　　　　30 000
　　贷：内部往来——二工区　　　　　　　　　　　　　30 000

二工区作账务处理如下：

借：内部往来——机械站　　　　　　　　　　　　30 000
　　贷：内部往来——公司　　　　　　　　　　　　　　30 000

公司总部作账务处理如下：

借：内部往来——二工区　　　　　　　　　　　　30 000
　　贷：内部往来——机械站　　　　　　　　　　　　　30 000

第九章

会计报表

会计报表概述

会计报表是反映企业某一特定日期财务状况和某一会计期间经营成果、现金流量的报告文件。编制会计报表是企业正式对外揭示并传递会计信息的手段，也是会计核算过程的最后一个环节。施工项目部作为一个会计主体，也应于会计期末编制和提供规范、真实、完整的会计报表。

一、会计报表的分类

会计报表是会计信息披露的主要形式，施工企业按照信息使用者的需要，应编制各种内容不同的会计报表。为了便于掌握各种会计报表的内容和用途，可以按照不同的标志进行分类。

（一）按照报送对象划分

按照报送对象不同，会计报表分为对外报送的报表和对内报送的报表。对外报送的会计报表是向企业外部利益相关者提供会计信息的报告文件。对内报送的会计报表是向企业管理当局提供会计信息的报告文件。对外报送的会计报表主要包括资产负债表、利润表、现金流量表和所有者权益变动表等。企业对外提供的会计报表的内容、种类和格式等，由《企业会计准则》统一规定，企业内部管理需要会计报表的格式与编制方法由企业自行规定。

（二）按照经济内容划分

按照经济内容不同，会计报表分为财务报表和成本报表。财务报表是反映企业财务状况和经营成果的报表，主要包括资产负债表、利润表和现金流量表等。成本报表是反映企业产品成本和期间费用水平及其构成情况的报表，施工企业的成本报表主要包括工程成本表、施工间接费用明细表等。

（三）按照编制时期划分

按照编制时期不同，会计报表分为月度、季度、半年度和年度报表。月度和季度报表是指月度和季度终了提供的会计报表。半年度报表是指在每个会计年度的前 6 个月结束后提供的会计报表。月度、季度和半年度会计报表统称为中期财务会计报告。年度报表是指年度终了时提供的会计报表。

二、施工项目会计报表的作用

在日常核算中，施工项目的会计人员对施工生产活动所产生的数据资料进行收集、确认和计量，运用复式记账法，依据会计凭证登记到账簿中。但是，积累在会计账簿中的核算资料分散在每一账户中，只能反映出生产经营过程中某一方面的情况，不能集中、概括地反映施工项目整体的财务状况、经营成果和施工成本费用情况，不便于企业管理者使用。因此，有必要在日常核算的基础上，对核算资料进一步加工处理，定期编制出能够总括反映施工项目财务状况、经营成果和成本费用情况的会计报表，满足企业各级管理者的需要。

通过编制会计报表，可以提供施工项目部拥有和控制的经济资源的信息、在一定期间内经营成果的信息，现金流入和流出以及施工成本费用的信息。企业管理者综合利用各施工项目的会计信息，分析评价企业的偿债能力、盈利能力和营运能力，判断企业财务状况好坏，作出相关经济决策。因此，施工项目会计报表所提供的会计信息，是企业管理者加强内部经营管理的重要依据之一。

三、会计报表的编制要求

为了保证会计信息质量，充分发挥会计报表的作用，施工项目作为一个独立的会计主体，应当根据真实的交易、事项以及完整、准确的账簿记录等资料，按照规定的方法编制会计报表。财务人员在编制会计报表时，应遵守以下基本要求。

（一）数字真实

会计报表中各项指标的数字要求真实可靠，应根据实际发生的经济活动客观确定，以正确无误的账簿记录为依据，如实反映施工项目财务状况、经营成果和成本费用情况，不得弄虚作假或隐瞒重要事实。为了保证会计报表数字真实可靠，账簿记录就必须真实完整。因此，在编制报表前，必须做好以下工作：

(1) 清查资产、核实债务。查明财产物资的实存数量与账面数量是否一致、各项结算款项的拖欠情况及其原因、材料物资的实际储备情况等。施工项目部清查、核实后，应当将清查、核实的结果及处理办法向公司总部报告，并按照规定进行相应的会计处理，使账簿记录如实反映财产物资和债权的实有数，做到账实相符。

(2) 核对各会计账簿记录与会计凭证的内容、金额等是否一致，记账方向是否相符，做到账证相符。

(3) 依照有关法律、法规和制度规定的结账日进行结账。年度结账日为公历年度每年的 12 月 31 日；半年度、季度、月度结账日分别为公历年度每半年、每季、每月的最后一天。会计人员不得为赶制会计报表而提前结账，也不得随意延迟结账。在结账日，应在本期所有已发生的经济业务、期末账项调整和转账业务全部登记入账的基础上，计算出每个账户的发生额合计数和期末余额，并进行试算平衡，做到账账相符。

(4) 检查相关的会计核算是否按照《企业会计准则》的统一规定和企业的内部会计制度规定进行。

(5) 检查是否存在因会计差错、会计政策变更等原因需要调整前期或者本期相关项目的内容。

会计报表编制完成后，应认真复核。会计报表之间、会计报表各项目之间，凡有对应关系的数字，应当相互一致；会计报表中，本期与上期的有关数字应当相互衔接，以确保报表数字的真实性，做到表表相符。

(二) 内容完整

施工项目的会计报表，应全面地反映施工项目的经营成果、财务状况及其变动情况。在编制会计报表时，应按规定的报表种类和内容来编制，不得漏编报表，也不应漏填报表项目。对于不能列入会计报表，但又需要公开披露的一些重要信息，应在会计报表附注和财务情况说明书中给出真实、完整、清楚的说明，以便报表使用者理解和使用。

(三) 手续齐备

施工项目部向公司总部提供的会计报表，应当依次编定页数，加具封面，装订成册，加盖公章。封面上应当注明：施工项目名称、地址、报表所属年度或者月份、报出日期，并由施工项目负责人和主管会计工作的负责人、会计主管人员签名并盖章；设置总会计师的施工项目部，还应当由总会计师签名并盖章。

（四）编报及时

会计报表必须按规定的期限和程序，及时编制与报送，以便公司总部汇总，编制公司财务报表。为了及时编报会计报表，应当科学地组织好日常的会计核算工作，加强施工项目部内部各部门之间的协作，顺利完成会计报表的编制。

第二节

会计报表的编制与分析

企业对外报送的财务报表主要包括资产负债表、利润表、现金流量表和所有者权益变动表等。施工项目部涉及的主要是资产负债表、利润表和现金流量表。

一、资产负债表的编制

资产负债表是反映会计主体在某一特定日期财务状况的会计报表。它反映会计主体在某一特定日期所拥有或控制的经济资源、所承担的现时义务和所有者对净资产的要求权。资产负债表，可以提供某一日期的资产总额及其结构，表明会计主体拥有或控制的资源及其分布情况；可以提供某一日期的负债总额及其结构，表明企业未来需要多少资产或劳务清偿债务以及清偿时间；可以反映所有者所拥有的权益，据以判断资本保值、增值的情况以及对负债的保障程度。资产负债表可以提供进行财务分析的基本资料，如将流动资产与流动负债进行比较，计算出流动比率；将速动资产与流动负债进行比较，计算出速动比率等，可以表明企业的变现能力、偿债能力和资金周转能力，从而有助于报表使用者作出经济决策。

由于施工项目部并不是一个法人，施工项目的资产负债表主要反映施工项目特定日期资产、负债的基本情况。

（一）资产负债表的结构

资产负债表采用账户式结构，报表分为左右两部分，左侧列示资产类各项目，反映全部资产的分布及存在形态；右侧列示负债和所有者权益类各项目，反映全部负债和所有者权益的内容及构成情况。资产负债表左右两侧平衡，资产总计等于负债和所有者权益总计，即"资产＝负债＋所有者权益"。

此外，为了使使用者通过比较不同时点资产负债表的数据，掌握会计主体财务状况的变动情况及发展趋势，会计主体需要提供比较资产负债表。资产负债表还就各项目再分为"年初余额"和"期末余额"两栏分别填列。其具体格式如表 9-1 所示。

表 9-1　　　　　　　　　　　　　资产负债表

编制单位：××项目部　　　　　　2012 年 6 月 30 日　　　　　　　　单位：元

资产	期末余额	年初余额	负债和所有者权益（或股东权益）	期末余额	年初余额
流动资产：			流动负债：		
货币资金	9 689 766.36	0	短期借款	0	0
交易性金融资产	0	0	交易性金融负债	0	0
应收票据	0	0	应付票据		0
应收账款	1 011 949.90	0	应付账款	2 664 316.20	0
预付款项	46 000.00	0	预收款项	0	0
应收利息	0		应付职工薪酬	98 898.76	0
应收股利	0	0	应交税费		
其他应收款	57 172.38		应付利息		
存货	2 217 210.80	0	应付股利	0	0
一年内到期的非流动资产	0	0	其他应付款	12 840 541.88	0
其他流动资产	0	0	一年内到期的非流动负债		
流动资产合计	13 022 099.44	0	其他流动负债		
非流动资产：			流动负债合计	15 603 756.84	0
可供出售金融资产	0	0	非流动负债：		
持有至到期投资	0	0	长期借款	0	0

续表

资产	期末余额	年初余额	负债和所有者权益（或股东权益）	期末余额	年初余额
长期应收款	0	0	应付债券	0	0
长期股权投资	0	0	长期应付款	0	0
投资性房地产	0	0	专项应付款	0	0
固定资产	114 980.00	0	预计负债	0	0
在建工程	2 518 041.67	0	递延所得税负债	0	0
工程物资	0	0	其他非流动负债	0	0
固定资产清理	0	0	非流动负债合计	0	0
生产性生物资产		0	负债合计	15 603 756.84	0
油气资产	0	0	所有者权益(或股东权益)：		
无形资产	0	0	实收资本（或股本）	0	0
开发支出	0	0	资本公积	0	0
商誉	0	0	减：库存股	0	0
长期待摊费用	0	0	盈余公积	0	0
递延所得税资产	0	0	未分配利润	51 364.27	0
其他非流动资产	0	0	所有者权益(或股东权益) 合计	0	0
非流动资产合计	2 633 021.67	0			
资产总计	15 655 121.11	0	负债和所有者权益（或股东权益）总计	15 655 121.11	0

（二）资产负债表的填列方法

1. 年初余额栏的填列方法

资产负债表"年初余额"栏内各项数字，应根据上年年末资产负债表"期末余额"栏内所列数字填列。如果上年度资产负债表规定的各个项目的名称和内容同本年度不一致，应对上年年末资产负债表各项目的名称和数字按照本年度的规定进行调整，填入表中"年初余额"栏内。

2. 期末余额栏的填列方法

资产负债表"期末余额"栏内各项数字,一般应根据资产、负债和所有者权益类科目的期末余额填列,各项目的具体内容及填列方法如下:

(1) 根据总账科目的余额填列。"固定资产清理"、"短期借款"、"应付票据"、"应付职工薪酬"、"应交税费"、"应付利息"、"其他应付款"、"预计负债"等项目应根据有关总账科目的余额填列。

有些项目则应根据几个总账科目的余额计算填列。如"货币资金"项目,应根据"库存现金"、"银行存款"、"其他货币资金"三个总账科目余额的合计数填列。"其他流动负债"项目,应根据有关科目的期末余额分析填列。

(2) 根据明细账科目余额计算填列。"应付账款"项目,应根据"应付账款"和"预付账款"两个科目所属的相关明细科目的期末贷方余额合计数填列;"预收款项"项目,应根据"预收账款"和"应收账款"科目所属各明细科目的期末贷方余额合计数填列;"一年内到期的非流动资产"、"一年内到期的非流动负债"项目,应根据有关非流动资产或负债项目的明细科目余额分析填列。

(3) 根据总账科目和明细账科目余额分析计算填列。"长期借款"项目,应根据"长期借款"总账科目余额扣除"长期借款"科目所属的明细科目中将在资产负债表日起一年内到期且企业不能自主地将清偿义务展期的长期借款后的金额计算填列;"长期待摊费用"项目,应根据"长期待摊费用"科目的期末余额减去将于一年内(含一年)摊销的数额后的金额填列;"其他非流动资产"项目,应根据有关科目的期末余额减去将于一年内(含一年)到期偿还数后的金额填列。

(4) 根据有关科目余额减去其备抵科目余额后的净额填列。"固定资产"项目,应根据相关科目的期末余额扣减相应的累计折旧填列,已计提减值准备的,还应扣减相应的减值准备;"长期应收款"项目,应根据"长期应收款"科目的期末余额,减去相应的"未实现融资收益"科目和"坏账准备"科目所属相关明细科目期末余额后的金额填列;"长期应付款"项目,应根据"长期应付款"科目的期末余额,减去相应的"未实现融资费用"科目期末余额后的金额填列。

(5) 综合运用上述填列方法分析填列。主要包括:"应收票据"、"应收利息"、"应收股利"、"其他应收款"项目,应根据相关科目的期末余额,减去"坏账准备"科目中有关坏账准备期末余额后的金额填列;"应收账款"

项目，应根据"应收账款"和"预收账款"科目所属各明细科目的期末借方余额合计数，减去"坏账准备"科目中有关应收账款计提的坏账准备期末余额后的金额填列；"预付款项"项目，应根据"预付账款"和"应付账款"科目所属各明细科目的期末借方余额合计数，减去"坏账准备"科目中有关预付款项计提的坏账准备期末余额后的金额填列；"存货"项目，应根据"材料采购"、"原材料"、"周转材料"、"委托加工物资"等科目期末余额合计，减去"存货跌价准备"科目期末余额后的金额填列，材料采用计划成本核算的企业，还应按加或减材料成本差异后的金额填列。

3. 特殊项目的填列

（1）"工程施工"与"工程结算"科目的填列方法。如果"工程施工"科目期末余额大于"工程结算"科目期末余额，将其差额计入资产负债表"存货"项目；如果"工程结算"科目期末余额大于"工程施工"科目期末余额，将其差额计入资产负债表的"预收款项"项目。

（2）"内部往来"科目的填列方法。有的施工企业使用"内部往来"科目，施工项目部应对"内部往来"科目所属明细科目进行分析后填列，如果"内部往来"科目所属明细科目有借方余额，应填报在"其他应收款"项目内；如"内部往来"科目所属明细科目有贷方余额，应在"其他应付款"项目填列。

（3）"临时设施"等相关科目的填列方法。有的施工企业设置了"临时设施"、"临时设施摊销"、"临时设施清理"、"临时设施减值准备"等科目，施工项目部应将"临时设施"科目的期末余额减去"临时设施摊销"和"临时设施减值准备"等科目期末余额后的差额，填列计入"固定资产"项目。

（4）"低值易耗品"科目的填列方法。有的施工企业单独设置了"低值易耗品"科目，施工项目部应采取与"周转材料"科目相同的填列方式，将其填列计入"存货"项目下。

值得注意的是，施工项目部不是法人单位，不存在实收资本、资本公积、盈余公积项目填列问题。因此，资产负债表的所有者权益部分，施工项目部主要填列"未分配利润"项目。

二、利润表的编制

利润表是反映会计主体在一定会计期间的经营成果的会计报表。利润表必须充分反映会计主体经营业绩的主要来源和构成，有助于使用者判断净利润的质量及其风险，有助于使用者预测净利润的持续性，从而作出正确的决策。通常情况下，企业管理者通过阅读施工项目的利润表，可以了解施工项目一定会计期间的合同收入与合同费用及其他损益项目的实现情况。利润表与资产负债表中的信息相结合，还有助于企业管理者分析施工项目资金周转情况以及盈利能力和水平，便于公司管理者判断施工项目的未来发展趋势，作出经济决策。

（一）利润表的结构

目前，我国企业的利润表都采用多步式结构，即通过对当期的收入、费用、支出项目按性质加以归类，按利润形成的主要环节列示一些中间性利润指标，分步计算当期净损益。

利润表主要反映以下几方面的内容：

（1）营业收入，由主营业务收入和其他业务收入组成。

（2）营业利润，营业收入减去营业成本（主营业务成本、其他业务成本）、营业税金及附加、销售费用、管理费用、财务费用、资产减值损失，加上公允价值变动收益、投资收益，即为营业利润。

（3）利润总额，营业利润加上营业外收入，减去营业外支出，即为利润总额。

（4）净利润，利润总额减去所得税费用，即为净利润。

（5）每股收益，普通股或潜在普通股已公开交易的企业，以及正处于公开发行普通股或潜在普通股过程中的企业，还应当在利润表中列示每股收益信息，包括基本每股收益和稀释每股收益两项指标。

此外，为了使报表使用者通过比较不同期间利润的实现情况，判断会计主体经营成果的未来发展趋势，会计主体需要提供比较利润表。利润表还就各项目再分为"本期金额"和"上期金额"两栏分别填列。其具体格式如表9-2所示。

表9-2　　　　　　　　　　　　　　利润表

编制单位：××项目部　　　　　　　　2012年6月　　　　　　　　　　　单位：元

项目	本期金额	上期金额
一、营业收入	10 119 499.00	0
减：营业成本	9 380 131.53	0

续表

项目	本期金额	上期金额
营业税金及附加	315 728.37	0
销售费用	0	0
管理费用	372 392.40	0
财务费用	−117.57	0
资产减值损失	0	0
加：公允价值变动收益（损失以"−"号填列）	0	0
投资收益（损失以"−"号填列）	0	0
其中：对联营企业和合营企业的投资收益	0	0
二、营业利润（亏损以"−"号填列）	51 364.27	0
加：营业外收入	0	0
减：营业外支出	0	0
其中：非流动资产处置损失	0	0
三、利润总额（亏损总额以"−"号填列）	51 364.27	0
减：所得税费用	0	0
四、净利润（净亏损以"−"号填列）	0	0
五、每股收益：	0	0
（一）基本每股收益	0	0
（二）稀释每股收益	0	0
六、其他综合收益	0	0
七、综合收益总额	0	0

（二）利润表的填列方法

1. 上期金额栏的填列方法

利润表"上期金额"栏内各项数字，应根据上年该期利润表"本期金额"栏内所列数字填列。如果上年该期利润表规定的各个项目的名称和内容同本期不相一致，应对上年该期利润表各项目的名称和数字按本期的规定进行调整，填入利润表"上期金额"栏内。

2. 本期金额栏的填列方法

利润表"本期金额"栏内各项数字，一般应根据"主营业务收入"、"其他业务收入"、"主营业务成本"、"其他业务成本"、"营业税金及附加"、"销售费用"、"管理费用"、"财务费用"、"资产减值损失"、"公允价值变动收益"、"营业外收入"、"营业外支出"、"所得税费用"等损益类科目的发生额分析填列。其中，"营业利润"、"利润总额"、"净利润"项目根据本表中相关项目计算填列。

利润表"每股收益"项下设置了"其他综合收益"项目和"综合收益总额"项目。"其他综合收益"项目，反映企业根据企业会计准则规定未在当期损益中确认的各项利得和损失扣除所得税影响后的净额。"综合收益总额"项目，反映企业净利润与其他综合收益的合计金额。

对于一个施工项目部来说，仅需要填列利润表的其中一部分，尤其是不会涉及"每股收益"项目的填列。

三、现金流量表的编制

现金流量表是反映会计主体在一定会计期间现金和现金等价物流入与流出的报表。从编制原则上看，现金流量表按照收付实现制原则编制，将权责发生制下的盈利信息调整为收付实现制下的现金流量信息，便于信息使用者了解会计主体净利润的质量。从内容上看，现金流量表被划分为经营活动、投资活动和筹资活动三个部分。每类活动又分为各具体项目，这些项目从不同角度反映会计主体业务活动的现金流入与流出，弥补了资产负债表和利润表提供信息的不足。通过对各施工项目现金流量表的分析，企业管理者能够了解施工项目现金流量的影响因素，评价施工项目的支付能力、偿债能力和周转能力，预测施工项目未来现金流量，为其决策提供有力依据。

（一）现金流量表的结构

在现金流量表中，现金及现金等价物被视为一个整体，会计主体现金形式的转换不会产生现金的流入或流出。例如，企业从银行提取现金，是企业现金存放形式的转换，并未流出企业，不构成现金流量。同样，现金与现金等价物之间的转换也不属于现金流量。例如，企业用现金购买三个月到期的国库券。根据企业业务活动的性质和现金流量的来源，将企业一定期间产生

的现金流量分为三类：经营活动产生的现金流量、投资活动产生的现金流量
和筹资活动产生的现金流量。现金流量表的具体格式如表 9-3 所示。

表 9-3 现金流量表

编制单位：××项目部　　　　　　　2012 年 6 月　　　　　　　　　单位：元

项目	本期金额	上期金额
一、经营活动产生的现金流量：		
销售商品、提供劳务收到的现金	20 000 000.00	0.00
收到的税费返还	0.00	0.00
收到的其他与经营活动有关的现金	1 240 000.00	0.00
经营活动现金流入小计	21 240 000.00	0.00
购买商品、接受劳务支付的现金	8 990 000.00	0.00
支付给职工以及为职工支付的现金	324 789.00	0.00
支付的各项税费	315 728.37	0.00
支付的其他与经营活动有关的现金	1 804 736.27	0.00
经营活动现金流出小计	11 435 253.64	0.00
经营活动产生的现金流量净额	9 804 746.36	0.00
二、投资活动产生的现金流量：		
收回投资收到的现金	0.00	0.00
取得投资收益收到的现金	0.00	0.00
处置固定资产、无形资产和其他长期资产收回的现金净额	0.00	0.00
处置子公司及其他营业单位收到的现金净额	0.00	0.00
收到的其他与投资活动有关的现金	0.00	0.00
投资活动现金流入小计	0.00	0.00
购建固定资产、无形资产和其他长期资产支付的现金	114 980.00	0.00
投资支付的现金	0.00	0.00
取得子公司及其他营业单位支付的现金净额	0.00	0.00
支付的其他与投资活动有关的现金	0.00	0.00
投资活动现金流出小计	114 980.00	0.00
投资活动产生的现金流量净额	−114 980.00	0.00

续表

项目	本期金额	上期金额
三、筹资活动产生的现金流量：		
吸收投资收到的现金	0.00	0.00
取得借款收到的现金	0.00	0.00
收到的其他与筹资活动有关的现金	0.00	0.00
筹资活动现金流入小计	0.00	0.00
偿还债务支付的现金	0.00	0.00
分配股利、利润或偿付利息支付的现金	0.00	0.00
支付的其他与筹资活动有关的现金	0.00	0.00
筹资活动现金流出小计	0.00	0.00
筹资活动产生的现金流量净额	0.00	0.00
四、汇率变动对现金及现金等价物的影响	0.00	0.00
五、现金及现金等价物净增加额	9 689 766.36	0.00
加：期初现金及现金等价物余额	0.00	0.00
六、期末现金及现金等价物余额	9 689 766.36	0.00

现金流量表补充资料

补充资料	本期金额	上期金额
1. 将净利润调节为经营活动现金流量：		
净利润	51 364.27	0.00
加：资产减值准备	0.00	0.00
固定资产折旧、油气资产折耗、生产性生物资产折旧	0.00	0.00
无形资产摊销	0.00	0.00
长期待摊费用摊销	0.00	0.00
处置固定资产、无形资产和其他长期资产的损失（收益以"—"号填列）	0.00	0.00
固定资产报废损失（收益以"—"号填列）	0.00	0.00
公允价值变动损失（收益以"—"号填列）	0.00	0.00
财务费用（收益以"—"号填列）	−117.57	0.00
投资损失（收益以"—"号填列）	0.00	0.00

续表

补充资料	本期金额	上期金额
递延所得税资产减少（增加以"－"号填列）	0.00	0.00
递延所得税负债增加（减少以"－"号填列）	0.00	0.00
存货的减少（增加以"－"号填列）	－2 217 210.80	0.00
经营性应收项目的减少（增加以"－"号填列）	－1 115 122.28	0.00
经营性应付项目的增加（减少以"－"号填列）	15 505 121.11	0.00
其他	－2 419 288.37	0.00
经营活动产生的现金流量净额	9 804 746.36	0.00
2. 不涉及现金收支的重大投资和筹资活动：	—	—
债务转为资本	0.00	0.00
一年内到期的可转换公司债券	0.00	0.00
融资租入固定资产	0.00	0.00
3. 现金及现金等价物净变动情况：	—	—
现金的期末余额	9 689 766.36	0.00
减：现金的期初余额	0.00	0.00
加：现金等价物的期末余额	0.00	0.00
减：现金等价物的期初余额	0.00	0.00
现金及现金等价物净增加额	9 689 766.36	0.00

（二）现金流量表的编制方法及程序

编制现金流量表时，列报经营活动现金流量的方法有直接法和间接法两种。在直接法下，一般以利润表中的营业收入为起算点，调节与经营活动有关的项目的增减变动，然后计算出经营活动产生的现金流量。在间接法下，将净利润调节为经营活动现金流量，实际上是将按权责发生制原则确定的净利润调整为现金净收入，并剔除投资活动和筹资活动对现金流量的影响。

采用直接法编报的现金流量表，便于分析企业经营活动产生的现金流量的来源和用途，预测企业现金流量的未来前景；采用间接法编报现金流量表，便于将净利润与经营活动产生的现金流量净额进行比较，了解净利润与经营活动产生的现金流量产生差异的原因，从现金流量的角度分析净利润的质量。《企业会计准则》规定应当采用直接法编报现金流量表，同时要求在附注中提供以净利润为基础调节到经营活动现金流量的信息。

（三）现金流量表具体项目的内容及填列方法

1. "经营活动产生的现金流量"各项目的内容和填列方法

经营活动是指会计主体除投资活动和筹资活动以外的所有交易和事项。会计主体经营活动产生的现金流量应当采用直接法填列。直接法，是指通过现金收入和现金支出的主要类别列示经营活动的现金流量。经营活动现金流量各项目的内容和填列方法如下：

（1）"销售商品、提供劳务收到的现金"项目。该项目反映会计主体销售商品、提供劳务实际收到的现金，包括本期销售商品、提供劳务收到的现金，以及前期销售商品、提供劳务本期收到的现金和本期预收的账款，减去本期退回本期销售的商品和前期销售本期退回的商品而支付的现金。企业销售材料和代购代销业务收到的现金，也在本项目反映。施工项目部可以根据"库存现金"、"银行存款"、"应收账款"、"应收票据"、"预收账款"、"主营业务收入"、"其他业务收入"等科目的记录分析填列该项目。

施工项目部根据账户记录分析计算该项目的金额，也可采用以下公式：

$$\begin{aligned}
\text{销售商品、提供劳务收到的现金} = &\text{工程结算科目贷方发生额和其他业务收入} + \text{增值税销项税额} + \text{应收账款净额}(\text{年初数} - \text{年末数}) \\
&+ \text{应收票据净额}(\text{年初数} - \text{年末数}) \\
&+ \text{预收账款}(\text{年末数} - \text{年初数}) \\
&+ \text{销售商品材料、提供劳务而产生其他应收款}(\text{含内部往来相应内容})(\text{年初数} - \text{年末数}) \pm \text{特殊业务调整项目}
\end{aligned}$$

特殊业务调整项目是指对没有现金流入或流出而影响销售商品、提供劳务产生的债权债务项目发生增减变动的特殊业务的调整。主要包括以下内容：

$$\begin{aligned}
\text{特殊业务调整项目} = &-\text{本年计提的坏账准备}(\text{或} + \text{冲减的坏账准备}) \\
&-\text{非货币性资产清偿债务而减少的应收账款} \\
&-\text{应收票据计提利息以及贴现计入财务费用借方数}(\text{或} + \text{计入财务费用贷方数}) \pm \text{其他调整}
\end{aligned}$$

(2)"收到的税费返还"项目。该项目反映会计主体收到返还的各种税费，包括收到返还的增值税、消费税、营业税、关税、所得税、教育费附加等。施工项目部根据"库存现金"、"银行存款"、"营业税金及附加"、"营业外收入"、"其他应收款"等科目的记录分析填列该项目。

(3)"收到的其他与经营活动有关的现金"项目。该项目反映会计主体除了上述各项目以外所收到的其他与经营活动有关的现金流入，如罚款收入、经营租赁固定资产收到的现金、流动资产损失中由个人赔偿的现金收入、除税收返还以外的其他政府补助收入等。若某项其他与经营活动有关的现金流入金额较大，应单列项目反映。施工项目部根据"库存现金"、"银行存款"、"营业外收入"等科目的记录分析填列该项目。

(4)"购买商品、接受劳务支付的现金"项目。反映会计主体购买商品、提供劳务实际支付的现金，包括本期购买材料、商品、接受劳务支付的现金（包括增值税进项税额），本期支付的前期购入商品、接受劳务的未付款以及本期预付账款，扣除本期发生购货退回而收到的现金。施工项目部根据"库存现金"、"银行存款"、"应付账款"、"应付票据"、"预付账款"、"主营业务成本"、"其他业务成本"等科目的记录分析填列该项目。

施工项目部根据账户记录分析计算该项目的金额，也可采用以下公式：

$$\begin{aligned}\text{购买商品、接受} \\ \text{劳务支付的现金}\end{aligned} = \text{当期存货借方发生额（不含已完工未结算款，自制的半成品、在产品、产成品和其他自制材料）} - \text{存货贷方发生额中直拨协作队伍料款} + \text{本期对分包方验工结算} + \text{增值税进项税额} + \text{应付账款（年初数} - \text{年末数）} + \text{应付票据（年初数} - \text{年末数）} + \text{预付账款（年末数} - \text{年初数）} + \text{购买商品材料、接受劳务产生的其他应付款（含内部往来相应内容）（年初数} - \text{年末数）} \pm \text{特殊业务调整项目}$$

特殊业务调整项目是指对没有现金流入或流出而导致购买商品材料、接受劳务产生的应付预付及存货项目发生增减变动的特殊业务的调整。主要包括以下内容：

$$\text{特殊业务调整项目} = -\text{以非货币性资产清偿债务而减少的应付账款或增加的存货} - \text{无法支付而计入资本公积的应付款项} - \text{非货币性交易换入的存货} - \text{接受投资、捐赠等业务增加的存货} + \text{应付票据本期计提的票据利息} \pm \text{其他调整}$$

（5）"支付给职工以及为职工支付的现金"项目。反映会计主体实际支付给职工以及为职工支付的现金，包括本期实际支付给职工的工资、奖金、各种津贴和补贴等，以及为职工支付的其他费用。本项目不包括支付给离退休人员的各项费用及支付给在建工程人员的工资及其他费用。会计主体支付给离退休人员的各项费用（包括支付的统筹退休金以及未参加统筹的退休人员的费用），在"支付的其他与经营活动有关的现金"项目中反映；支付给在建工程人员的工资及其他费用，在"购建固定资产、无形资产和其他长期资产支付的现金"项目反映。

施工项目部根据"库存现金"、"银行存款"、"应付职工薪酬"等科目的记录分析填列该项目。为职工支付的养老、失业等社会保险基金，补充养老保险，住房公积金，支付给职工的住房困难补助，以及支付给职工或为职工支付的其他福利费用等，按职工的工作性质和服务对象，分别在该项目和"购建固定资产、无形资产和其他长期资产支付的现金"项目反映。

（6）"支付的各项税费"项目。反映会计主体按规定支付的各种税费，包括会计主体本期发生并支付的税费，以及本期支付以前各期发生的税费和本期预缴的税金。如预缴的营业税、土地增值税、房产税、车船税、印花税、教育费附加、矿产资源补偿费等，但不包括计入固定资产价值的、实际支付的耕地占用税，也不包括本期退回的增值税、所得税。本期退回的增值税、所得税在"收到的税费返还"项目反映。施工项目部根据"应交税费"、"库存现金"、"银行存款"等科目的记录分析填列该项目。

（7）"支付的其他与经营活动有关的现金"项目。反映会计主体除上述各项目外所支付的其他与经营活动有关的现金，如罚款支出，支付的差旅费、业务招待费、保险费，经营租赁支付的现金等。若其他与经营活动有关的现金流出金额较大，应单列项目反映。施工项目部根据"管理费用"、"销售费用"、"营业外支出"、"库存现金"、"银行存款"等有关科目的记录分析填列该项目。

2. "投资活动产生的现金流量"各项目的内容和填列方法

投资活动是指会计主体长期资产的购建和不包括在现金等价物范围内的投资及其处置活动。长期资产是指固定资产、无形资产、在建工程、其他资产等持有期限在一年或一个营业周期以上的资产。投资活动既包括实物资产投资，也包括金融资产投资。投资活动现金流量各项目的内容和填列方法如下：

（1）"收回投资所收到的现金"项目。反映会计主体出售、转让或到期收回除现金等价物以外的交易性金融资产、持有至到期投资、可供出售金融资产、长期股权投资、投资性房地产而收到的现金。不包括收回的长期债权投资的利息、收回的非现金资产以及处置子公司及其他营业单位收到的现金净额。债权性投资收回的本金，在本项目反映；债权性投资收回的利息，应在"取得投资收益所收到的现金"项目中反映。处置子公司及其他营业单位收到的现金净额单设项目反映。本项目根据"交易性金融资产"、"持有至到期投资"、"可供出售金融资产"、"长期股权投资"、"投资性房地产"、"库存现金"、"银行存款"等科目的记录分析填列。不过，施工项目部很少涉及此类业务。

（2）"取得投资收益所收到的现金"项目。反映会计主体因股权性投资分得的现金股利，从子公司、联营企业、合营企业分回利润而收到的现金，因债权性投资（包括现金等价物范围内的债权性投资）而取得的现金利息收入。股票股利不在本项目反映。本项目根据"应收股利"、"应收利息"、"投资收益"、"库存现金"、"银行存款"等科目记录分析填列。施工项目部不会涉及此类业务。

（3）"处置固定资产、无形资产和其他长期资产收回的现金净额"项目。反映会计主体处置固定资产、无形资产和其他长期资产所取得的现金，减去为处置这些资产而支付的有关费用后的净额，包括因自然灾害所造成的固定资产等长期资产损失而收到的保险赔偿收入。如所收回的现金净额为负数，则应在"支付的其他与投资活动有关的现金"项目反映。施工项目部根据"固定资产清理"、"临时设施清理"、"库存现金"、"银行存款"等科目的记录分析填列该项目。

（4）"处置子公司及其他营业单位收到的现金净额"项目。反映会计主体处置子公司及其他营业单位所取得的现金，减去子公司或其他营业单位持有的现金和现金等价物以及相关处置费用后的净额。本项目应根据有关科目的记录分析填列。处置子公司及其他营业单位收到的现金净额为负数的，则将该金额填列至"支付的其他与投资活动有关的现金"项目中。施工项目部不会涉及此类业务。

（5）"收到的其他与投资活动有关的现金"项目。反映会计主体除了上述各项目外所收到的其他与投资活动有关的现金流入。例如，企业收回购买股票和债券时支付的已宣告但尚未领取的现金股利，或已到付息期但尚未领取的债券的利息。若其他与投资活动有关的现金流入金额较大，应单列项目反映。本项目根据有关科目的记录分析填列。

(6)"购建固定资产，无形资产和其他长期资产支付的现金"项目。反映会计主体购买、建造固定资产，取得无形资产和其他长期资产所实际支付的现金。包括购买机器设备所支付的现金及增值税款、建造工程支付的现金、支付在建工程人员的工资等现金支出。不包括为购建固定资产、无形资产和其他长期资产而发生的借款利息资本化的部分，以及融资租入固定资产支付的租赁费。会计主体支付的借款利息和融资租入固定资产支付的租赁费，在筹资活动产生的现金流量中反映。施工项目部根据"固定资产"、"在建工程"、"工程物资"、"临时设施"、"无形资产"、"库存现金"、"银行存款"等科目的记录分析填列该项目。

(7)"投资支付的现金"项目。反映会计主体进行权益性投资和债权性投资支付的现金，包括会计主体取得的除现金等价物以外的交易性金融资产、持有至到期投资、可供出售金融资产而支付的现金，以及支付的佣金、手续费等交易费用。会计主体购买债券的价款中含有债券利息的，以及溢价或折价购入的，均按实际支付的金额反映。本项目根据"交易性金融资产"、"持有至到期投资"、"可供出售金融资产"、"长期股权投资"、"投资性房地产"、"库存现金"、"银行存款"等科目的记录分析填列。不过，施工项目部很少涉及此类业务。

(8)"取得子公司及其他营业单位支付的现金净额"项目。本项目反映会计主体取得子公司及其他营业单位购买出价中以现金支付的部分，减去子公司或其他营业单位持有的现金和现金等价物后的净额。本项目根据有关科目的记录分析填列。取得子公司及其他营业单位支付的现金净额如为负数，则将该金额填列至"收到的其他与投资活动有关的现金"项目中。施工项目部不会涉及此类业务。

(9)"支付的其他与投资活动有关的现金"项目。反映会计主体除上述各项外的其他与投资活动有关的现金流出，如会计主体购买股票时实际支付的价款中包含的已宣告而尚未领取的现金股利、购买债券时支付的价款中包含的已到期而尚未领取的债券利息等。若其他与投资活动有关的现金流出金额较大，应单列项目反映。本项目根据有关科目的记录分析填列。

3."筹资活动产生的现金流量"各项目的内容和填列方法

现金流量表中的筹资活动包括权益性投资的吸收与减少、银行借款的借入与偿还、债券的发行与偿还等。单独反映筹资活动产生的现金流量，能了解会计主体筹资活动产生现金流量的规模与能力，以及会计主体为获得现金流入而付出的代价。筹资活动现金流量各项目的内容和填列方法如下：

（1）"吸收投资所收到的现金"项目。反映会计主体收到的投资者投入的现金，包括以发行股票、债券等方式筹集资金实际收取的款项净额（发行收入减去支付的佣金等发行费用后的净额）。本项目根据"实收资本"（股本）、"资本公积"、"库存现金"、"银行存款"等科目记录分析填列。不过，施工项目部不会涉及此类业务。

（2）"借款收到的现金"项目。反映会计主体举借各种短期、长期借款所收到的现金。施工项目部根据"短期借款"、"长期借款"、"交易性金融负债"、"应付债券"、"库存现金"、"银行存款"等科目的记录分析填列该项目。

（3）"收到的其他与筹资活动有关的现金"项目。反映会计主体除上述各项目外所收到的其他与筹资活动相关的现金流入。若某项其他与筹资活动有关的现金流入金额较大，应单列项目反映。本项目根据有关科目的记录分析填列。

（4）"偿还债务所支付的现金"项目。反映会计主体偿还债务本金所支付的现金，包括偿还金融企业的借款本金、偿还债券本金等。支付的借款利息和债券利息在"分配股利、利润或偿付利息所支付的现金"项目反映，不在本项目内。施工项目部根据"短期借款"、"长期借款"、"交易性金融负债"、"应付债券"、"库存现金"、"银行存款"等科目的记录分析填列该项目。

（5）"分配股利、利润或偿付利息支付的现金"项目。反映会计主体实际支付的现金股利、支付给其他投资单位的利润以及支付的借款利息、债券利息等。因借款用途不同而分别计入在建工程及财务费用等的利息，均在本项目中反映。本项目根据"应付股利"、"应付利息"、"利润分配"、"财务费用"、"在建工程"、"制造费用"、"研发支出"、"长期借款"、"库存现金"、"银行存款"等科目的记录分析填列。施工项目部主要涉及偿付利息支付的现金。

（6）"支付的其他与筹资活动有关的现金"项目。反映会计主体除上述各项目外的其他与筹资活动有关的现金流出，如以发行股票、债券等方式筹集资金而由企业直接支付的审计、咨询等费用，融资租入固定资产支付的租赁费，以分期付款方式构建固定资产以后各期支付的现金等。若某项其他与筹资活动有关的现金流出金额较大，应单列项目反映。本项目根据有关科目的分析填列。

4. "汇率变动对现金及现金等价物的影响"项目的内容和填列方法

该项目反映会计主体外币现金流量及境外子公司的现金流量折算为人民币时，所采用的现金流量发生日的汇率或平均汇率折算的人民币金额，与"现金及现金等价物净增加额"中的外币现金净增加额按期末汇率折算的人民币金额之间的差额。

编制现金流量表时，应当将外币现金流量以及境外子公司的现金流量折算成记账本位币。外币现金流量以及境外子公司的现金流量，应当采用现金流量发生日的即期汇率或按照系统合理的方法确定的、与现金流量发生日即期汇率近似的汇率折算。汇率变动对现金的影响额应当作为调节项目，在现金流量表中单独列报。

编制现金流量表时，对当期发生的外币业务，也可不必逐笔计算汇率变动对现金的影响，而通过对现金流量表补充资料中"现金及现金等价物净增加额"数额与现金流量表中"经营活动产生的现金流量净额"、"投资活动产生的现金流量净额"、"筹资活动产生的现金流量净额"三项之和作比较而得到，其差额即为"汇率变动对现金的影响额"。

5. 补充资料各项目的内容和填列方法

除现金流量表反映的信息外，施工项目部还应在附注中披露将净利润调节为经营活动现金流量、不涉及现金收支的重大投资和筹资活动、现金及现金等价物净变动情况等信息。

（1）"将净利润调节为经营活动现金流量"项目。现金流量表采用直接法反映经营活动产生的现金流量，同时，施工项目部还应采用间接法反映经营活动产生的现金流量。间接法是指以本期净利润为起点，通过调整不涉及现金的收入、费用、营业外收支以及经营性应收应付等项目的增减变动，调整不属于经营活动的现金收支项目，据此计算并列报经营活动产生的现金流量的方法。

①资产减值准备。反映会计主体当期实际计提的各项资产减值准备。施工项目部根据"资产减值损失"科目的记录分析填列该项目。

②固定资产折旧。反映会计主体本期累计计提的固定资产折旧、投资性房地产折旧及临时设施摊销。施工项目部根据"累计折旧"、"投资性房地产累计折旧"、"临时设施摊销"等科目的贷方发生额分析填列该项目。

③无形资产摊销。反映会计主体本期累计摊入成本费用的无形资产价值

以及投资性房地产摊销金额。施工项目部根据"累计摊销"、"投资性房地产累计摊销"等科目的贷方发生额分析填列该项目。

④长期待摊费用摊销。反映会计主体本期累计摊入成本费用的长期待摊费用。施工项目部根据"长期待摊费用"科目的贷方发生额分析填列该项目。

⑤处置固定资产、无形资产和其他长期资产的损失(减:收益)。反映会计主体本期处置固定资产、无形资产和其他长期资产发生的净损失(或净收益)。如为净收益,以"一"号填列。施工项目部根据"营业外支出"、"营业外收入"、"其他业务收入"、"其他业务成本"所属有关明细科目的记录分析填列该项目。

⑥固定资产报废损失。反映会计主体本期发生的固定资产报废后的净损失。如为净收益,以"一"号填列。施工项目部根据"营业外支出"、"营业外收入"科目所属有关明细科目的记录分析填列该项目。

⑦公允价值变动损失。反映会计主体应当计入当期损益的资产或负债公允价值变动净损失。该项目应根据"公允价值变动损益"科目的发生额分析填列。如为净收益,以"一"号填列。施工项目部一般不涉及该业务。

⑧财务费用。反映会计主体本期实际发生的应属于投资活动或筹资活动的财务费用。属于投资活动、筹资活动的部分,在计算净利润时已扣除,但这部分发生的现金流出不属于经营活动现金流量的范畴,所以,在将净利润调节为经营活动的现金流量时,需要予以加回。施工项目部应根据"财务费用"科目的本期借方发生额分析填列该项目。如为收益,以"一"号填列。

⑨投资损失。反映会计主体本期实际发生的投资损失减去收益后的净损失。可根据利润表"投资收益"项目的数字填列。如为投资收益,以"一"号填列。施工项目部一般不涉及该业务。

⑩递延所得税资产减少。反映会计主体本期实际发生的递延所得税资产的净减少。如为净增加,以"一"填列。

⑪递延所得税负债增加。反映会计主体本期实际发生的递延所得税负债的净增加。如为净减少,以"一"填列。

⑫存货的减少。反映会计主体本期存货的减少。可根据资产负债表"存货"项目的期初、期末余额的差额填列。期末数大于期初数的差额,以"一"号填列。

⑬经营性应收项目的减少。反映会计主体本期经营性应收项目的减少。经营性应收项目指应收账款、应收票据和其他应收款中与经营活动有关的部分及应收的增值税销项税额等。根据资产负债表"应收账款"、"应收票据"、

"其他应收款"等项目的期初、期末余额的差额分析填列。期末数大于期初数的差额，以"－"号填列。

⑭经营性应付项目的增加。反映会计主体本期经营性应付项目的增加。经营性应付项目主要是指应付账款、应付票据、应付职工薪酬、应交税费、其他应付款中与经营活动有关的部分以及应付的增值税进项税额等。根据资产负债表"应付账款"、"应付票据"、"应付职工薪酬"、"应交税费"、"其他应付款"等项目的期初、期末余额的差额分析填列。期末数小于期初数的差额，以"－"号填列。

（2）"不涉及现金收支的重大投资和筹资活动"项目。不涉及现金收支的重大投资和筹资活动，反映会计主体一定期间内影响资产或负债但不形成该期现金收支的所有投资和筹资活动的信息。这些投资和筹资活动虽然不涉及现金收支，但对以后各期的现金流量有重大影响。例如，会计主体融资租入设备，将形成的负债记入"长期应付款"账户，当期并不支付设备款及租金，但以后各期必须为此支付现金，从而在一定期间内形成了一项固定的现金支出。

会计主体应当在附注中披露不涉及当期现金收支、但影响会计主体财务状况或在未来可能影响会计主体现金流量的重大投资和筹资活动。主要包括：

①债务转为资本，反映企业本期转为资本的债务金额。

②一年内到期的可转换公司债券，反映企业一年内到期的可转换公司债券的本息。

③融资租入固定资产，反映企业本期融资租入的固定资产。

（3）"现金及现金等价物净变动情况"项目。会计主体应当在附注中披露与现金和现金等价物有关的下列信息：

①现金和现金等价物的构成及其在资产负债表中的相应金额。

②企业持有但不能由母公司或集团内其他子公司使用的大额现金和现金等价物金额。例如，国外经营的子公司，由于受当地外汇管制或其他立法的限制，其持有的现金和现金等价物不能由母公司或其他子公司正常使用。

四、会计报表的分析

会计报表分析是以会计报表为主要依据，运用一系列方法和指标，对会计报表提供的数据资料进行的系统和深入分析。会计报表分析是会计核算工作的延伸和发展，属于会计分析的组成部分，是一种事后的总结分析。

会计报表分析的内容一般包括分析企业资产、负债的分布和构成情况，企业负债经营情况，评价企业的偿债能力；分析企业利润形成和盈利水平，评价和预测企业的盈利能力；分析企业现金流量及变动原因，评价企业现金流动状况及付现能力；分析企业资本保全和增值情况，评价企业的财务状况。会计报表分析应全面、系统地对企业的财务状况和经营成果进行分析，灵活运用各种分析方法，具体问题具体分析，避免生搬硬套分析指标的错误做法。

(一) 会计报表分析方法

会计报表分析是对会计报表提供的各项经济指标所进行的分析，一般采用定量分析方法，即通过数量分析实现对经济活动和经济现象的认识。常用的分析方法有比较分析法、比率分析法和因素替换法。

1. 比较分析法

比较分析法是将两个性质相同的经济指标相互对比，确定数量差异的一种分析方法。通过对比分析，找出数量上的差距，发现存在的问题，为进一步分析指明方向。根据分析的目的和要求，对经济指标的对比分析可以采取以下几种形式：

(1) 实际指标与计划指标对比。对分析期的实际指标与计划指标进行比较，可以揭示实际指标与计划指标之间的差异，考核计划完成程度，为进一步分析指明方向。

(2) 本期实际与前期实际指标对比。前期实际指标可以是上年同期实际指标、历史先进水平，或是某一特定时期的实际指标。通过对比分析，可以了解企业的发展速度和发展趋势。

(3) 本期实际与国内外先进水平对比。通过对比，可以看出企业与其他企业之间的差距，有助于企业采取措施，赶超先进。

应用比较分析法时，要注意指标的可比性，相互对比的指标必须在时间单位、计算口径、计价基础等方面保持一致。在对企业间的同类指标进行对比时，需注意其技术上和经济上的可比性。这是正确运用比较法的必要条件，否则分析结果不能说明问题，甚至可能得出错误的结论。

2. 比率分析法

比率分析法是计算指标之间的相对数进行比较分析的方法。采用这种分析方法，可以具体表明经济指标之间的比例关系，使一些不能直接对比的经济指标建立共同比较的基础。比率分析法包括相关比率分析法、构成比率分析法和动态比率分析法。

（1）相关比率分析法。该法通过对两种性质不同但又相关的指标进行对比，计算出比率，说明两个指标之间的关系，以便深入分析企业经营情况。例如，将利润同资本金相对比，计算出资本金利润率，可以评价企业的盈利能力。

（2）构成比率分析法。该法通过计算某一指标各个组成部分占总体的比率，分析指标内在结构是否合理，找出影响指标变化的主要因素。其计算公式为：

$$构成比率＝某个组成部分数值÷总体数值×100\%$$

根据分析目的，可计算资产构成比率、负债构成比率、利润构成比率等。

（3）动态比率分析法。该法通过对不同时期同类经济指标进行对比，计算出动态比率，用以分析该项经济指标的发展趋势和速度。由于对比的标准不同，可分为定基动态比率和环比动态比率。其计算公式如下：

$$定基动态比率＝分析期数值÷固定基期数值$$
$$环比动态比率＝分析期数值÷前期数值$$

3. 因素替换法

因素替换法是把一项综合经济指标分解为各项因素，然后分别测定各项因素变动对综合经济指标影响程度的一种分析方法。通过这种分析方法，可以揭示出经济指标变动的具体原因，找出企业经营管理中存在的主要问题。

因素替换法的计算程序如下：

（1）根据指标的计算公式，确定影响指标变动的各项因素。

（2）将指标的基数(计划数或上期数等)和实际数分解为两个指标体系。

（3）以基数指标体系为计算的基础，用实际指标体系中每项因素的实际数逐步顺序地替换其基数，每次替换后，实际数就被保留下来。有几项因素就替换几次，每次替换后计算出由于该因素变动所得的新结果。

（4）将每次替换计算的结果，与这一因素被替换前的结果进行比较，两者的差额，就是这一因素变化对经济指标差异的影响程度。

（5）将各个因素的影响数值相加，其代数和应同经济指标的实际数与基数之间的总差异数相等。

（二）主要财务评价指标

会计报表使用者依据会计报表提供的数据资料，从各个角度分析评价企业财务状况和经营成果，获取有用信息，作出相关经济决策。总结和评价企业财务状况和经营成果的财务指标包括：偿债能力指标、营运能力指标和盈利能力指标。

1. 评价企业偿债能力的财务指标

（1）资产负债率。又称负债比率，是负债总额与资产总额的比率。该指标表明企业资产总额中债权人提供的资金所占的比重，可衡量企业利用债权人提供资金进行经营活动的能力，也反映债权人发放贷款的安全程度。计算公式为：

$$资产负债率＝负债总额÷全部资产总额×100\%$$

从债权人角度分析，资产负债率越低，表明企业的长期偿债能力越强，债权人权益保障程度越高。从所有者角度分析，资产负债率高，表明企业经营中用较少的自有资金，形成较多的生产经营用资产，可获得较多的投资回报。但是，资产负债率大于100％，则表明企业已资不抵债，视为达到破产的警戒线。

（2）流动比率。流动比率是流动资产与流动负债的比率。该指标表明每一元的流动负债有多少流动资产作为偿还的保障，用以衡量企业的短期偿债能力。计算公式为：

$$流动比率＝流动资产÷流动负债$$

流动比率高，反映企业短期偿债能力强，债权人的权益有保障。流动比率过低，则表明企业没有足够的资金偿还短期债务。但是，流动比率过高，则表明企业流动资产占用较多，资金使用效率不高。一般认为，流动比率为2比较合适。

（3）速动比率。速动比率是速动资产与流动负债的比率。速动资产是指流动资产减去存货后的余额。由于剔除了变现能力差的资产，速动比率指标能够可靠地评价资产的流动性及其偿还短期债务的能力。计算公式为：

$$速动比率＝速动资产÷流动负债$$

一般认为，正常的速动比率为1，表明企业每1元流动负债有1元的速动资产作保证。如果速动比率小于1，表明企业短期偿债的能力差，但也应根据企业的具体情况而定。

2. 评价企业营运能力的财务指标

（1）应收账款周转率。应收账款周转率是指赊销收入净额与平均应收账款余额的比值。该指标反映企业应收账款变现速度的快慢及管理效率的高低。计算公式为：

应收账款周转率（次）＝赊销收入净额÷平均应收账款余额

赊销收入净额＝主营业务收入－现销收入－销售退回与折让

平均应收账款余额＝（期初应收账款＋期末应收账款）÷2

（2）存货周转率。存货周转率是一定时期内主营业务成本与存货平均资金占用额的比率。该指标表明存货的周转次数，用以分析评价企业销售能力和存货储存状况。计算公式为：

存货周转率＝主营业务成本÷平均存货

平均存货＝（期初存货＋期末存货）÷2

3. 评价企业盈利能力的财务指标

（1）资本金利润率。资本金利润率是利润总额与资本金总额的比率。用以评价投资者投入企业资本金的获利能力。计算公式为：

资本金利润率＝利润总额÷资本金总额×100％

（2）主营业务收入利润率。主营业务收入利润率是利润总额与主营业务收入净额的比率。用以评价企业主营业务收入的收益水平。计算公式为：

主营业务收入利润率＝利润总额÷主营业务收入净额×100％

（3）主营业务成本利润率。主营业务成本利润率是利润总额与主营业务成本的比率。用以评价企业主营业务成本获利的水平。计算公式为：

主营业务成本利润率＝利润总额÷主营业务成本×100％

由于施工项目部不具备法人会计主体的全部特征，尤其无法承担偿债责任，所以对施工项目部财务情况进行分析时，主要从其收入与费用、资产与负债的角度考查其盈利能力、周转能力，所采用的指标也仅限于部分常用财务指标。

【例 9-1】 华泰建筑公司某项目部某季度末资产负债表、季度利润表的相关资料见表 9-4。

表 9-4　　　　　　　　　　相关资料表　　　　　　　　　单位：元

项目	金额	项目	金额
流动资产	785 200	长期负债	1 313 000
货币资金	58 000	未分配利润	49 000
应收账款	360 000	负债及所有者权益总额	1 612 000
存货	367 200	主营业务收入	1 200 000
资产总额	1 612 000	主营业务成本	800 000
流动负债	250 000	利润总额	240 000

补充资料：现销收入 100 000 元，年初应收账款 440 000 元，年初存货 432 800 元。

根据上述资料，各项指标的计算如下：

（1）反映盈利能力的指标：

主营业务收入利润率＝240 000÷1 200 000×100％＝20％
主营业务成本利润率＝240 000÷800 000×100％＝30％

以上计算结果只能说明该施工项目部主营业务收入利润率为 20％，主营业务成本利润率为 30％，还不能说明盈利能力的大小，需结合其他资料作进一步比较分析。

（2）反映营运能力的指标：

赊销收入＝1 200 000－100 000＝1 100 000（元）
应收账款平均余额＝（440 000＋360 000）÷2＝400 000（元）
应收账款周转率＝1 100 000÷400 000＝2.75（次）
平均存货＝（432 800＋367 200）÷2＝400 000（元）
存货周转率＝800 000÷400 000＝2（次）

以上计算结果表明该施工项目部的应收账款在年度内周转了 2.75 次，存货周转了 2 次，周转速度是快还是慢，还应结合以前期间资料或同行业资料进行比较分析。

第三节
成本费用报表的编制与分析

一、项目成本报表

项目成本费用报表是反映承包企业所承揽的工程项目成本及其降低情况，为企业管理部门提供成本信息的内部会计报表。项目成本费用报表主要包括工程成本表、竣工工程成本表、施工间接费用明细表等。按期编制成本报表是成本分析和成本考核的依据，同时也能为不同类型工程、产品积累经济技术资料。

在施工项目成本分析中，会用到以下关于工程及工程成本的概念：作为成本计算对象的单项合同工程全部完工后，称为竣工工程；尚未竣工，但已完成预算定额规定的一定组成部分的分部分项工程，称为已完工程；虽已投入工料进行施工，但尚未完成预算定额所规定工序的分部分项工程，称为未完施工或未完工程。为了分期确定损益，在有未完工程的情况下，需要将按照成本计算对象归集的施工费用，在已完工程和未完工程之间划分。其划分是根据以下平衡公式进行的：

$$\frac{已完工程}{实际成本} = \frac{月初未完}{施工实际成本} + \frac{本月发生}{全部施工费用} - \frac{月末未完}{施工实际成本}$$

由上式可见，计算本期已完工程成本的关键是确定期末未完施工成本。在一般施工单位中，月末未完施工工程在全月工作量中所占的比重都比较小，且未完施工工程的实际成本不易求得，为了简化核算手续，通常把月末未完工程的预算成本视同其实际成本。

（一）工程成本表

工程成本表用以反映在月度、季度或年度内已经向发包单位办理工程价款结算的工程成本的构成及其节约或超支情况。一般可按成本项目反映本期和本年累计已经办理工程价款结算的已完工程的目标成本、实际成本、成本降低额和降低率，如表 9-5 所示。

表 9-5   **工程成本表**

编制单位：   201×年度   单位：元

成本项目	本期数				累计数			
	预算成本	实际成本	降低额	降低率	预算成本	实际成本	降低额	降低率
人工费								
材料费								
机械使用费								
其他直接费								
间接费用								
成本合计								

在工程成本表中，各栏目的含义及编制方法如下：

"预算成本"栏反映本期和本年累计已完工程的预算成本，根据已完工程结算表中预算成本，按成本项目分析加总填列。如有单独计算计入工程成本的工程费用，也要按成本项目分析计入。对投标承包的工程，应根据编制的施工图预算分析填列。

"实际成本"栏反映本期和本年累计已完工程的实际成本，根据按施工单位设置的工程施工成本明细分类账中各成本项目的本期和本年工程实际成本合计，加期初（即上期末）、年初（即上年末）未完施工（工程）盘点单中各成本项目的未完施工（工程）成本，减期末未完施工（工程）盘点单中各成本项目的未完施工（工程）成本填列。

"降低额"栏内数字根据"预算成本"栏内数字减"实际成本"栏内数字填列。出现成本超支时，应以"－"号填列。

"降低率"栏按本项目的降低额和预算成本计算填列。为了便于编表，对本期和本年已完工程各成本项目的实际成本，可在表 9-6 所示的工作底稿中先行计算。

表 9-6   **工程成本表底稿**

项目	人工费	材料费	机械使用费	其他直接费	工程直接费	间接费用	工程成本合计
本期工程成本合计							
加：期初未完施工（工程）成本合计							
减：期末未完施工（工程）成本合计							
本期已完工程实际成本							

续表

项目	人工费	材料费	机械使用费	其他直接费	工程直接费	间接费用	工程成本合计
本年工程实际成本累计							
加：年初未完施工（工程）成本合计							
减：年末未完施工（工程）成本合计							
本年已完工程实际成本							

（二）单位工程竣工成本决算

竣工成本决算是确定已竣工单位工程的预算成本和实际成本，全面考核竣工工程成本降低或超支情况的主要依据。编制竣工成本决算是单位工程成本核算工作的最后阶段，做好这项工作，不仅可以综合考核工程概、预算和成本计划的执行情况，分析工程成本升降的原因，为同类工程管理积累成本资料，为企业今后参与工程的投标报价和与发包单位进行合同谈判提供参考依据；而且可以全面反映各单位工程施工的经济效果，总结各单位工程在施工生产和管理过程中的经验教训，找出存在的问题，从而促使企业改进施工和管理工作，不断降低工程成本，提高经济效益。因此，单位工程竣工后，施工企业必须及时、准确地编制竣工成本决算。

竣工成本决算的内容一般包括：竣工工程按成本项目分别反映的预算成本、实际成本及其降低额和降低率；竣工工程耗用人工、材料、机械的预算用量、实际用量及其节约或超支额、节约或超支率；竣工工程的简要分析及说明等。编制竣工成本决算的一般程序如下：

（1）单位工程竣工后，各施工单位的预算人员应根据竣工工程的施工图预算和工程变更、材料代用等有关技术经济签证资料，及时编制单位工程竣工结算书，计算确定已竣工单位工程的全部预算成本和预算总造价，以便与发包单位办理工程价款的最终结算。

（2）单位工程竣工后，应及时清理施工现场，盘点剩余材料，对于已计入工程成本但尚未使用的剩余材料，要办理退库手续，冲减有关工程成本。

（3）检查各项施工费用是否已经正确、完整地计入竣工工程的工程成本表。凡是应计而未计入工程成本的施工费用，应予以补计；凡是不应计入而已计入工程成本的施工费用，则应予以冲回。既要防止多计、重计或乱计施工费用，又要避免少计、漏计或转移施工费用，以保证竣工工程成本的正确无误。

（4）将工程成本表中所记录的已竣工单位工程自开工起至竣工止的施工费用进行汇总累计，正确计算竣工工程的实际成本。在此基础上，将工程实际成本与预算成本进行比较，计算工程成本降低额和降低率，编制竣工工程成本决算。

（5）将已竣工单位工程的工程成本表抽出，连同竣工结算书（包括工、料分析表）、竣工成本决算和其他有关资料合并保存，建立工程技术经济档案。

单位工程竣工决算用表如表 9-7、表 9-8 所示。

表 9-7　　　　　　　　　　　竣工成本决算

发包单位：　　　　　　开工日期：2012 年 1 月 8 日
工程名称：A 工程　　　竣工日期：2012 年 11 月 8 日
建筑面积：660 平方米　　　2012 年 11 月 18 日　　　　　　金额单位：元

成本项目	预算成本	实际成本	降低额	降低率（%）	简要分析及说明
人工费	84 000	85 000	−1 000	−1.19	人工费增加
材料费	610 000	550 000	60 000	9.84	材料单价与用量降低
机械使用费	90 450	85 000	5 450	6.03	台班效率提高
其他直接费	30 000	29 850	150	0.5	搬运费降低
间接费用	55 720	50 150	5 570	10	现场费用控制
工程成本总计	870 170	800 000	70 170	8.06	计划控制范围内

表 9-8　　　　　　　　　　工料机用量分析

项目	计量单位	实际用量	节约或超支	节约或超支率（%）
一、人工	工日	4 250	−50	−1.19
二、材料				
1. 钢材	吨	72	8	10
2. 水泥	吨	450	50	10
3. 木材	立方米	38	2	5
4. 标砖	千块			
……				
三、机械				
1. 大型	台班	136	14	9.33
2. 中、小型	台班	195	5	2.5

竣工成本决算的编制方法如下：

（1）预算成本各项目，应根据预算部门提供的已竣工单位工程的预算总成本和分项预算成本数填列。

（2）实际成本各项目，应根据已竣工单位工程的工程成本表中自开工起至竣工止各成本项目的累计数填列。

（3）工程成本降低额各项目，应根据工程预算成本减去实际成本后的差额填列。相减后的结果如为正数，即为降低额；反之，则为超支额，应以"－"号表示。

（4）工程成本降低率各项目，应根据工程成本降低额占工程预算成本的比率计算，以百分比表示。如为超支率，则应以"－"号表示。

（5）工、料、机用量分析各项目，预算用量应根据预算部门提供的有关资料汇总填列，实际用量应根据各施工班组提供的用工台账、用料台账和使用机械台账等资料汇总填列，节约或超支量以及节约或超支率应根据预算用量和实际用量计算填列。

（6）竣工工程的简要分析及说明，一般可列示预算总造价、单位工程量造价、单位工程量预算成本、单位工程量实际成本等，应根据有关资料分析计算填列。

竣工成本决算一般应编制一式多份，其中一份应连同竣工工程的"工程成本表"和竣工结算书等资料合并保存，建立竣工工程的技术经济档案，以备日后查阅。

（三）施工间接费用明细表

施工间接费用明细表反映施工单位在一定时期内为组织和管理工程施工所发生的费用总额和各明细项目数额的报表。该表按费用项目分别"本年计划数"和"本年累计实际数"进行反映。通过本表，可以了解施工间接费用的开支情况，并为分析施工间接费用计划完成情况和节约或超支的原因提供依据。

为了反映施工单位各期施工间接费用计划的执行情况，施工间接费用明细表应按月进行编制，其格式如表 9-9 所示。

表 9-9 施工间接费用明细表

工程名称： 单位： 项目经理： 日期：

项目	行次	本年计划数（元）	本年累计实际数（元）
工作人员工资薪金			
办公费			

续表

项目	行次	本年计划数（元）	本年累计实际数（元）
固定资产使用费			
差旅交通费			
工具用具使用费			
劳动保护费			
检验试验费			
工程保养费			
财产保险费			
取暖及水电费			
排污费			
其他			
合计			

　　表中"本年计划数"按当期计划资料分项目填列，12月份的施工间接费用明细表按当年计划数填列；"本年累计实际数"栏可根据"工程施工——间接费用"明细账中资料填列。

二、施工项目成本分析

　　在对施工项目成本进行分析时，常用的有比较分析法、因素分析法等方法。从分析的内容来看，主要包括以下几个方面。

（一）综合成本的分析

　　综合成本是指涉及多种生产要素、并受多种因素影响的成本费用，如分部分项工程成本、月（季度）成本、年度成本等。由于这些成本都是随着项目施工的进展而逐步形成的，与生产经营有着密切的关系，因此，做好上述成本的分析工作，将促进项目的生产经营管理，提高项目的经济效益。

　　1. 分部分项工程成本分析

　　分部分项工程成本分析是施工项目成本分析的基础。分部分项工程成本分析的对象为已完分部分项工程。分析的方法是：进行预算成本、计划成本和实际成本的"三算"对比，分别计算实际偏差和目标偏差，分析偏差产生的原因，为今后的分部分项工程成本寻求节约途径。

分部分项工程成本分析的资料来源是：预算成本来自施工图预算，计划成本来自施工预算，实际成本来自施工任务单的实际工程量、实耗人工和限额领料单的实耗材料。

由于施工项目包括很多分部分项工程，不可能也没有必要对每一个分部分项工程都进行成本分析，特别是一些工程量小、成本费用微不足道的零星工程。但是，对于那些主要分部分项工程则必须进行成本分析，而且要从开工到竣工进行系统的成本分析。这是一项很有意义的工作，因为通过主要分部分项工程成本的系统分析，基本可以了解项目成本形成的全过程，为竣工成本分析和今后的项目成本管理提供宝贵的参考资料。

2. 月(季) 度成本分析

月(季) 度成本分析，是施工项目定期的、经常性的中间成本分析。对于有一次性特点的施工项目来说，有着特别重要的意义。因为，通过月(季) 度成本分析，可以及时发现问题，以便按照成本目标指示的方向进行监督和控制，保证项目成本目标的实现。月(季) 度成本分析的依据是当月(季) 的成本报表。分析的方法，通常有以下几种：

（1）通过实际成本与预算成本的对比，分析当月(季) 的成本降低水平；通过累计实际成本与累计预算成本的对比，分析累计的成本降低水平，预测实现项目成本目标的前景。

（2）通过实际成本与计划成本的对比，分析计划成本的落实情况，以及目标管理中的问题和不足，进而采取措施，加强成本管理，保证成本计划的落实。

（3）通过对各成本项目的成本分析，可以了解成本总量的构成比例和成本管理的薄弱环节。例如，在成本分析中，发现人工费、机械费和间接费等项目大幅度超支，就应该对这些费用的收支配比关系认真研究，并采取对应的增收节支措施，防止今后再超支；如果是属于预算定额规定的"政策性"亏损，则应从控制支出着手，把超支额压缩到最低限度。

（4）通过将主要技术经济指标的实际数与计划数对比，分析产量、工期、质量、"三材"节约率、机械利用率等对成本的影响。

（5）通过对技术组织措施执行效果的分析，寻求更加有效的节约途径。

(6) 分析其他有利条件和不利条件对成本的影响。

3. 年度成本分析

企业成本要求一年结算一次，不得将本年成本转入下一年度。而项目成本则以项目的寿命周期为结算期，要求从开工到竣工到保修期结束连续计算，最后结算出成本总量及其盈亏。由于项目的施工周期一般都比较长，除了要进行月（季）度成本的核算和分析外，还要进行年度成本的核算和分析。这不仅是为了满足企业汇编年度成本报表的需要，同时也是项目成本管理的需要。因为通过年度成本的综合分析，可以总结一年来成本管理的成绩和不足，为今后的成本管理提供经验和教训，从而可对项目成本进行更有效的管理。

年度成本分析的依据是年度成本报表。年度成本分析的内容，除月（季）度成本分析的六个方面以外，重点是针对下一年度的施工进展情况规划切实可行的成本管理措施，以保证施工项目成本目标的实现。

4. 竣工成本综合分析

凡是有多个单位工程而且是单独进行成本核算（即成本核算对象）的施工项目，其竣工成本分析应以各单位工程竣工成本分析资料为基础，再加上施工项目部的经营效益（如资金调度、对外分包等所产生的效益）进行综合分析。如果施工项目只有一个成本核算对象（单位工程），就以该成本核算对象的竣工成本资料作为成本分析的依据。

单位工程竣工成本分析，应包括以下三方面内容：竣工成本分析，主要资源节超对比分析，主要技术节约措施及经济效果分析。

通过以上分析，可以全面了解单位工程的成本构成和降低成本的来源，对今后同类工程的成本管理具有重要参考价值。

（二）成本项目的分析

成本项目分析主要是指对工、料、机等成本组成要素的分类分析。

1. 人工费分析

在实行管理层和作业层分离的情况下，对项目施工需要的人工和人工费,由施工项目部与施工队签订劳务承包合同,明确承包范围、承包金额和双方的权利与义务。

对施工项目部来说,除了按合同规定支付劳务费以外,还可能发生一些其他人工费支出。例如,因实物工程量增减而调整的人工和人工费;定额人工以外的估点工工资(如果已按定额人工的一定比例由施工队包干,并已列入承包合同的,不再另行支付);对在进度、质量、节约、文明施工等方面作出贡献的班组和个人进行奖励的费用等。

施工项目部应结合劳务合同的管理,对上述人工费的增减进行分析。

2. 材料费分析

材料费分析包括主要材料、结构件和周转材料使用费分析以及材料储备资金分析。

(1)主要材料和结构件费用分析。主要材料和结构件费用的高低,主要受价格和消耗数量的影响。材料价格的变动,又要受采购价格、运输费用、途中损耗、来料不足等因素的影响;材料消耗数量的变动,也要受操作损耗、管理损耗和返工损失等因素的影响,可在价格变动较大和数量超用异常的时候再作深入分析。为了分析材料价格和消耗数量的变化对材料和结构件费用的影响程度,可依据因素分析法按下列公式计算:

$$因材料价格变动对材料费的影响=(预算单价-实际单价)×实际用量$$

$$因消耗数量变动对材料费的影响=(预算用量-实际用量)×预算价格$$

(2)周转材料使用费分析。在实行周转材料内部租赁制的情况下,项目周转材料费的节约或超支,取决于周转材料的周转利用率和损耗率。因为周转慢,周转材料的使用时间就长,同时也会增加租赁费支出;而超过规定的损耗,更要照原价赔偿。周转利用率和损耗率的计算公式如下:

$$周转利用率=实际使用数×\frac{租用期内的周转次数}{}÷(进场数×租用期)×100\%$$

$$损耗率=退场数÷进场数×100\%$$

【例9-2】 某施工项目需要定型钢模,考虑周转利用率85%,租用钢模4 500平方米,每平方米月租金5元;由于施工进度加快,实际周转利用率达到90%。要求:用差额分析法计算周转利用率的提高对节约周转材料使用费的影响程度。

具体计算如下：

(90%−85%)×4 500×5＝1 125(元)

(3) 材料储备资金分析。材料储备资金是根据日平均用量、材料单价和储备天数(即从采购到进场所需要的时间) 计算的。上述任何两个因素的变动，都会影响储备资金的占用量。对材料储备资金的分析，可以应用因素分析法。

【例9-3】 某项目部水泥日平均用量、单价、储备天数等资料如表 9-10 所示。

表 9-10　　　　　　　　　**储备资金计划与实际对比表**

项目	计划	实际	差异
日平均用量(吨)	50	60	10
单价(元/吨)	400	420	20
储备天数	7	6	−1
储备金额(万元)	14	15.12	1.12

根据上述数据，分析日平均用量、单价和储备天数等因素变动对水泥储备资金的影响程度。

水泥储备资金实际数比计划数超支了 1.12 万元。运用因素分析法，分析过程及结果如下：

计划数的计算过程：

50×400×7＝140 000(元)

用日平均用量做第一次替换。

60×400×7＝168 000(元)

也就是说，由于日平均用量增加 10 吨而增加储备资金 28 000 元。

用单价做第二次替换。

60×420×7＝176 400(元)

也就是说，由于单价每吨增加 20 元而增加储备资金 8 400 元。

用储备天数做第三次替换。

60×420×6＝151 200(元)

也就是说，由于储备天数减少 1 天而减少储备资金 25 200 元。

总体影响结果：28 000＋8 400−25 200＝11 200(元)

从以上分析内容来看，储备天数的长短是影响储备资金的关键因素。因此，材料采购人员应该选择运距短的供应单位，尽可能减少材料采购的中转环节，缩短储备天数。

3. 机械使用费分析

由于项目施工具有一次性的特点，施工项目部一般不可能拥有自己的机械设备，而是随着施工的需要，向企业动力部门或外单位租用。在机械设备的租用过程中，存在着两种情况：一是按产量进行承包，并按完成产量计算费用，如土方工程，施工项目部只要按实际挖掘的土方工程量结算挖土费用，而不必过问挖土机械的完好程度和利用程度；二是按使用时间或台班计算机械费用，如塔吊、搅拌机、砂浆机等，如果机械完好率差或在使用中调度不当，必然会影响机械的利用率，从而延长使用时间，增加费用，因此，施工项目部应该给予一定的重视。

由于建筑施工的特点，在流水作业和工序搭接上往往会出现某些必然或偶然的施工间隙，影响机械的连续作业；有时，又因为施工进度加快和工种配合的需要，使机械日夜不停地运转。这样，难免会有一些机械利用率很高，也会有一些机械利用不足，甚至租而不用。利用不足，台班费需要照付；租而不用，则要支付停班费。总之，都将增加机械使用费支出。

因此，在机械设备的使用过程中，必须以满足施工需要为前提，加强机械设备的平衡调度，充分发挥机械的效用；同时，还要加强平时对机械设备的维修保养工作，提高机械的完好率，保证机械的正常运转。

【例 9-4】 某施工项目部当年的机械完好和利用情况见表 9-11。

表 9-11 机械完好和利用情况统计表

机械名称	台数	制度台班数	完好情况				利用情况			
			完好台班数		完好率(%)		工作台班数		利用率(%)	
			计划	实际	计划	实际	计划	实际	计划	实际
翻斗车	4	1 080	1 000	1 080	92.6	100	1 000	1 000	92.6	92.6
搅拌机	2	540	500	500	92.6	92.6	500	480	92.6	88.89
砂浆机	5	1 350	1 250	1 080	92.6	80	1 250	1 026	92.6	76
塔吊	1	270	250	250	92.6	92.6	250	360	92.6	133.33

其中，完好台班数，是指机械处于完好状态下的台班数，它包括修理不满一天的机械，但不包括待修、在修、送修在途的机械。在计算完好台班数时，只考虑是否完好，不考虑是否在工作。制度台班数是指本期内全部机械台班数与制度工作天的乘积，不考虑机械的技术状态和是否工作。

从上述机械的完好和利用情况来看，砂浆机的维修保养比较差，完好率只达到 80%；利用率也不高，只达到 76%。塔吊因施工需要经常加班加点，因而利用率较高。

4. 其他直接费分析

其他直接费是指施工过程中发生的除上述直接费以外的其他费用，包括二次搬运费、工程用水电费、临时设施摊销费、生产工具用具使用费、检验试验费、工程定位复测费、工程点交费、场地清理费等。

其他直接费的分析，主要应通过预算与实际数的比较来进行。如果没有预算数，可以计划数代替预算数。

5. 间接费用分析

间接费用是指为施工准备、组织施工生产和管理所需要的费用，主要包括现场管理人员的工资和进行现场管理所需要的费用。间接成本的分析，也应通过预算数（或计划数）与实际数的比较来进行。

建筑施工企业常见财税疑难问题解答

问题1：农民工工资是以工资表形式入账还是必须开具劳务发票？

答：按照《企业会计准则——职工薪酬》的规定，职工包括与企业订立正式劳动合同的所有人员，含全职、兼职和临时职工；也包括未与企业订立正式劳动合同、但由企业正式任命的人员，如董事会成员、监事会成员和内部审计委员会成员等。按照这一规定，农民工也属于职工，农民工工资也属于"职工薪酬"。但是，从税收征管的角度来讲，计入"应付职工薪酬"科目核算的工资薪金应该同时具备以下条件才可以在税前扣除：

（1）企业与建筑工人签订了劳动合同，该建筑工人属于企业的在册员工；

（2）企业按照规定为该建筑工人购买了社会保险；

（3）以工资表形式支付建筑工人的工资薪金，按规定代扣个人所得税。

凡是不同时具备以上条件的，均不得以工资表的方式计列"应付职工薪酬"科目核算。不具备上述条件的农民工工资，应该由主管税务机关代开劳务费发票，施工企业根据劳务发票计入人工费。

值得注意的是，2012年国家税务总局《关于企业所得税应纳税所得额若干税务处理问题的公告》中规定：企业因雇用季节工、临时工、实习生、返聘离退休人员以及接受外部劳务派遣用工所实际发生的费用，应区分为工资薪金支出和职工福利费支出，并按《企业所得税法》规定在企业所得税税前扣除。其中属于工资薪金支出的，准予计入企业工资薪金总额的基数，作为计算其他各项相关费用扣除的依据。该项规定使得税法与企业会计准则关于职工薪酬的规定保持了一致。

问题2：总分包之间如何差额纳税？

答：按照《中华人民共和国营业税暂行条例》第五条的规定，纳税人将建筑工程分包给其他单位的，以其取得的全部价款和价外费用扣除其支付给其他单位的分包款后的余额为营业额。总包方与分包方结算时取得分包发票，总包方携带分包发票及相关资料给建设单位开具总包发票，同时可以按照差额纳税；如果在与分包方结算前，总包方先向建设单位开具全额发票，需全额申报纳税，与分包单位结算时，分包单位根据分包额申报纳税并向总包方开具分包发票，总包方凭此发票向税务机关申请退税或抵扣以后期间营业税，从而实现差额纳税目标。

总包人要实现对分包人差额抵扣营业税必须同时具备以下条件：

（1）总承包人必须是查账征税的企业；

(2) 分包人必须向总包人开具建安发票；

(3) 分包人必须是有建筑资质的建筑企业，而不是个人；

(4) 必须持总分包合同到工程所在地的地税局进行备案登记，向劳务发生地主管地税机关进行建筑工程项目登记，申报纳税。

根据《房屋建筑和市政基础设施工程施工分包管理办法》（中华人民共和国建设部第 124 号令）第十三条规定，禁止将承包的工程进行转包。不履行合同约定，将其承包的全部工程发包给他人，或者将其承包的全部工程肢解后以分包的名义分别发包给他人的，属于转包行为。转包行为是我国法律禁止的，所以对于转包价款在营业税计算营业额时不得扣除。

《中华人民共和国建筑法》规定，只有建筑工程总承包人才可以将工程承包给其他具有相应资质条件的分包单位，而不能分包给个人，同时禁止分包单位将其承包的工程再分包。因此，只有总承包人才有可能差额纳税，而分包单位不能再分包，所以也不能差额纳税，因为再分包不仅违法，而且要全额纳税。

根据《房屋建筑和市政基础设施工程施工分包管理办法》第八条规定，严禁个人承揽分包工程业务。因此，如果分包对象为个人，那么分包给个人所支付的分包款不得扣除。

问题 3. 甲供材料如何缴纳营业税？

答：按照《中华人民共和国营业税暂行条例》第五条的规定，纳税人的营业额为纳税人提供应税劳务、转让无形资产或者销售不动产收取的全部价款和价外费用。《营业税暂行条例实施细则》第十六条规定，纳税人提供建筑业劳务(不含装饰劳务）的，其营业额应当包括工程所用原材料、设备及其他物资和动力价款在内，但不包括建设方提供的设备的价款。

按照上述规定，除了装饰劳务外，建筑业劳务的营业额应包括工程所用的原材料，不论该原材料是施工企业购买的，还是建设单位购买的；而建设方即建设单位提供的设备，可以不用计入营业额。按照财税《财政部、国家税务总局关于营业税若干政策问题的通知》（〔2003〕16 号）第三条第十三款规定，具体设备名单可由省级地方税务机关根据各自实际情况列举。

按照《营业税暂行条例》第五条的规定，纳税人将建筑工程分包给其他单位的，以其取得的全部价款和价外费用扣除其支付给其他单位的分包款后的余额为营业额。因此，装饰劳务的营业额不包括甲供材料。

问题 4. 甲供材料如何进行会计处理？

答：在企业会计准则中对这一问题没有明确的规定，目前在实务中有以

下两种处理方式:

(1)将发出"甲供材料"视为建设单位拨付工程款。

这种会计处理的依据是,根据国家关于工程造价的相关规定,在工程中,无论材料由谁提供,工程总造价中都要包括全部的材料价款,且在工程总造价的核算中,所有的材料都要计税后计入工程总造价,即工程造价是含税价。在总造价确定的情况下,将工程的总造价作为建设单位应该支付给施工单位的工程价款。建设单位在支付现金给施工单位时做预付账款处理,同样,建设单位将材料提供给施工单位时也应作为预付账款处理。

施工单位将收到的材料作为自己的存货核算,按照正常的存货进行核算,最后形成合同成本,并成为工程造价的一部分。

(2)将"甲供材料"视为建设单位在建工程直接领用。

这种会计处理的依据是,建设单位购买的物资提供给施工单位就是用于自己的工程,因此在发出材料时直接计入在建工程。

由于建设单位在发出材料时直接计入了工程成本,因此,施工单位在收到材料以及以后将材料用于工程时就不作任何会计处理了。

(3)两种会计处理方法评价。

在采用第一种模式的情况下,由于材料是建设单位购买提供给施工单位的,发票的抬头是开给建设单位,且在建设单位入账,对于这部分材料,建筑业企业无法取得发票。因此,在工程结束、决算报告出来后,施工单位可以凭工程决算报告和建设单位提供的购买材料的发票清单计入施工单位工程成本,并允许在税前扣除。

在采用第二种模式时,由于建设单位在发出材料时直接计入工程成本,因此,施工单位在收到材料及以后将材料用于工程时就不作任何会计处理了。这时,施工单位就不存在"甲供材料"无法取得发票计入成本的问题。但是,这种会计处理方法可能会导致少缴部分"甲供材料"的营业税,增加施工单位的税务风险。

由于目前相关法律法规对于"甲供材料"如何进行会计处理没有明确的规定,因此,从某种角度讲,以上两种模式都是可行的。

问题 5. 项目部购买砂石料,因系当地农民直接提供,无法取得发票,是否可行?工地的余料、废品之类的出售收入是否需要缴税?会计上该作如何处理?

答:材料销售方无法提供发票,可要求其到税务机关代开材料发票,否则将来材料费用无法在所得税税前抵扣;工地销售的残余料,需要计算缴纳增值税;残余料的销售应该作为其他业务收入来核算,如果残余料成本已经计入合同成本，应冲减合同成本。

问题 6. 何为合法有效凭证？

答：《营业税暂行条例实施细则》规定：条例第六条所称符合国务院税务主管部门有关规定的凭证（以下统称合法有效凭证），是指：

（1）支付给境内单位或者个人的款项，且该单位或者个人发生的行为属于营业税或者增值税征收范围的，以该单位或者个人开具的发票为合法有效凭证；

（2）支付的行政事业性收费或者政府性基金，以开具的财政票据为合法有效凭证；

（3）支付给境外单位或者个人的款项，以该单位或者个人的签收单据为合法有效凭证，税务机关对签收单据有疑义的，可以要求其提供境外公证机构的确认证明；

（4）国家税务总局规定的其他合法有效凭证。

发票主要用在企业向境内单位或个人支付款项，且该单位或个人发生的行为属于营业税或者增值税征收范围的情况。一般包括增值税发票和普通发票，另外在部分特殊行业还使用专业发票。财政票据主要是指财政监制的各类票据，比如行政事业性收费收据、政府性基金收据、罚没票据、非税收入一般缴款书、捐赠收据、社会团体会费专用收据、工会经费拨缴款专用收据、行政事业单位资金往来结算票据、军队票据，也包括非财政监制的税收完税凭证等。有些支付业务，只需要收款方提供收据。收据主要用在企业向境内单位或个人支付的款项中，该单位或个人的行为不属于营业税或增值税征税范围的情况。

问题 7. 销售自产货物并提供建筑劳务的涉税问题的基本规定有哪些？

答：《中华人民共和国增值税暂行条例实施细则》（财政部 国家税务总局第 50 号令）第六条规定：纳税人的下列混合销售行为，应当分别核算货物的销售额和非增值税应税劳务的营业额，并根据其销售货物的销售额计算缴纳增值税，非增值税应税劳务的营业额不缴纳增值税；未分别核算的，由主管税务机关核定其货物的销售额：

（1）销售自产货物并同时提供建筑业劳务的行为；

（2）财政部、国家税务总局规定的其他情形。

《国家税务总局关于纳税人销售自产货物并同时提供建筑业劳务有关税收问题的公告》（国家税务总局 2011 年公告第 23 号）规定：自 2011 年 5 月 1 日起，纳税人销售自产货物同时提供建筑业劳务，须向建筑业劳务发生地主管地方税务机关提供其机构所在地主管国家税务机关出具的本纳税人属于从事货物生产的单位或个人的证明。建筑业劳务发生地主管地方税务机关根据纳税人持有的证明，按本公告有关规定计算征收营业税。

由此规定，销售货物部分应开具增值税发票，提供建筑业劳务部分应开具营业税发票。在总分包业务中涉及销售自产货物并同时提供建筑业劳务的分包，总包方会收到增值税发票和建筑安装发票，增值税发票能否作为抵减总包方营业额的依据，各地税务机关在税收实践中执行政策尚不一致。

问题 8. 个人从事建筑安装业取得所得，应当如何缴纳个人所得税？

答：工程承包人、个体户及其他个人从事建筑安装业，包括建筑、安装、修缮、装饰及其他工程作业取得所得，应缴纳个人所得税。建筑安装业工程承包人取得所得，有两种情况：

（1）从事建筑安装业的个体户和未领取营业执照承揽建筑安装业工程作业的建筑安装队和个人，以及建筑安装企业实行个人承包后工商登记改变为个体经济性质的，其从事建筑安装业取得的收入应按照个体工商户的生产、经营所得计算缴纳个人所得税。

（2）从事建筑工程作业的其他人员取得的所得，应分别按照工资、薪金所得和劳务报酬所得计算缴纳个人所得税。

问题 9. 建筑业企业的其他业务收入，如投标和咨询取得的收入，其营业税应按什么类别缴纳？税率是 3%还是 5%？

答：按《营业税暂行条例》规定，建筑业税率为 3%，这里的建筑业是指建筑、安装、修缮、装饰、其他工程作业。和建筑业有关的，如设计、制图、测绘、勘探、咨询等应按照服务业 5%的税率缴纳营业税。实行营业税改征增值税试点的地区，和建筑业有关的勘察设计等按照服务业缴增值税。

问题 10. 工程施工实际发生成本和按完工进度计算的主营业务成本有差额，是否可以在合同完工确认收入、费用时，按累计实际发生的合同成本减去以前会计年度累计已确认的工程施工工程合同费用后的余额，借记"主营业务成本"，贷记"主营业务收入"，然后按两者差额，借记或贷记"工程施工——合同毛利"？

答：《企业会计准则》规定，对于合同结果能够可靠估计的，要按照完工百分比法确认合同收入与合同费用。由于合同完工进度确认方法的原因，可能会导致工程施工实际发生成本和按完工进度计算的当期主营业务成本有差额，属于正常现象，不用进行调整。一般来说，如果完工进度是按照成本比例计算的，当期确认的主营业务成本与实际发生的合同成本就是一致的。

问题 11．我单位与其他单位联合投标并中标，各自施工，我单位为51%，对方为 49%。在对业主方面以我单位为主，业主结算不区分联合体各自的金额，而是混在一起，拨款也是先进我单位账然后由我单位拨给对方。请问这种情况是将对方当作分包单位核算还是由我单位只核算自己 51%部分呢？

答：可以参照《企业会计准则》中有关共同控制经营的规定来处理。合营方视共同控制经营的情况，对发生的与共同控制经营的有关支出通过"工程施工"科目进行归集；对于合营中发生的某些支出需要各合营方共同负担的，合营方应将本企业应承担的份额列入成本，结转计入"工程施工"科目。共同控制经营所产生的收入中应由本企业享有的部分，借记"主营业务成本"科目，贷记"主营业务收入"科目，借记或贷记"工程施工——合同毛利"科目；收到工程款时，借记"银行存款"、"应收账款"科目，贷记"工程结算"科目。

如果联合中标工程符合合同分立的，且每一单项合同由独立的施工单位承担，则各方可就中标后的合同总金额签订补充协议，以此为依据各方独自执行建造合同。

问题 12．工程完工后主营业务成本累计发生额是否一定等于"工程施工——合同成本"累计发生额？如果我作的账不等，可以吗？

答：工程完工后，各年累计确认的主营业务成本等于合同成本的累计发生额。若不等，就是账作错了。

问题 13．我公司购买工程用的计价软件 6 000 元，应记入"长期待摊费用"还是"固定资产"？

答：与固定资产一同购入的计算机软件，如果与固定资产不可分，无论是否单独计价，都作为固定资产而不是无形资产核算；如果与固定资产可以分开，且能单独计价，应确认为无形资产，按购入成本入账。

问题 14．我们是桩基础公司，如果当年没工程，机械设备能提折旧吗？原来提折旧时，借记"工程施工"，贷记"累计折旧"，然后转到工程成本中。现在应如何作账务处理？

答：当年没工程，机械设备也要提折旧。借记"管理费用"，贷记"累计折旧"。

问题 15. 工程完工后，同一项目的工程结算和主营业务收入是相同的。那么未完工时，工程结算科目需要与主营业务收入科目金额相同吗？

答：由于结算与完工进度的不同步，在工程未完工时，工程结算科目与主营业务收入金额一般不相同。

问题 16. 我们施工项目部在工地所在地租用当地居民的住房作为职工宿舍和办公室，是否需要到地税缴房产税？我们租用住房所发生的水、电、气费是否可以作为工程成本直接记入"工程施工"科目？

答：租赁的房屋，房产税应该由房东按照收取租金的 12% 计算缴纳；租用住房所发生的水、电、气费用可以计入工程成本。

问题 17. 因资金困难，8 个月的工资拖到年底一起发放，如何计算个人所得税？

答：如果是企业由于种种原因造成拖欠职工工资，而在某月份一次性发放数月工资，对于以前所属月份确实没有发放过任何工资的（即因企业资金周转困难等原因没有向职工发放过现金），但企业在会计核算上已作计提"应付职工薪酬"处理，并计入生产成本中，经主管税务分局审核属实，符合以下情况的：（1）企业会计账册应有每月计提工资的记录，但确实没有发放工资。（2）在发放时有分月的工资签收单。如通过银行发放的，在银行划拨凭证上应注明工资的所属月份。（3）要填报扣缴报告表，特别分别注明所属月份，则可以分摊回以前所属月份分别计征工资、薪金个人所得税。

纳税人应提供《扣缴个人所得税汇总报告表》、《扣缴个人所得税明细报告表》和《个人信息登记表》，到所属税务分局征收窗口审核申报个人所得税。

如不符合上述 3 个条件，应合并收入减除一次费用额征收个人所得税。

问题 18. 我公司是一家大型建筑业企业，大部分施工项目均在外省市，职工工资在施工所在地发放。职工个人所得税是否必须在工程所在地缴纳？可以汇总到公司机构所在地缴纳吗？

答：根据《国家税务总局关于印发〈建筑安装业个人所得税征收管理暂行办法〉的通知》（国税发〔1996〕127 号）第十一条规定，在异地从事建筑安装业工程作业的单位，应在工程作业所在地扣缴个人所得税。但所得在单位所在地分配，并能向主管税务机关提供完整、准确的会计账簿和核算凭证的，经主管税务机关核准后，可回单位所在地扣缴个人所得税。

《国家税务总局关于建筑安装企业扣缴个人所得税有关问题的批复》（国

税函〔2001〕505号）第一条规定，到外地从事建筑安装工程作业的建筑安装企业，已在异地扣缴个人所得税（不管采取何种方法计算）的，机构所在地主管税务机关不得再对在异地从事建筑安装业务而取得收入的人员实行查账或以其他方式征收个人所得税。但对不直接在异地从事建筑安装业务而取得收入的企业管理、工程技术等人员，机构所在地主管税务机关应据实征收其个人所得税。

据此，到外地从事建筑安装工程作业的建筑安装企业，已在异地扣缴个人所得税的，机构所在地主管税务机关不得再对在异地从事建筑安装业务而取得收入的人员实行查账或以其他方式征收个人所得税。

问题19. 建设单位代施工单位付了一些款，然后从进度款中扣除，建设单位没有将代付的凭证给施工单位，施工单位如何做这笔账？如果是建设单位把代付票据入账，不就重复做了成本账？怎样做才是正确的？

答：首先，建设单位代付的这些款，应该作为施工单位的成本费用列支。严格来说，在没有取得施工单位书面委托的情况下，建设单位不会代付款。对于代付款，应该由施工单位出具书面委托书并签章认可后，以施工单位名义开出收款收据或发票给收款单位，收款单位才可以到付款单位即建设单位收款。由于收款方和建设单位没有直接合同关系，所以建设单位在没有相关手续时，不能实现支付。由于建设市场混乱，出于各种关系和某种目的，有些建设单位在没有取得施工单位授权情况下，跳过施工单位直接支付给收款单位的现象也是存在的，但应尽可能和施工单位协商，手续一定要完整。

问题20. 甲企业向个人借款1 000万元，并向个人支付了一年的利息100万元，甲企业是否需要就支付的100万元按贷款利息代扣代缴营业税？居民个人的存款利息收入不纳营业税，只纳个人所得税。甲企业就支付的100万元利息是按5%还是按20%代扣代缴个人所得税？

答：《中华人民共和国营业税暂行条例》第一条规定：在中华人民共和国境内提供本条例规定的劳务、转让无形资产或者销售不动产的单位和个人，为营业税的纳税义务人，应当依照本条例缴纳营业税。

关于非金融机构将资金提供给对方，并收取资金占用费的问题，根据《国家税务总局关于营业税问题解答（之一）》（国税函〔1995〕156号）的规定：《营业税税目注释》法规，贷款属于"金融保险业"税目的征收范围，而贷款是指将资金贷与他人使用的行为。根据这一法规，不论金融机构还是其他单位，只要是发生将资金贷与他人使用的行为，均应视为发生贷款行为，按"金融保险业"税目征收营业税。

根据《国务院关于修改〈对储蓄存款利息所得征收个人所得税的实施办法〉的决定》（国务院令 2007 年第 502 号）规定，从中华人民共和国境内的储蓄机构取得人民币、外币储蓄存款利息所得的个人，应当依法缴纳个人所得税；这里所说的储蓄机构，是指经国务院银行业监督管理机构批准的商业银行、城市信用合作社和农村信用合作社等吸收公众存款的金融机构。

因此，个人取得非金融机构支付的利息应按 5％缴纳营业税，同时按"利息、股息、红利所得"项目缴纳个人所得税，税率为 20％。

问题 21. 请问：工程项目的质量保证金如何进行账务处理？

答：工程项目质保金一般按项目工程价款结算总额乘以合同约定的比例（一般为 5％），由建设单位（业主）从建筑业企业工程计量拨款中直接扣留，且一般不计算利息。建筑业企业应在项目工程竣（交）工验收合格后的缺陷责任期内，认真履行合同约定的责任，缺陷责任期满后，及时向建设单位（业主）申请返还工程质保金。建设单位（业主）应及时向建筑业企业退还工程质保金(若缺陷责任期内出现缺陷，则扣除相应的缺陷维修费用)。在同业主结算并扣除保证金时，账务处理如下：

借：应收账款——工程质量保证金
　　贷：工程结算
收回时：
借：银行存款
　　贷：应收账款——工程质量保证金
也有单位将质保金放在"其他应收款"科目核算。

问题 22. 异地工程结束后，外经证何时应办理撤销？

答：纳税人外出经营活动结束，应当向经营地税务机关填报外出经营活动情况申请表，按规定结清税款、缴销未使用完的发票。并由经营地税务机关在外出经营活动税收管理证明上注明纳税人的经营、纳税及发票使用情况，在外出经营活动税收管理证明有效期满 10 日内，回到主管税务机关办理外出经营活动税收管理证明缴销手续。

问题 23. 工程投标时发生的费用怎么入账？

答：由于是否中标具有不确定性，发生投标费用应直接计入管理费用。中标以后，可把这一费用转到中标项目的成本中。

问题 24. 差旅费报销有没有统一的标准?

答:不同行业的公司及部门对差旅费报销及补助办法不同,所以应根据公司规定来看如何补助和报销。差旅费开支范围一般包括城市间交通费、住宿费、伙食补助费和公杂费,其中伙食补助费、公杂费实行统一标准,城市间交通费、住宿费分职务级别凭据报销。

问题 25. 我公司是 A 地建筑业企业,在 B 地从事建筑安装工程,合同签订地为 B 地。我们在 A 地地税机关开具外出经营活动税收管理证明时,A 地地税机关要求我们必须交建筑安装工程承包合同的印花税,否则不给我们开。但我们在 B 地施工队伍管理站(外地建筑业企业在 B 地施工建筑营业税由此机构收缴)备案时,又要我们交建筑安装工程承包合同的印花税。税法中对这部分印花税没有明确规定,造成各地争税源,增加了企业负担。请问我们应当在哪里缴纳印花税?

答:印花税实行的是"三自"缴纳方式,印花税暂行条例中仅对纳税时间作了规定,并没有对纳税地点进行明确,这说明印花税注重的是合同是否贴花,而不强调在哪里贴花。条例规定,合同在签订时贴花,强调的不是一个点的概念,而是一个时间段的意思。例如,北京的某企业上午在上海签订了一份应税合同,下午将此合同带回北京贴花,这也应理解为"签订时贴花"。因此,贵公司在 B 地签订的合同只要贴花了,就已经达到"三自"纳税的目的了,而不再追究其应在行为发生地还是机构所在地贴花。

营业税改征增值税及其对施工企业影响问答

问题 1：什么是增值税？我国营业税改征增值税的基本进展如何？

答：增值税是对销售或者进口货物、提供加工、修理修配劳务货物以及提供应税服务的单位和个人就其实现的增值额征收的一个税种。增值税具有以下特点：

（1）增值税仅对销售货物、提供加工修理修配劳务或者提供应税服务各个环节中新增的价值额征收。在本环节征收时，允许扣除上一环节购进货物或者接受加工修理修配劳务和应税服务已征税款。它消除了传统的间接税制在每一环节按销售额全额道道征税所导致的对转移价值的重复征税问题。

（2）增值税制的核心是税款的抵扣制。我国增值税采用凭专用发票抵扣，增值税一般纳税人购入应税货物、劳务或者应税服务，凭取得的增值税专用发票上注明的增值税额在计算缴纳应纳税金时，在本单位销项税额中予以抵扣。

（3）增值税实行价外征收。对销售货物、提供加工修理修配劳务或者提供应税服务在各环节征收的税款，附加在价格以外自动向消费环节转嫁，最终由消费者承担。

（4）增值税纳税人在日常会计核算中，其成本不包括增值税。

2011 年 10 月 26 日，国务院常务会议决定开展深化增值税制度改革试点。11 月 16 日，财政部、国家税务总局颁布了《营业税改征增值税试点方案》（财税〔2011〕110 号）、《关于在上海市开展交通运输业和部分现代服务业营业税改征增值税试点的通知》（财税〔2011〕111 号）。从 2012 年 1 月 1 日开始在上海市对交通运输业、部分现代服务业实施营业税改征增值税试点。

2012 年 7 月，财政部、国家税务总局颁布《关于在北京等 8 省市开展交通运输业和部分现代服务业营业税改征增值税试点的通知》（财税〔2012〕71 号），要求试点地区应自 2012 年 8 月 1 日开始面向社会组织实施试点工作，开展试点纳税人认定和培训、征管设备和系统调试、发票税控系统发行和安装，以及发票发售等准备工作，确保试点顺利推进，按期实现新旧税制转换。

按照规定，第二批试点省市在 2013 年之前开始营业税改征增值税试点。北京市于 2012 年 9 月 1 日完成新旧税制转换。江苏省、安徽省于 2012 年 10 月 1 日完成新旧税制转换。福建省、广东省于 2012 年 11 月 1 日完成新旧税制转换。天津市、浙江省、湖北省于 2012 年 12 月 1 日完成新旧税制转换。

问题 2. 营业税改征增值税试点的征税范围包括哪些行业？

答：包括交通运输业和部分现代服务业。交通运输业包括：陆路运输服务、水路运输服务、航空运输服务、管道运输服务。部分现代服务业包括：研发和技术服务、信息技术服务、文化创意服务、物流辅助服务、有形动产租赁服务、鉴证咨询服务。截至目前，建筑业企业尚未开始实施营业税改征营业税的试点。

通过上述行业营业税改征增值税，将会减轻相关制造企业、商业企业税负。

问题 3. 提供应税服务的增值税税率是多少？

答：(1) 提供有形动产租赁服务，税率为 17%。

(2) 提供交通运输业服务，税率为 11%。

(3) 提供现代服务业服务(有形动产租赁服务除外)，税率为 6%。

(4) 财政部和国家税务总局规定的应税服务，税率为零。

增值税征收率为 3%。

按照目前的营改增方案，施工企业的增值税率可能为 11%。

问题 4. 营业税改征增值税试点纳税人分为哪两类？如何划分？

答：营业税改征增值税试点纳税人分为一般纳税人和小规模纳税人。应税服务年销售额超过财政部和国家税务总局规定标准(500 万元)的纳税人为一般纳税人，未超过规定标准的纳税人为小规模纳税人。

问题 5. 增值税一般纳税人是否需要办理有关申请手续？增值税小规模纳税人是否需要办理有关申请手续？

答：增值税一般纳税人需要办理有关申请手续，经税务机关审批后认定为增值税一般纳税人。增值税小规模纳税人不需要办理有关申请手续，在国税税务机关办理了税务登记和增值税税种登记后即成为增值税小规模纳税人。

问题 6. 应税服务年销售额超过财政部和国家税务总局规定标准的营业税改征增值税纳税人，是否必须申请认定为增值税一般纳税人？不申请认定的如何处理？

答：必须申请认定为增值税一般纳税人或者申请不认定增值税一般纳税人。如果未按规定申请认定的，税务机关按照规定对其按照增值税适用税率征收增值税，并不得抵扣进项税额，不得使用增值税专用发票。

问题 7. 应税服务年销售额超过财政部和国家税务总局规定标准的营业税改征增值税纳税人，什么情况下可以申请不认定一般纳税人？

答：属于非企业性单位、不经常提供应税服务的企业和个体工商户可选择按照小规模纳税人纳税，可以申请不认定一般纳税人。

问题 8. 增值税的计税方法包括哪两个？

答：增值税的计税方法，包括一般计税方法和简易计税方法。

一般纳税人提供应税服务适用一般计税方法计税。一般纳税人提供财政部和国家税务总局规定的特定应税服务，可以选择适用简易计税方法计税，但一经选择，36 个月内不得变更。

小规模纳税人提供应税服务适用简易计税方法计税。

问题 9. 营改增纳税人纳税义务发生时间是怎么规定的？

答：增值税纳税义务发生时间为：

（1）纳税人提供应税服务并收讫销售款项或者取得索取销售款项凭据的当天；先开具发票的，为开具发票的当天。

收讫销售款项，是指纳税人提供应税服务过程中或者完成后收到款项。

取得索取销售款项凭据的当天，是指书面合同确定的付款日期；未签订书面合同或者书面合同未确定付款日期的，为应税服务完成的当天。

（2）纳税人提供有形动产租赁服务采取预收款方式的，其纳税义务发生时间为收到预收款的当天。

（3）纳税人发生本办法第十一条视同提供应税服务的，其纳税义务发生时间为应税服务完成的当天。

问题 10. 外地发生的应税服务应向服务发生地税务机关申报缴纳税款吗？

答：固定业户应当向其机构所在地或者居住地主管税务机关申报纳税。非固定业户应当向应税服务发生地主管税务机关申报纳税；未申报纳税的，由其机构所在地或者居住地主管税务机关补征税款。机构所在地或者居住地在试点地区的非固定业户在非试点地区提供应税服务，应当向其机构所在地或者居住地主管税务机关申报缴纳增值税。

问题 11. 增值税专用发票有几种？

答：增值税专用发票，是增值税一般纳税人销售货物或者提供应税劳务开具的发票，是购买方支付增值税额并可按照增值税有关规定据以抵扣增值税进项税额的凭证。目前，增值税一般纳税人使用的专用发票有两种，一是增值税专用发票；二是货物运输业增值税专用发票。货物运输业增值税专用发票，是增值税一般纳税人提供货物运输服务（暂不包括铁路运输服务）开具的专用发票，是实际受票方支付增值税额并可按照增值税有关规定据以抵扣增值税进项税额的凭证。

问题 12. 纳税人开具专用发票的开票专用设备是什么？

答：纳税人开具增值税专用发票的开票专用设备包括金税卡、IC 卡、读卡器或金税盘和报税盘；开具货物运输业增值税专用发票的开票专用设备包括税控盘和报税盘。

为减轻纳税人负担，经国务院批准，自 2011 年 12 月 1 日起，增值税纳税人购买增值税税控系统专用设备支付的费用以及缴纳的技术维护费可在增值税应纳税额中全额抵减。

问题 13. 什么是增值税专用发票认证？

答：这是税务机关通过防伪税控系统对专用发票所列数据的识别、确认。专用发票抵扣联无法认证的，可使用专用发票发票联到主管税务机关认证。专用发票发票联复印件留存备查。

问题 14. 小规模纳税人如需开具专用发票，怎么办？

答：小规模纳税人提供销售货物或提供应税劳务、应税服务，购买方（或实际受票方）索取专用发票的，可向主管税务机关申请代开增值税专用发票或货物运输业增值税专用发票。

代开专用发票是指主管税务机关为所辖范围内的已办理税务登记的小规模纳税人（包括个体经营者）以及国家税务总局确定的其他可予代开专用发票的纳税人代开专用发票，其他单位和个人不得代开。

问题 15. 营业税改征增值税对建筑业企业的影响有哪些？

主要有以下影响：

（1）会计核算的内容和方式发生改变。营业税改征增值税后，试点一般纳税人的收入和成本核算应采取价税分离方法。试点一般纳税人取得的营业收入采用销售额和销项税额合并定价方法的，应按规定换算为不含税销售额确定营业收入并计提销项税额；外购货物和劳务的支出，如果取得符合规定的增值税扣税凭证的，也应该以不含税价格确定存货、固定资产和成本费用等入账价值，同时确定相应的进项税额。与此同时，企业必须对应缴增值税进行更加详细的核算。

（2）销售规模与核算水平将影响企业税负。对于同一个施工项目，小规模纳税人与一般纳税人由于计税方式的差别，实际税负一般不同。按照规定，小规模纳税人是指年销售额在规定标准以下，并且会计核算不健全，不能按规定报送有关税务资料的增值税纳税人。所称会计核算不健全，是指不能正确核算增值税的销项税额、进项税额和应纳税额。因此，销售规模与核算水平将影响企业税负。

（3）工程项目成本构成将影响企业税负。不同施工项目，工料机的耗用不同，成本构成也不一样，材料费用所占比例大的企业，能获得更多的进项税额，便于降低整个项目税负。

（4）有利于施工企业基础管理工作规范化。增值税一般纳税人必须加强对相关抵扣凭证的管理，如增值税专用发票、海关进口增值税专用缴款书、运输费用结算单据都有必须在发票开具之日起 180 天内认证、抵扣的时限规定。

（5）避免重复纳税。工程分包可以给总包方提供增值税发票，存在甲供材料、自制材料物资业务也都能借助增值税的实施，而避免重复纳税。

尽管如此，如果按照目前的方案实施建筑业企业营改增，由于目前建材类发票管理混乱，很多项目拿不到增值税专用发票，可能会导致建筑业企业早期出现税负增加的情况。

参考文献

1. 李志远，刘建科. 施工项目会计核算与成本管理. 北京：中国市场出版社，2009

2. 俞文青. 施工企业会计. 上海：立信会计出版社，2007

3. 黄毅勤. 施工企业会计. 北京：中国市场出版社，2007

4. 徐佳芳. 建筑施工企业会计. 2版. 北京：中国建筑工业出版社，2008

5. 宋本强. 新编施工企业会计. 上海：立信会计出版社，2008

6. 李跃珍. 工程财务与会计. 2版. 武汉：武汉理工大学出版社，2008

7. 曹锡锐，李志远，王磊. 施工企业执行新会计准则讲解. 北京：中国财政经济出版社，2007

8. 国家税务总局网站. http://www.chinatax.gov.cn/